心理学家的读脸术

解读微表情之下的人际交往情绪密码

UNMASKING THE FACE

[美] 保罗·艾克曼 华莱士·V. 弗里森 ◎著
(Paul Ekman) (Wallace V.Friesen)
宾国澍 ◎译

当代中国出版社
Contemporary China Publishing House

图书在版编目（CIP）数据

心理学家的读脸术：解读微表情之下的人际交往情绪密码 /（美）保罗·艾克曼，（美）华莱士·V. 弗里森著；宾国澍译 .— 北京：当代中国出版社，2014.8

ISBN 978-7-5154-0451-6

Ⅰ . ①心… Ⅱ . ①保… ②华… ③宾… Ⅲ . ①表情－心理学－通俗读物 Ⅳ . ① B842.6-49

中国版本图书馆 CIP 数据核字 (2014) 第 082687 号

版权合同登记号　图字：01-2014-3508

心理学家的读脸术

[美] 保罗·艾克曼　华莱士·V. 弗里森　著　宾国澍　译　　**版权所有　翻印必究**

出 版 人　周五一
执行策划　黄　河　桂　林　任小平
责任编辑　张超峰
特约编辑　余　涛　刘雪娇
装帧设计　张　英　邱燕娴
出版发行　当代中国出版社
地　　址　北京市地安门西大街旌勇里 8 号
网　　址　http://www.ddzg.net　邮　箱　ddzgcbs@sina.com
邮政编码　100009
编 辑 部（010）66572264　66572154　66572132
市 场 部（010）66572281 或 66572155/56/57/58/59 转
印　　刷　深圳市东亚彩色印刷包装有限公司
开　　本　787 毫米 ×1092 毫米　1/16
印　　张　18 印张　217 千字
版　　次　2014 年 8 月第 1 版
印　　次　2019 年 4 月第 8 次印刷
定　　价　36.00 元

专家推荐

姜振宇
中国政法大学心理应激微反应研究小组负责人

微表情之父教你读心术

保罗·艾克曼与华莱士·V. 弗里森合著的这本《心理学家的读脸术》(*Unmasking the Face*)，是学习微表情理论的必要基础读物。如果能够通读此书，并且对其中的内容进行理解和熟练掌握，那么你的一只脚就已经踏入微表情的专业领域了。

艾克曼博士在国内已经出版过两本书，按照中文版面世的先后顺序分别是《情绪的解析》(*Emotions Revealed*) 和《说谎》(*Telling Lies*)。与上述两书相比，本书的内容更专注于从情绪到表情的学术主线，并试图突出其辨识谎言的应用功能。它比《情绪的解析》更加体系化，对表情特征的介绍也更加细致精干；同时还删减了《说谎》中与微表情无关的内容。总而言之，对于微表情的初学者来说，本书是艾克曼博士目前已有的三本中文出版物中，最清爽、最成熟的一本。

到目前为止，全球研究微表情的团队和学者试图找寻各种应用途径，来证明微表情在谎言识别领域的应用价值。我们通过实验以及在刑侦工作中的应用，发现分析行为人面部微小的表情变化并将其归属为不同的情绪类别，再建立情绪与刺激源之间的逻辑关联，是一种行之有效的分析方法，具有较高的正确率和实际应用价值。也就是说，如果我们能够发现行为人脸上流露出的情绪与其语言表达的内容矛盾，就可以找到谎言的破绽。

艾克曼博士在本书中也使用了这个体例编排内容。他改进了自己在此前著作中曾经使用的7种基本情绪说（惊讶、轻蔑、恐惧、厌恶、愤怒、快乐和悲伤），把轻蔑并入了厌恶，并以此为主线，先后介绍了惊讶、恐惧、厌恶、愤怒、快乐和悲伤的情绪表现，尤其是面部表情的特征。这样一来，读者就可以在掌握了细致的表情形态之后，非常自然地进行情绪分类，进而分析行为人的情绪，推导其内心感受。

对于每一种基本情绪，艾克曼博士都细致地讲述了4项内容：

1. 列举情绪出现的原因。
2. 描述情绪激起的感受。
3. 讲解了该情绪主导的面部表情形态特征。
4. 通过面部的局部组合，以对比的方式加深人们对重要表情特征的认识。

这种行文逻辑非常专业，可以帮助人们理解和掌握情绪与刺激源之间的关联，并快速学会观察面部变化的诀窍。尤其是面部的局部组合功能，不但有趣，而且具有很好的教学效果，堪称表情识别训练的绿色通道。

本书是艾克曼博士三本有中文译本的著作中最新的一部。本书中文版的面世，对于微表情爱好者而言都是件大好事。通过阅读和学习，我们可以开阔视野，夯实基础，并在后期进行有针对性的完善和发展，大大提高研究效率。同时，本书的面世，也能惠及更多微表情的潜在研究人员和爱好者。

希望大家能够学有所成。

权威推荐 UNMASKING THE FACE

姜振宇 中国政法大学心理应激微反应研究小组负责人

对于微表情的初学者来说，本书是艾克曼博士目前已有的三本中文出版物中，最清爽、最成熟的一本。全球微表情研究学者都借鉴了本书的重要成果，整个研究领域因为本书才能在今天变得如此丰富多彩。

金　颖 著名心理专家、CCTV12《夜线》特邀嘉宾

在人际关系上，你靠什么技能生存？在信息时代，你使用自己的信息力了吗？你需要掌握辨别微表情的能力，这个人际关系的生存技能，会让你真正读懂人间百态。你需要拥有信息收集和识别的基本能力，才不致被迷惑、欺骗、误导。

张学新 复旦大学教授、博士生导师、心理学家

人心变化莫测，却常常在脸色中露出踪迹。读脸能否准确，要看悟性和经验。但若根本不去读，情商一定不高。保罗·艾克曼是情绪研究的先锋，本书融汇精华，是学会知情达意的绝佳参考。

胡慎之 向日葵心理咨询中心创办人、微表情专家、《童心密码》作者

微表情是近年来比较热门的专项科学，而且越来越为大众所用，这算是保罗·艾克曼的功劳。保罗·艾克曼是一位微表情研究者和心理学家，是使神秘的微表情走向大众化的第一人。本书通俗易懂，并且具有严谨的专业态度和细腻的心理解读。

作者介绍 UNMASKING THE FACE

保罗·艾克曼
世界微表情研究第一人

最初我想做一名心理医生。14 岁时，我的母亲患了严重的精神病，结果是悲惨的。她去世后我决定以我毕生精力去帮助像她一样的人。

——保罗·艾克曼

保罗·艾克曼的荣誉簿

1991 年　杰出科学贡献奖，美国心理协会的最高奖项

1994 年　芝加哥大学人文主义文学荣誉博士

1998 年　威廉·詹姆斯研究奖，美国心理学会

2001 年　美国心理协会评为 20 世纪最有影响力的心理学家之一

2007 年　葡萄牙费尔南多·佩索阿大学荣誉学位

2008 年　阿德菲大学人文主义文学荣誉博士

2008 年　瑞士日内瓦大学荣誉学位

2009 年　被《时代》周刊评为全球最具影响力的 100 人之一

从录像带中发现的微表情

艾克曼对微表情的研究源于一个简单的问题："作为治疗医师，我们能不能从病人的非语言行为中，看出他是否在说谎？"这个问题引发了艾克曼的思考，他从一盘对精神病患者的访谈录像中找到了答案。

> 接受访谈的玛丽是一位患有抑郁症的中年妇女。在那次访谈的影片里，她告诉医生，她感觉自己好多了，请求周末与家人团聚。就在医生准假之前，她又突然承认自己在说谎。事实上，她撒谎是为了获得自杀的机会，她当时仍感到悲观和绝望。

在一个片段中，医生问玛丽未来有什么计划。在回答问题前，玛丽迟疑了片刻，她的脸上迅速掠过极度忧郁的神情，转瞬又换上了一副笑脸。由于动作太短暂，在前几次的检视中都被忽略了。他还发现，当玛丽告诉医生自己把问题处理得很好时，不时会出现轻微的耸肩——不是完整的动作，只是动作的一部分。艾克曼注意到了玛丽的"小动作"。

这种仅存在不足 1/5 秒的表情，被艾克曼命名为"微表情"。尽管它完整地表现于脸上，但持续的时间仅止于一瞬，快到让人难以察觉。

情绪表情的研究在微表情被艾克曼博士发现的那一刻起，跨入了一个崭新的研究阶段。

如今市面上关于微表情的图书琳琅满目，究其源头，都来自这本《心理学家的读脸术》。

METT：让恐怖分子无处遁形

艾克曼博士与弗里森博士于 1976 年创建了 FACS（Facial Action Coding System）——面部表情编码系统。他们在人的面部发现了 43 种动作单元，每一种都由一块或者多块肌肉的运动构成。各种动作单元之间可以自由组合，也就是说，面部有超过 10 000 种表情，其中 3 000 种具有情感意义。**FACS 系统将许多现实生活中的人类表情进行了分类，它是如今面部表情的肌肉运动的权威参考标准，也被心理学家和动画绘制者使用**。艾克曼博士也因此成为了多间动画工作室的座上宾。

在 FACS 的基础上，艾克曼博士又开发出了 METT（Micro Expression Training Tool）——微表情训练工具。**这套工具被国家安全部门和执法机构用于侦查可疑行为**。2009 年，艾克曼博士的团队在美国交通安全管理局 (TSA) 培训了 1 000 人，教授他们如何留意到“微表情”。艾克曼希望帮助发现试图乘坐飞机的恐怖分子，以挽救无辜者的生命。

FBI、CIA 的御用识谎专家

在艾克曼博士写下《说谎》一书后，美国的刑侦人员、检察官、警察以及 FBI、CIA 的官员开始邀请艾克曼为他们举办识谎技巧的专题研讨班。

艾克曼的研讨班通常从一项简短的测试开始。艾克曼将一些笑容满面的表情拍摄下来，拿给研讨班的人，让他们指出哪些人是在真笑，哪些是在假笑。

结果让所有人大跌眼镜，50% 左右的正确率意味着他们的判断并不比随机选择高明多少。艾克曼通过这样一种方式提醒工作在识谎第一线的工作人员，鉴别一个谎言有多么困难，不要对自己的识谎能力太过自信。

艾克曼在研讨课上提供了许多要点来辨别情绪如何出卖了谎言，以及如何识别这些情绪的信号。他向他们展示了大量的面部表情照片，只在极短的时间里晃过他们的眼前，以此教授他们识别微表情；他还运用了各种谎言的录像带样本，让学员练习新学会的技巧。一段时间后，艾克曼再次对专业识谎人员进行测试，少部分人员的正确率已经达到或超过 70% 了。

编者的话：

艾克曼博士开创了微表情研究的先河，是当代表情研究领域当之无愧的第一人。他的工作还会继续下去，并且还将为后人继承，因为这个世界的谎言永远不会绝迹。曾有几任总统咨询过艾克曼能否帮助他们提升自身可信度，但他都一一拒绝。

艾克曼相信一个人与人之间彼此坦诚的世界会更加美好，但他同时也知道谎言有时必不可少，当面临抉择时，人性将是决定谎言性质的最终条件。他曾这样说过："我们既能说谎，也能诚实；既会辨识谎言，也会懵然无知；既会被骗，也会探知真相。我们可以选择，而这，才是我们的本性所在。"

目 录

UNMASKING THE FACE

前 言

1/5 秒内看穿他人心

读懂他的表情，就能抓住他的心

本书讲述的是面部表情和情绪，既包括你自己的，也包括周围其他人的。**我们第一个关注要点是：情绪体现在人们面部是什么样子的**？在照片中，我们可以观察到几种主要的情绪，如惊讶、恐惧、愤怒、厌恶、悲伤和高兴等，是如何通过前额、眉毛、眼皮、脸颊、鼻子、嘴唇和下巴的变化来显示的。

人们在识别面部情绪表情时往往会混淆不清，其实只要将几组照片做个简单的对比，比如惊讶和恐惧、愤怒和厌恶、悲伤和恐惧，其中的区别便一目了然。再看看某种情绪的面部表情照片，你会发现面部情绪表情是如此的微妙。

举个例子，惊讶这种情绪就对应着一类面部表情。由惊讶所产生的表情可远不止一种，包括质疑性的惊讶、惊呆、惊晕以及轻度、中度和重度的惊讶等。而从另一些照片中我们又可以看到面部表情是多么复杂，因为多种情绪可以通过仅仅一个面部表情就全部表达出来，比如既悲伤又愤怒、既愤怒又害怕、既惊讶又恐惧等。

一旦熟悉了这些面部表情的信息，你就能更好地洞悉他人的情绪，任其极力掩饰也无济于事。或者，你可以使用面部表情的相关知识来审视自己，从而更加明白自己脸上写着的到底是什么情绪。比方说，你是个不动声色甚至“面瘫”的人吗？还是情绪早已溢于言表内心却浑然不觉的人？又或者，你会不会心面不一，以悲示怒？

我们把情绪在面部的具象化表现称为面部表情蓝图。

本书第二个关注焦点则是情绪本身。尽管人们都在用愤怒、恐惧和悲伤这样的字眼，却很少有人能真正完全地了解他们所感受过的这些情绪。比如：

- 害怕究竟是什么样子的？
- 你害怕的时候身体里是什么感受？
- 你在什么情况下会害怕？
- 你能预知自己何时害怕吗？
- 你会在同一时间既害怕又愤怒吗？
- 当你害怕的时候，你是会变得咄咄逼人，或是沉默寡言，还是思维缜密呢？
- 你是用哈哈大笑来消除恐惧感，还是会吓得起疹子呢？
- 你会享受恐惧感吗，就好比有人爱看恐怖片那样？
- 别人害怕的时候，反应跟你一样吗？
- 他们害怕的时候，会像你害怕时那样，呼吸发生变化吗？
- 能令你害怕的情境，会不会也让别人害怕呢？
- 你有时会不会觉得“我就不明白他怕个什么劲儿，我怎么就没觉得怕”或是“我都吓得屁滚尿流了，她怎么还一点感觉都没有”？

多数人都难以回答上面列出的这些问题，至少关于某些情绪的

问题会让他们头大不已。这是为什么呢？老套一点的说法是：因为你跟自身的情绪隔离开了。不过，即便没有隔离，也可能回答不了上述问题，因为你可能不太清楚自己对某种情绪的感受有多么与众不同。

通常来说，会有那么一种或者多种情绪，你不会开诚布公地将其与他人分享，更不会详细地描述给别人听。你可能不敢去感受这种情绪，也可能无法控制它，还可能从来就没想过它。另一种可能是，这种情绪是你能深刻感受到的，但却特别私密。比方说，跟某位密友广泛接触之后，你发现，让你痛苦不已的事情，在他看来根本就不是个事儿。

再比如，蜜月期一过，伴侣双方发现，他们对愤怒这种情绪的感受和表达方式不大一样。其中一方如果爆发，会觉得隐忍的那一方无法沟通；也可能是脾气好的一方觉得脾气暴躁的一方不可理喻。无论是哪种情况，都有可能导致婚姻破裂。

本书的第二个关注焦点正是针对以上这些问题，书中会详细描述对每种情绪的感受。只要是日常生活中能感受的各种情绪，我们知无不言，言无不尽。看完之后，可以更好地了解自身对于情绪的感受，明白自己跟别人在哪些方面相似，哪些方面相异；也可能会发现哪些是自己从来没有过的感受。

要是你一直没有明白某些情绪的根源，读过本书之后，可能会有所发现。此外，你对他人情绪的认知将不再是简单地基于自身的情绪表现，而是懂得去探根寻源，这有助于你更好地理解他人的感受。

谁都能学会的表情读心术

无论你从事何种职业都应该掌握一定的微表情识别能力，这种能力可以帮助你在职场中更加从容。不仅仅是职场，识别微表情能在交际场合助你一臂之力，无论面对的是父母、亲人、朋友、恋人，你都能轻而易举地读出他们内心所想，从而做出正确应对。

人事经理面试应聘者时，人事经理需要分辨出对方是否在控制自己的情绪。比方说，应聘者表现得很自信，这是自然流露，还是企图用佯装的自信来掩饰对自身能力的不自信？又比方说，应聘者说他对这份工作很感兴趣，这话能信得过吗？人事经理可以看看对方的面部，就能明白所谓“很感兴趣”到底有几分可信度。售货员都知道，顾客的某些情绪可能促成一笔买卖，而这些情绪很可能不会用言语表达出来；用言语表达出来的东西，也未必足以采信。

医护人员也需要了解情绪和面部表情。人们对自身疾病或者潜在疾病往往会有一种情绪上的反应，这种反应对于治疗效果至关重要。人们对于疾病和治疗常常心生恐惧，而恐惧感有可能加重病痛，或是耽误早期诊断，还可能扰乱治疗方案，凡此种种，不一而足。因此，医护人员必须了解人们对于恐惧这种情绪的不同感受。有些人惧怕癌症和手术，但他们对恐惧的感受不尽相同。失去本属于自己的东西往往令人沮丧不已，因此，当病人罹患长期或是永久性的残疾时，准确识别出悲伤的情绪，对于协助病人康复而言是很重要的一环。此外，大量关于身心紊乱的理论指出，我们还应当了解人们对于愤怒的感受，比如病人经常不愿意或不好意思提及他们对于患病的感受，他们不会说自己害怕了或是伤心了，也不会说开始厌恶自己了，什么也不会提。因此，医护人员必须学会这项技能，要能从面部表情信号中准确地发现病人是否正在压抑自己的情绪。

心理医生必须了解人们的感受，必须随时留意面部表情所传达的信息，以判断病人的情绪。只靠听取病人口述的诊断是不现实的，因为有时病人无法描述自己的情绪。比方说，有时他会情绪低落得难以开口，有时他不知道如何描述当时的感受，还有的时候他压根

就不知道自己有什么感受。不过都没关系，因为我们仍可能从病人的面部读出他的感受。

教师需要了解学生们是否理解了他的讲解，在他们脸上，兴趣、专注和困惑都清晰可见。

律师往往不能偏信证人或是诉讼委托人的一面之词。因此，他需要另一个信息来源，来判断眼前这个人到底心里是何感受。此人的面部，正好是这样一个信息来源。另外，挑选陪审团成员时，候选人的情绪反应很值得关注；庭审的时候，陪审团对于不同论点的反应，也很值得推敲。这些都显示解读情绪这种能力对于律师来说是多么重要。

演员则必须明白，在表演中向观众传达一个角色的情绪，是带着复杂的感受的。本书中专门讨论了表情欺骗的问题，这会有助于表演，以防演员在表演中流露真实感受。如果演员想与其扮演的角色感同身受，他得确认自己作为剧中人表达情绪的方式是否能被观众接受。因此，他应该会觉得面部表情蓝图有用武之地，对于理解和完善自身表现力不无裨益。

上述所有职业的从业人员，包括心理医生、医生、护士、律师、人事经理、销售人员和教师还得清醒地意识到，他们的表情在不同"观众"看来会有不同的体会。就这一点而言，他们跟演员是有共性的。

应聘者和寻求贷款者需要知道自己的面部表情在别人（人事经理或银行职员）看来传达着什么信息，因为对方肯定会仔细观察自己的面部表情。当然了，应聘者和寻求贷款者可能也想观察人事经理和银行职员的反应，当然，也是通过观察面部。

顾客可能信不过售货员。比方说，顾客可能心里犯嘀咕：那车真的只有一个小老太太开过吗？选民往往对候选人及其施政方案心存疑虑：这候选人的话有几分可信度？我该相信他为竞选而许下的种种诺言吗？在如今这个时代，多数人都只能从电视上看到候选人的表现，候选人的可信度更加令人无从捉摸。

陪审员不能随随便便就对证人或被告的话深信不疑，有时候他们自己都不一定知道实情。熟悉面部表情之后，陪审员可以更好地判断证人的真实感受，而不会被其有意的伪装所误导。陪审员还必须熟悉各种情绪的感受，这样一来，他才能深刻理解某些犯罪行为的真实动机。至于是否能够减刑，则取决于被告的情绪状态。要判断证词的可信度，陪审员则必须充分理解证人目睹犯罪事实时和当庭提供证词时的情绪感受。

本书的内容同样适用于人与人之间较亲密的关系，这些关系都不是模式性的，不能敷衍了事，也没有商业味道。某些人际关系是没有多少感情投入的，在这些人际关系中，没有人会分享自己的情感，任何一方都不会试图去了解对方的感受，否则会被视为冒犯对方。

除此之外，还有一些比较亲密的人际关系，这些关系的核心之处就在于分享彼此的感受。较为亲密的两人，面部往往会比较靠近，对对方的面部也会观察得更多，而且往往处于能看见对方的面部的位置。有时候，你想见证对方某个重要的感受，或是想描述一下刚刚发生的重要感受，比如说刚举行婚礼、离婚、见证死亡、荣升等。在这些时候，打电话效果肯定好过写信，但是你肯定还是更想亲眼目睹对方面部的表情，也会想让对方看见你脸上的回应。

分享彼此的感受，听起来容易，做起来可未必。即便是密友，也会发现对方对于情绪的感受跟自己并非完全一致。这些差异要么不好理解，要么难以接受。有时候正是因为不能理解这些差异性，再亲密的关系也会出现裂痕。“那种事情有什么好生气的！莫名其妙！”“你当时既然害怕，为什么一个字也不跟我说？”你关爱的人跟你本人无法感同身受，的确是件很难麻烦的事情。面部表情能表

达情绪，但是人们有可能错误地理解这些表情，有时候甚至根本就没注意到这些表情。

请记住，同一种情绪让不同人来体会终是冷暖自知，别人的感受难免跟你的大相径庭，同一种情绪写在脸上的方式也可能是天壤之别。如果你不能完全理解这些，那么误解在所难免，乍看上去还以为是双方都没有为对方着想呢。

当然了，本书不是什么万灵妙药，不能够解决亲密关系中的所有问题，因为问题的根源并不都是误解。即便是出于误解而产生的问题，也不是仅仅靠读一本书就能解决的。不过，研读本书中所描述的情绪感受的多样性和各种面部表情蓝图，对于处理上述问题不无裨益。

如果你能理解情绪感受，那么受益的将不单单是你的人际关系，还包括你与自身的关系。人人都有自身最为私密和独特的一部分，这一部分对人生有着深远的影响。

只有充分理解情绪感受，你才能更好地理解这部分的自我。你的工作、生活甚至是死亡都有可能被情绪左右。在情绪的干扰下，你可能有性需求而得不到满足，饥肠辘辘却无法吃饱，面对工作总难以完成。

在情绪的驱动下，人们可能会自杀或是杀人；在情绪的作用下，人们也许能忍受“卧薪尝胆”之苦，最终成就“三千越甲可吞吴”的丰功伟业。情绪是如此的重要，我们却知之甚少。相比之下，我们反而对自己的牙齿、轿车或是邻居干过的那些破事儿更为了解。

这本书并不是用来自我救赎的，但是你可以借助它来更好地了解各种情绪，以及你自身的情感世界。学习本书介绍的面部表情蓝图，主要提高的是你阅读他人情绪的能力，但你同样可以从中学到如何敏锐地留意到自己面部肌肉的动态，从而明白这其中蕴含着的信息，关于你自身的信息。

面部表情无处不在

本书既可供阅读，也可以拿来仔细研究，你想增长自己的见识或是想掌握一项技能都能达成所愿。当然了，掌握技能比增长知识花的时间更多，仅仅是阅读文字、浏览图片的话，这本书你几个小时就能读完。看完之后，你的知识积累将有长足进步，你将更了解自己和别人的情绪感受。这方面的情况，我们刚才已经详细描述过了。不过，这种阅读的方式并不能提高你的实践能力，你即便通读本书也不会比以前更善于察言观色。实践能力包括捕捉细微的情绪表现或是混合情绪，判断对方是否在控制情绪，以及观察对方是否有真情流露等，如果想在这些方面有所突破，则必须进行额外的学习。只有当你对于面部蓝图了如指掌的时候，应用起来才能够不假思索，这方面的知识才算成为了你的技能。

说到阅读面部表情的能力，你可能觉得自己没必要去提高。或者，你觉得有必要，但只针对某些情绪就行了，而非所有的情绪都要掌握。还有可能，你发觉自己在阅脸读心这方面完全就是个门外汉。本书关于情绪微表情的章节中的某几节是关于面部表象的，其中部分内容可作为实践指南。上述各章会教你如何形成和变换表情，这样一来，你就能更好地了解面部的运作机理。

理解情绪对于个人幸福、人际关系以及事业发展至关重要，这一点似乎人人认可，但在风平浪静的时候，是不会有人来告诉你该怎么理解情绪的。等你真的遇到麻烦了，各种精神治疗法或许会有用，但只对某些情绪有用，因为精神疗法的理论不是所有情绪都涵盖的。目前已经有充分的证据表明，面部是显示情绪的主要信号系统，但是从来也没人会教你怎么去解读这些信号。我们同样有足够的理由相信，对于面部的了解并非与生俱来的，这些知识和技能必须进行后天的学习和提高。

可能你对情绪和面部表情已经有一定的了解，这种了解大部分来自于父母和其他家庭成员。你最早看见的面部主要是家人的，包括父母、兄弟姐妹以及其他照看你的人。你的家人可能表情丰富，也可能不露声色。可能你已经见识过他们所有的表情，也可能只见过其中一部分而已。你可能从未见识过什么是愤怒的面容，或者什么是恐惧的表情。你家人的面部表情可能与大多数人并无两样，也可能其中某位在表示厌恶或恐惧的时候，表情或是稀奇古怪，或是不同寻常，从而深深影响了你对于厌恶或恐惧的认知。还是小孩子的时候，大人们可能会专门叮嘱你，不要注视别人的面部表情，至少当别人处于某些情绪中的时候不要盯着看。譬如，大人可能让孩子们不要看一个正在哭泣的人。

成年之后，我们可能对某些情绪特别敏感，从识别自己家人的情绪中，可能你已经学到了一些东西。这些积累有可能同样适用于理解别人的情绪，也有可能对某些情绪根本行不通。通过看电视、看电影或是观察某位好友，可能你的相关积累又更进了一步。有那么一些表情，几乎人人都能够正确识别，但是很少有人能够在识别错的时候意识到问题，也很少有人会明白他们为什么会出错。

根据特定的面部皱纹组合，我们可以判断某人是在生气，还是害怕，还是有点别的什么感受。至于怎么作出判断的，大多数人都说不出个所以然来。我们往往只是根据长期以来养成的习惯，自然而然地按照某些判定法则进行了判断，而不会意识到这些习惯是如何起作用的，甚至连什么时候起了作用都不知道。从这层意义上来说，了解面部表情就好比开车，会了之后，做起来根本不需要过脑子。不过，跟开车有所不同的是，在你还不会的时候，不会有人专门教你这项技能，也找不到一本说明书来查询出错之后该如何修正。如果搞错了某个表情的意思，或者压根就没注意到那个表情，是不会有类似于交通警察的角色来提醒你的。

当我们看见某人之后，往往能够产生一些预感或是直觉。但是你可能不知道，这种预感和直觉来源于我们对他面部的认知。你可能一看见某人，就会感觉到什么问题，却不知道这种感觉来自何方。如果你总是不知道自己是根据什么作出的判断，那么判断失误之后也不会明白该如何改进方法。

有时候，别人的表情会让你疑惑不已，实在猜不透他葫芦里卖的什么药；有时候，你读懂了他的表情，却不知道他这表情是真是假。想要跟人求证是很困难的，因为没有多少词汇能用来描述面部。描述面部所传达的信息的词汇倒是不少，比如能够描述害怕这种情绪的就包括害怕、恐惧、惊悚、担心和焦虑等。而用于描述面部信息来源的词汇实在是少得可怜。对于面部表情，我们有诸如微笑、咧嘴笑、皱眉、眯眼看等描述性词语，然而对于特定的五官搭配方式，对于特殊的皱纹组合，或是对于临时性的五官形状，我们想进行描述，却苦于词汇贫乏。没有了词汇的帮助，即便能够破译面部表情所传达的信息，也难以进行比较和更正，我们就如同失去了超能力的超人一般无助。下面这一段评论虽然说得挺准确，听起来却是那么的令人恼火和抓狂。

> 我明白你当时为什么觉得他在害怕，因为他眉毛的内侧上挑并且挤作一团。但是你没看见他额头上那个跟希腊字母Ω似的皱纹。你要是看见了那皱纹，或者注意到他眉毛的外侧是向下拉而非向上挑，你就会明白他其实是在伤心。

乐观一点的说法是：描述面部表情并不容易。我们需要借助照片的帮助，因为照片记录了我们的视觉。我们在本书中展示了几百张精选出来的照片，通过观察这些照片，你就能明白面部是如何表达情绪的了。本书旨在达成以下目标：

- 让你开始注意到一些你总在做，而你却没有意识到自己在做的事；
- 告诉你什么细节是你可能根本不会留意的；
- 指出你什么地方出现了误解，并告诉你如何修正；
- 告诉你面部表情的微妙性（一种情绪可能对应着一大类的表情）和复杂性（一种表情可能表达着两种情绪）；
- 提醒你什么样的迹象能表明对方试图刻意控制面部表情，教会你及时发现对方在进行刻意控制、调节或是伪装自己的表情；
- 教会你如何更加了解自身，了解你自己的面部表情是否与众不同。

下一章将会解释一些实际操作中可能出现的问题，这些问题可能会阻碍我们对面部表情的理解。在下一章中，你还会看到我们为什么会犯一些错误，并了解如何避免犯错。大人们可能从小就禁止你观察别人的面部，或者是让你在某些情况下不要看面部，也有可能你的注意力放在了其他方面，比如措辞、语音、整体外貌和肢体动作等。想判断某人是不是生气或者害怕了，你可能不得要领，不知道在脸上该看什么，该看哪里。你还可能不知道某种情绪到底是什么样的，不知道某种情绪跟其他情绪有什么区别，也不知道情绪跟心境、态度和性格有什么不同。

微表情存在于生活的方方面面，只要细心观察，总能找出它的踪迹。

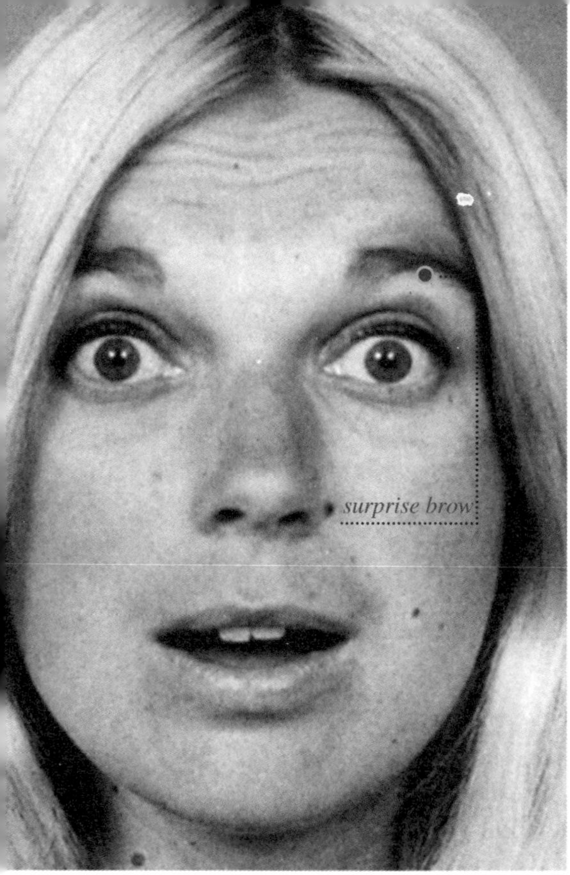

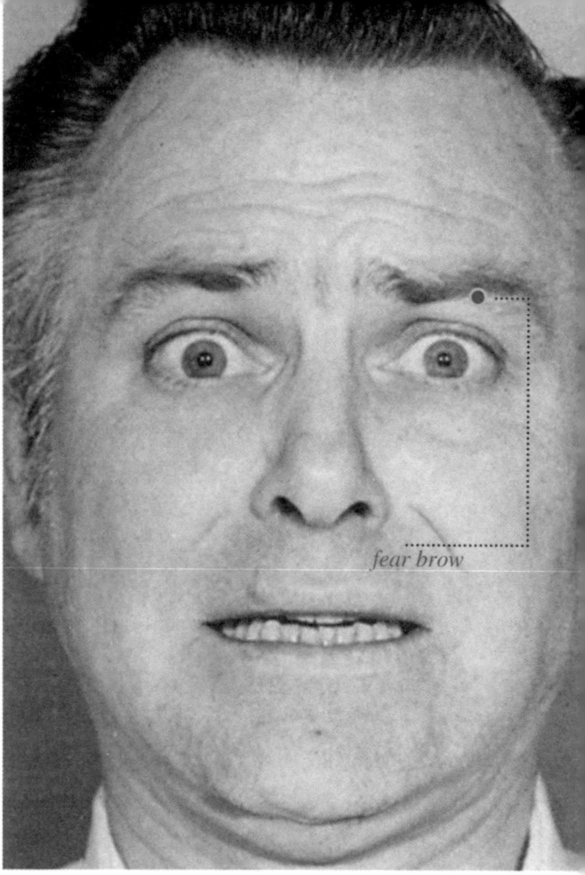

第 1 章

表情是破译情绪的直通车

眨眼是微表情的一种吗，这代表了什么样的情绪呢？他咧嘴笑了起来，这一定表明他很快乐吗？如果他长了一张香肠嘴，那表示他一直很愤怒吗？！人的面部纷繁多样、各不相同，它传递了无数信号，微表情就是其中一种。它难以辨认，也难以隐藏。

UNMASKING THE FACE

其实，中国人自古就讲究察言观色，直至今日。

我们每一个人都会在成长过程中被动或主动地学会察言观色，因为这样可以让我们免受更多伤害，甚至获得更多利益。

然而，一讲到“微表情”的研究，似乎中国就只有仰视的份了，即使国内有若干研究团队，也大都还处于重复验证保罗·艾克曼以及国外其他研究团队结论的阶段，离比肩尚有时日，更遑论应用了。

究其原因，研究方法的规范性是一方面，另外一方面是人们对这种分析方法始终抱有怀疑。这种怀疑不光表现在其到底“靠不靠谱”上，即使是坚定相信这门学问有研究价值和实用价值的人（包括研究人员本身），也会在心底深处时时泛起“问题到底出现在哪里”这样的思考。其实，就连国外学者发表的文献中，也提到：“受过训练的观察者的平均准确率为57%，而未经训练的观察者也达到54%。在大多数的研究中，受过训练者的准确率不超过65%。”类似的结论和原因讨论让这门学问举步维艰。

对大众而言，多数判断靠的是“感觉”。感觉实际上也是一种逻辑判断，是感觉器官和大脑联合工作得出的结论，只是当事人并不能清晰地获知判断的过程，所以归结为“感觉”。感觉的最大问题不是偏见，而是“不稳定”，即使看到了特定的表情形态组合，也不能确认这些形态就一定代表某种意义。因此，推断出的结论也就变得恍惚易变，容易受立场和偏见等其他因素影响。

对受过专业训练的人员而言，他们能够弥补自身的缺陷，能够很好地捕捉表情形态和情绪意义，并坚持自己的看法。但是，正如第 1 章中大家会看到的讨论一样，如何分辨情绪的真伪是难点。如果我们分析一段公众人物的演讲，怎么能确定所有的表情是自然产生的，怎么能保证不是如同台词一样事先经过精心准备的呢？如果这类单向表达中所有的“expression”都是精准控制的预设表达，那么分析得越准就陷得越深，岂不是开了个非常大的玩笑？

因此，要想提高分析的准确率，那么第 1 章中提到的“表情控制术”还需要一个辅助工具——刺激。用有效的刺激破解有准备的表演，然后才是表情分析和心理推导。这也是为什么我们的团队专注研究应激微反应的原因。

我们将刺激源的研究加入研究体系中，不但从逻辑上打破了“自相矛盾”的焦灼，也能较大幅度地提升分析准确率，使之平均值接近 80%。因此，大家在读完本章之后，要记得一个更严谨的分析步骤：

1. 实施特定的有效刺激；
2. 观察刺激之后的微小表情变化，应激反应很难自如的表演，即使对方有所准备，也会被有效刺激牵扯而无法流畅表演；
3. 将表情所代表的情绪总结出来后，与刺激源中的信息搭建因果逻辑关系。

比如，你向一名女性特意表达“你长得好漂亮哦，就是头发有点油了”，然后观察她脸上的变化，如果眼睑的开闭和嘴角的动作出现了厌恶类情绪表情变化，就可以将此厌恶与之前的刺激源建立因果关联。此时如果你听到的回答是“谢谢！这是我的风格”等自我肯定的表述，则可以判定为某种意义上的谎言。

不用开口，面部会“说话”

能从面部识别的信号多种多样，这些信号传递着五花八门的信息。你想观察有关情绪的信号时，说不定会错误地观察到其他信号，也可能搞不太清楚情绪信息和面部传递的其他信息有什么区别。举个我们非常熟悉的例子来解释多信号、多信息系统，那就是路标。

路标体系中包括三类信号：

- ◆ 形状类（三角形、正方形、圆形、长方形、八角形）；
- ◆ 颜色类（红色、黄色、蓝色、绿色）；
- ◆ 注释类（文字、图案、数字）。

路标以上述三种类型的信号传达着三种类型的信息：

- ◆ 规则类（停车、禁止调头、让行等）；
- ◆ 警示类（学校路段、双向交通等）；
- ◆ 信息类（服务区、自行车道、露营区等）。

看路标和看表情都是一个道理，你要想获取某种类型的信息，就必须专注于寻找该类型的信号。如果你想知道自己是不是快到一处休息区或露营地了，就找找看有没有蓝色或绿色的标志，因为只有在这两种颜色的标志上才会得到你想要的信息。而黄色标志是警示类信息，红色标志则为规则类信息。

同样的道理可以放在面部解读上，如果你想知道某人此刻的情绪，就必须注意观察他表情的短暂变化。正是这些转瞬即逝的面部信号，传达着关于情绪的信息。当然了，如果你是想判断对方的年龄，你就得关注他脸上一些相对恒定的元素了，比如肌肉紧张度或者永久性的皱纹。

从面部可以识别三种类型的信号，包括静态信号（比如肤色）、慢速信号（比如永久性的皱纹）和快速信号（比如抬抬眉毛）：

静态信号 包含了许多方面的元素，它们几乎是永恒不变的，比如肤色、脸型、骨骼构造、软骨、脂肪沉积，以及五官的大小、形状和位置。

慢速信号 涵盖了面部外观随着岁月流逝而发生的缓慢变化。人除了会慢慢长出皱纹之外，肌肉紧张度、肤质都会随着年龄增长而发生变化，这些变化主要集中在人的晚年时期，甚至连肤色也是如此。

快速信号 是面部肌肉运动的产物，表现为面部外观的短暂变化，并可能临时性地出现皱纹。这些变化在脸上一闪而过，也就是几秒钟或是几分之一秒的事。

只要有心去做，以上三种类型的面部信号都可以进行修饰或伪装。不过，修饰静态和慢速信号是相当困难的，人们常常通过变换发型来达到目的。比方说，梳个刘海可以改变前额暴露部分的大小，也可以遮挡永久性的皱纹。面部美化和装饰也可以改变静态和慢速面部信号，例如佩戴太阳眼镜一类的面部装饰品，或是更加极端地去做面部整形。信号一变，传达出的信息自然也就不同了。而要修饰或是伪装快速信号，则可以通过抑制相应的肌肉活动来达成，也可用别的面部来掩饰，或是用胡子或太阳眼镜来遮住面部。这样一来，人们是有可能被别人存心或是无意地误导的，误导他们的正是各种快速、慢速或者静态的面部信号。

面部不但是多信号（快速、慢速和静态）系统，还是多信息系统。面部能传达多种信息，包括情绪、心境、态度、个性、才智、魅力、年龄、性别、种族等。本书则只关注这诸多信息中的一种，以及上述诸多信号中的一类，也就是经由快速信号传达的情绪类信息。我们所说的情绪，指的是那些短暂的感受，比如恐惧、愤怒和惊讶。一旦产生了这些感受，面部肌肉就会收缩，于是面部就会出现明显的变化。比如说，脸上会出现皱纹，稍过一会儿又会消失；再比如说，五官的位置和形状都可能发生暂时性的变化，包括眉毛、眼睛、眼皮、鼻孔、嘴唇、脸颊和下巴等。已经有研究表明，从快速面部信号可以精准地判断对方当时的情绪。而最近的研究更是进一步发现了情绪表情蓝图，也就是我们在上一章提到的那些特殊的面部信号。借助面部蓝图，我们可以识别出各类情绪。为了撰写本书，我们特别制作了一些照片附在书中，用来展示多种表情蓝图并进行对比，以便我们识别出每一类情绪，以及某些混合情绪。

有一件事值得我们注意，那就是慢速和静态面部信号虽然不能够传达情绪信息，却会影响我们对情绪信息的解读。人们的面部各有特色，可能很骨感，也可能很丰满；可能沟壑丛生，也可能平滑如纸；可能是薄嘴唇，也可能是香肠嘴；可能面容苍老，也可能朝气蓬勃；还可能男女有别，人种不同。但是，这些差异并不能显示情绪。仅看这些，你无从得知某人是快乐、愤怒还是悲伤，不过，

这些面部特征却可能影响你的感知。比方说，如果快速面部信号表明某人正在生气，你能感知到他为什么生气以及会有何举动，而这种感知与慢速和静态信号传达的信息（年龄、性别、种族、个性、气质、性格等）不无关系。对于这个问题，由于学术界目前知之甚少，我们不想不懂装懂，更何况本书关心的最主要问题也不是这个，而是以下两个：

- ◆ 如何从他人的表情判断他的感受？
- ◆ 如何判断他的表情是真实的还是伪装的？

本书还会涉及“心境”这个概念，它与情绪紧密相关，有时也可经由快速面部信号来表达。二者的区别在于，能被称为“心境”的感受持续时间更长。比如说，如果你生气几分钟或是个把小时，我们管它叫做情绪；但你要是生气一整天或好几天，要不然在一天内生了好多次气，我们则把它称为一种心境。“烦躁”这个词就是这种心境最好的描述。当然了，你要说那是一种“愤怒的心境”，也不会有人反对。如果处于这种心境中，你可能那一整天或者那几天整张脸都写着“生气”两个字，只是可能性不大而已。更常见的情况是，在这种心境持续的时间里，你只会稍稍流露出生气的表情，比如下巴咬紧、下眼皮紧绷、用力抿嘴唇、眉毛下拉并挤作一团等。还有一种判断方法，就是看相应的情绪表情出现的频率。如果某人今天下午经常生气，那很明显他处于一种烦躁的心境中。还有其他几种心境能够经由快速面部信号传达，一种是抑郁，一种是焦虑，还有一种是欢快。心境抑郁时，面部呈现出悲伤、恐惧，或者是悲惧交加；焦虑时，面部呈现恐惧；欢快时，面部则呈现出快乐和激动。

快速面部信号还可以传递一种象征性的信号。我们在研究中使用了“象征”一词来描述这类信号，它们的含义是很明确的，相当于表达了某个字或词，不用开口大家也能明白。比方说，眨眨眼睛这种信号传达了两种意思，一种表示同意地说“好嘞”，另一种是挑逗地说“好不好嘛”。面部象征就像挥手致意或是挥手告别，也像用点头和摇头来表达“是”与“不是”，表意明确、尽人皆知（至少在某种文化或次生文化中能达成一致），而且跟其他类型的动作有着显著区别。在本书中，我们不打算详尽地讨论所有面部象征，但是会提及一些与情绪表情紧密相关的象征，要么与动作相关，要么与信息相关。

举例来说，面无表情，只有眉毛上扬然后停住，这就是一种象征。惊讶的表情就包含了这种眉毛的动作，当然，还伴有眼皮和下面部的动作。如果仅仅是像那样动动眉毛，则象征着质疑。

还有些象征可以被称之为情绪象征，自然是因为它们传递的信息与情绪相关。这些情绪象征乍看上去很像情绪表情，但二者的区别还是很明显的。

如果有人使用了情绪象征，我们一看便知他并没有这种表情所代表的那种感受，只是在表现一种情绪而已。举个例子来说，皱鼻子这个动作可以象征厌恶，但如果真的要表达厌恶情绪，除了皱鼻子，还会有别的面部动作。作为情绪象征，皱鼻子这个动作常常单独出现，而且一闪而过，基本没有抬上唇的动作，意思是“厌恶，但我现在并不厌恶什么”。

快速面部信号传递的信息既可能是情绪，也可能是象征，此外，快速面部信号还有口语标点的作用。有些人讲话的时候，喜欢用手部动作来强调某个字或某个词；其实用快速面部信号也可以为口语加上着重号、逗号和句号，效果跟用手部动作是一样的。下面几章会详细展示和讨论面部口语标点的应用。

面部能发出很多类型的快速信号，之前提到的表达情绪、情绪象征以及口语标点只不过是其中的一部分。有些信号不在我们考虑

之列，比如扮鬼脸、面部扭曲和打哑语一类的特别动作，发音需要的语言动作，咬嘴唇和擦嘴唇一类的小动作等。因为它们要么与情绪表情无关，要么容易与之混淆。同样，面部传递的信息多种多样，情绪和心境的信息也只不过是其中一部分。有人相信，从面部能够读出一个人的态度、性格、品德和才智，对此我们不予讨论，因为还不知道这是对是错，也不一定适用于所有人。

况且，这种判断是基于快速、慢速还是静止信号也是个未知数。根据面部来判断性别、年龄和种族的时候，很可能人人都能作出准确的推断。但即便是这么明显的信息，我们对其精确的面部蓝图也知之甚少。我们猜想，这些信息主要是由慢速和静止信号传达的，但具体是什么样的信号呢？没人知道答案。比方说，要判断性别，是该看上下唇的形状、大小、相对大小还是颜色呢？又或者与嘴唇无关，而是跟眉毛的形状或者浓密程度有关？也可能是下巴的形状？凡此种种，不一而足。

而关于情绪表情，我们则了解颇多。我们坚信，根据表情对情绪作出准确判断是可以实现的。在任意面部位置出现的面部信号，它们所传达的情绪信息，我们都了如指掌。我们已经解密了包括恐惧、惊讶、悲伤、快乐、愤怒、厌恶的情绪信号，以及这几种情绪信号的混合。

如果你想进一步了解表情，从而做到既能破译他人的情绪信息，又能够了解自身的情绪状况，那么就必须全力关注快速面部信号，并从中获取信息。而如果你把注意力放在了慢速和静态面部信号上，对破译情绪信息来说，纯属浪费时间。不同的情绪在面部的表现不可能一模一样，对情绪的感受也因人而异，其中的区别可能很细微，也可能很明显。在学习过程中，我们要学会接受和分辨它们的相似性和相异性。此外，我们还要学会识别出情绪表情，不要将它与情绪象征、其他面部象征或是口语标点混淆。

盯着他的脸！别让礼节与习惯束缚了你

我们对表情的理解有困难，是因为大多数情况下，我们都未注意观察对方的面部。情绪表情的持续时间往往都很短暂，稍不留神就可能错过。某些表情更是一闪而过，转瞬即逝，这类特别短暂的表情，被我们称之为微表情。大多数人要么没见过微表情，要么不知道微表情有多重要。即便是持续时间稍长一些的表情，通常也不过是几秒钟的事，我们将这类表情称为“宏表情”。能够持续 5 秒至 10 秒的宏表情实在罕见，但是如果真的出现了，就必然表示当时的情绪极其强烈，并很可能伴有声音，如哭、笑、咆哮、言语等。在这种情况下，即便你看不见对方的脸，也能知道对方的情绪状况，因为你能感受对方的反应。不过，这种超长时间的宏表情，很可能并非真实情绪的体现，而是一种模拟表情，也就是以一种夸张的方式来演绎某种情绪。遇到这种情况，不用说你也知道那人多半只是在表演而已。

不过，有时未必是表演，而是运用模拟表情来展示某种情绪，同时又不用承担任何责任。比方说，你答应别人一起做点什么冒险刺激的恶作剧，但是真要开始干的时候，你感觉危险程度似乎超出了你的预期。于是，你可以来个模拟的恐惧表情，这样既可以向同伴表明你的感受，也给了同伴机会释放他内心的犹豫。即便他无动于衷，也没理由嘲笑你，那不过是个模拟的表情而已，他会以为你是在夸张地表演。

因为微表情转瞬即逝，所以没观察到也情有可原，之后我们会安排一些练习来帮助你识别。但即便是那些持续两三秒的宏表情，我们也经常错过，因为我们往往不注意观察对方的面部。从某种意义上来说，这很矛盾，面部本身是值得高度关注的。面部是主要的感觉来源，包括视觉、听觉、嗅觉和味觉；还是主要的交流输出端（语言功能），因此，对于社交生活而言，面部的重要性不言而喻。此外，大多数人或多或少都会依赖面部来识别自己，所以才会有那么多美容产业存在。要认出一个人，看脸比通过身体辨认要方便多了。一个人在尴尬的时刻，如果面部和身体分别被人拍照并登报，前者肯定能揭示更多的隐私信息。而且，人们对于他人的面部总怀有一种天生的好奇心。如果某人之名如雷贯耳却与你素未谋面，你多半会想通过照片看看他的脸长什么样，而不太可能首选一张只能看清身体的照片。如果既能看见正脸，又能看见全身，你多半会更多地关注面部，除非你对那人颇有“性趣”。

然而在对话过程中，我们却很少持续注视对方的面部，看别处的时间很可能多过看对方的时间。让我们回想一下，在准备坐下来跟人聊一聊的时候，椅子通常是怎么摆放的，或者说我们通常会怎样调整椅子的位置。一般情况下，双方不会面对面头碰头地坐着，要么并排坐在一起，要么成一个交角斜对着坐。这样一来，如果大家都目视前方的话，你和对方刚好都是“目中无人”。按照上面的说法，这正好是我们在正常交谈过程中大部分时间里的做法。想看看对方面部的时候，则需要转过头来，这只是偶尔而为之的事。

目前有人正在做一项研究，就是看交谈的双方什么时候才会互相注视。研究结果显示，在以下几种情况，说话一方会看看对方：

- 为了观察对方的反应（如是否同意、被逗乐、生气、感兴趣等）；
- 当对方太久没有应声（如“嗯”“是的”“好”“哦”“嗯嗯”），你想看看怎么回事；
- 你想给对方一个说话的机会（如果你并不打算让对方开口，话语停顿的时候就不要直视对方）。

如果你是听话一方，则可能在以下几种情形下直视对方。一种是对方某个字说得特别重，一种是他的一个词快说完了，一种是他的语调突然升高，还有一种则是对方明显希望从你这里得到某种形式的反馈。

在某些特定情况下，谈话双方至少有一方会很关注对方的面部。如果你只是一群听众中的一位，哪怕一直盯着演讲者的脸看也没什么别扭的，因为这是你们之间的相互关系所默许的。如果你在审讯别人，一直盯着对方的脸就是你的职责所在。

或者往大一点说，在任何正式的对话过程中，如果其中一方明显具有权威性，他是有权或者有义务持续观察对方面部的，反之亦然。我们一眼就能看出哪两个人是情侣，方法很简单，只要看看哪两个人不厌其烦、旁若无人地互相注视着对方的脸，说明他们就是情侣，而且还处于热恋期。

在交谈中，为什么多数时间我们都不看对方面部呢？在对方面部即将有情感流露时，我们都会有预感，而在这样的的关键时刻，我们为什么又会顾左右而言他呢？一部分原因是为了表现得有礼貌，至少在美国和其他一些国家，大人们从小就教育我们不要盯着对方的脸看。因此，我们不愿意显得无礼，也不想贸然地获取对方明显不愿表露的信息，如果出现这种情况，双方都会很尴尬。要是对方希望你了解他的感受，会用言语表达出来。所以只要他不说，你最好也别越界，这是约定俗成的礼数。注视对方面部还是一种亲密行为，只有在某些情形下才能有这个权利。比如对方在当众演说，而你是听众中的一员；或者你的社会身份赋予了你这样的权力，比如你是审讯员、雇主、陪审员、家长等；抑或是你明确表示要坦诚相见，既打算注视对方也希望被对方注视。

不看对方面部不仅仅是出于礼貌，还有一层原因，如果了解了对方的感受，我们好像就必须得做点什么才行，于是常常觉得多一

事不如少一事。只要不看对方的面部，我们就什么也不用知道，或者可以揣着明白装糊涂。只要他没有用言语表达出来，你大可不必嘘寒问暖，甚至不需要作任何反应。要是他脸上明显表现出恼火或是愤怒，而且明显是表现给你看的，你就得反思一下自己是不是做错了什么，或者想想，如果不是你的话，那是谁惹了他。如果他表现得很伤心或者很害怕，你可能就得去安抚或是帮助他。在很多社交场合，双方最不愿意做的事情就是参与到对方的情感纠葛中。

上述那些是较为常见的原因，还有些人从小就被教育不要看某些人的表情，或者是不要看别人的某些表情。小朋友们可能会逐渐明白，在爸爸或其他人生气的时候看他们的脸，后果是很严重的。这种觉悟在很小的时候就培养起来了，以至于长大后都不知道，自己是在无意识地避免看对方的表情。

如果想提高对表情的理解能力，你得考虑一下，是不是需要了解对方的感受，或者什么时候需要去了解。你可能还得避免被自己的习惯干扰，这些习惯经年累月，做起来都不需要过脑子，其结果就是使你错过大量的情绪表情。

表情是最好的测谎仪

在谈话过程中，面部并非唯一的信息来源，于是问题就来了。正因为有其他受关注度更高的信息来源，面部信息就很可能被忽略掉。在大多过程中，我们依赖的是视觉和听觉，尤其在西方发达国家，人们在交谈过程中不会有什么触觉刺激，体味也经过了处理，难以获得真实的嗅觉信息。听人说话的时候，我们至少会从听觉渠道的三个信息源获取信息，包括对方的措辞、声音以及一些细节（比如语速、停顿的次数和“啊”、“呃”等打断词出现的频率）。看的时候至少会从视觉渠道的四个信息源获取信息，包括面部、头部仰角、身体姿势和四肢骨骼肌的动作。以上听觉和视觉方面的任何一个信息来源都能够透露出关于情绪的信息。

对信息的发出方和接收方而言，听觉和视觉渠道各有利弊。信息发出方可以默不作声，从而完全地封锁住听觉渠道，让对方得不到任何听觉信息，此时，优势在发出方，而接收方处于劣势。视觉渠道从某种意义上来说是无法完全封锁住的，因为发出方总会呈现出一定的姿态、手势和表情，接收方肯定可以从中获得一些信息。

如果说话方认定对方乐于交谈，那么对于信息的传送和接收，听觉渠道可能更为有效，因为对方的听觉渠道是开放的。但视觉渠道就不是这么回事了，即便对方兴致勃勃，也可能错过说话方发出信息那一瞬间的样子。说话方可以利用这一点偷偷将信息发给一个旁观者，而听话方则浑然不觉。比如说，交谈中的一方觉得话题索然无味，希望能有人帮他脱身，他可以用一个视觉信号暗示旁观者，而谈话的另一方还蒙在鼓里。不过，要是谈话双方真心希望将信息传递给对方，只能等到对方注视自己的时候再发出视觉信息。可见，如果谈话双方都乐在其中，听觉渠道会更胜一筹。

另一方面，倾听的一方要装作感兴趣的话，通过听觉渠道比视觉渠道要容易得多。要装模作样是很容易的，只需要不时地点点头外加附和几声“嗯哼”，哪怕你实际上是在听另外几个人的谈话，或是思绪飞到九霄云外，说话方都不会察觉到，因为在听觉方面，没有明显的迹象可以表明你开小差了。视觉方面则不然，你要是装作在看对方，其实是在看他后面或是旁边的人，很容易就会被发觉，因为对方只要稍微注意一下你眼神的动向，就会发现你看的并不是他。但是，要判断你是不是在听他说话，却没有这么简单的方法。正因为判断谁在看比判断谁在听更容易，他人偷看的难度就要比偷听更大。

尽管上述两种渠道所传递的信息在类型上会略有重叠，但分工

还是很清楚的，并且各司其职。言语在多数情况下都是最好的信息载体，尤其是陈述事实的信息。假如你想告诉某人博物馆在哪儿，哪部电影的主演是谁，你饿不饿，或者吃饭花了多少钱，肯定会用言语表达出来，而不会使用视觉渠道作为主要的信息传递渠道。如有例外，要么是你无法发声，或者他听不见你说什么，要么是你在给人指路（比如从这里怎么去邮局）。语音语调和视觉信息源都可以为平实的话语增添更多的有效信息，语义可以因此变得更微妙，重点可以更突出，使对方更清楚你是说正经的还是闹着玩，凡此种种，不一而足。视觉渠道也可用来陈述事实，比如手语，但是很明显，用言语来表达更具优势。

描述或解释情绪时，我们也可以使用言语，一般还会配合使用其他类型的信息源。但是，在这种时候，视觉渠道更具优势，因为快速面部信号是表达情绪的主要系统。想知道某人是生气、厌恶、恐惧、悲伤还是别的什么情绪吗？看他的脸就知道了。有些情绪是语言无法描述的，当某人情感爆发的那一刻，看看他的面部，你就会深感词汇贫乏。

而且，即便用语言描述出了某种情绪，也未必足以采信，相反直接看面部则会有更深刻的感受。要是有人跟你说他很气愤，而他也确实是一副气愤的表情，那他说的是实话；而要是他自称气愤，脸上却没有任何相关的痕迹，是真是假你就得多想想了。如果反过来，他面露愠色，言谈中却只字未提，那么他的情绪为真，至于他为什么不想说实话，你就要多琢磨琢磨了。

情绪方面的信息也可以经由其他方式传递，比如嗓音、体态以及四肢动作，至于有没有面部所传达的那么准确无误，就不得而知了。这些方式通常只能告诉我们，某人情绪低落，至于是因为气愤、恐惧、厌恶还是悲伤所致，就只有天知道了。关于这些非面部的传递方式，还需要更多的研究来确认其精准性。而面部作为最重要的情绪信号系统，既清楚又准确，这一点已经在我们现有的研究中得到了验证。

由于人们会收到来自听觉和视觉这两个渠道的 7 个信息源发出的信息，所以交流的过程其实就是一个信息轰炸的过程。说话方只顾着发出一连串的信号，可能并不容易接收；而在这种轰炸之下，听话方也可能顾此失彼，错过某些信号。视觉渠道的 4 个信息源当中，我们通常最关注面部。比起肢体动作，我们的表情调整得更多，我们的脸也被注视得更多。但在大多数情况下，谈话双方最受关注的还是听觉渠道，尤其是语言，因为语言几乎在任何情况下都可以传递最为丰富多彩的信息。然而，面对情绪信息，语言却无能为力了。

除了面部，还有不少信息源，于是我们的注意力就被分散了，这就是为什么我们容易错过一些重要的面部情绪信息。即便你努力地想要表情、语言两手抓，还是会不自觉地更关注语言。因为我们的耳朵总是畅通的，而眼睛却未必总能看着该看的地方。但是请记住，就传递情绪信息而言，面部比言语更为重要。

掌控面部表情，成为人生赢家

表情既能被控制，也会失控，因此有可能是真实的、发自内心的，也可能是伪装的、故意的。我们需要做的，就是辨别真伪。

假设某人感受到了某种情绪，比如害怕，此时他脸上的表情是自然流露的，也就是说，他根本没考虑过面部肌肉该怎么动才能显示自己很害怕。但是，表情有可能受到干扰，干扰的因素可能是根深蒂固的个人习惯，也可能是那一瞬间有意识的个人决定。这些干扰可能是次要的，仅仅缓和或是调整一下表情；也可能是很重要的，能够打断或是阻止表情的出现。恐惧的表情只要加入一点微笑，就会缓和不少，表现出的是一种“一笑而过，默默承受”的感觉。在

深感恐惧时，如果想要调整一下表情，以显得不那么害怕，只需要稍稍放松一点，不要露出太夸张的表情就行。同样的，我们可以主动打断恐惧的表情，只留一点痕迹，或是完全不露声色乃至神色木然。我们不但能够主动操控表情，还能够假扮出各种表情，使自己脸上昭示着某种情绪，即便心里完全不是那个感受。比方说，就算某人黯然神伤或者心平气和，照样可以做出一副惊恐的样子来。

我们为什么要控制自己的表情呢？原因是各式各样的。有的是社会规则的约束，因为大家约定俗成，有些表情不适合在公众面前显露，需要自己把握好分寸。举例来说，在美国的文化中，很多男孩子都知道一条规矩，那就是“小小男子汉不哭也不怕”。还有一些规则属于个人定制，并非约定俗成，多为某些家庭的癖好所致。比如在某些家庭，大人让孩子千万不要怒气冲冲地看着爸爸，也不要在失望之时面露伤心之色，诸如此类。对于上面提到的这些规则，无论是约定俗成还是个人定制，我们往往都习之甚早，也习之甚好。其结果就是，我们往往会在不知不觉中操控自己的表情。

还有些时候，我们操控表情是出于工作需要和职业素养。有的工作似乎特别青睐那些擅长控制自己表情的人，比如演员和推销员等，要想做好这些工作，就必须表情逼真。而有的工作则要求你永远不流露出个人的喜怒哀乐，比如外交官。还有一种可能，那就是控制表情使人有利可图。比方说，学生考试作弊的时候，看见监考员走过来，即便心里害怕，也会装作若无其事，以免被抓现行。

可见，表情传递的信息亦真亦假，时常让人无法辨别。它可能是真实而未经雕琢的，也可能是调节过甚至是虚假的。在虚假表情中，既包括打断，导致本该有的表情不能显现；也包括假扮，使本来没有的表情硬是装了出来。要想提高对情绪表情的理解，就必须学会甄别表情的真伪。第一步是认识真情实感所对应的表情是什么样的，如果没有这些基础知识，你就无从识别伪装过的面部。我们会进一步讲解表情的示众规则及各种操控技巧，并教大家如何区分真假表情。端倪往往能从细节中窥见，比如表情的样子、出现的时机、语境，以及与行为举止的关联性等。

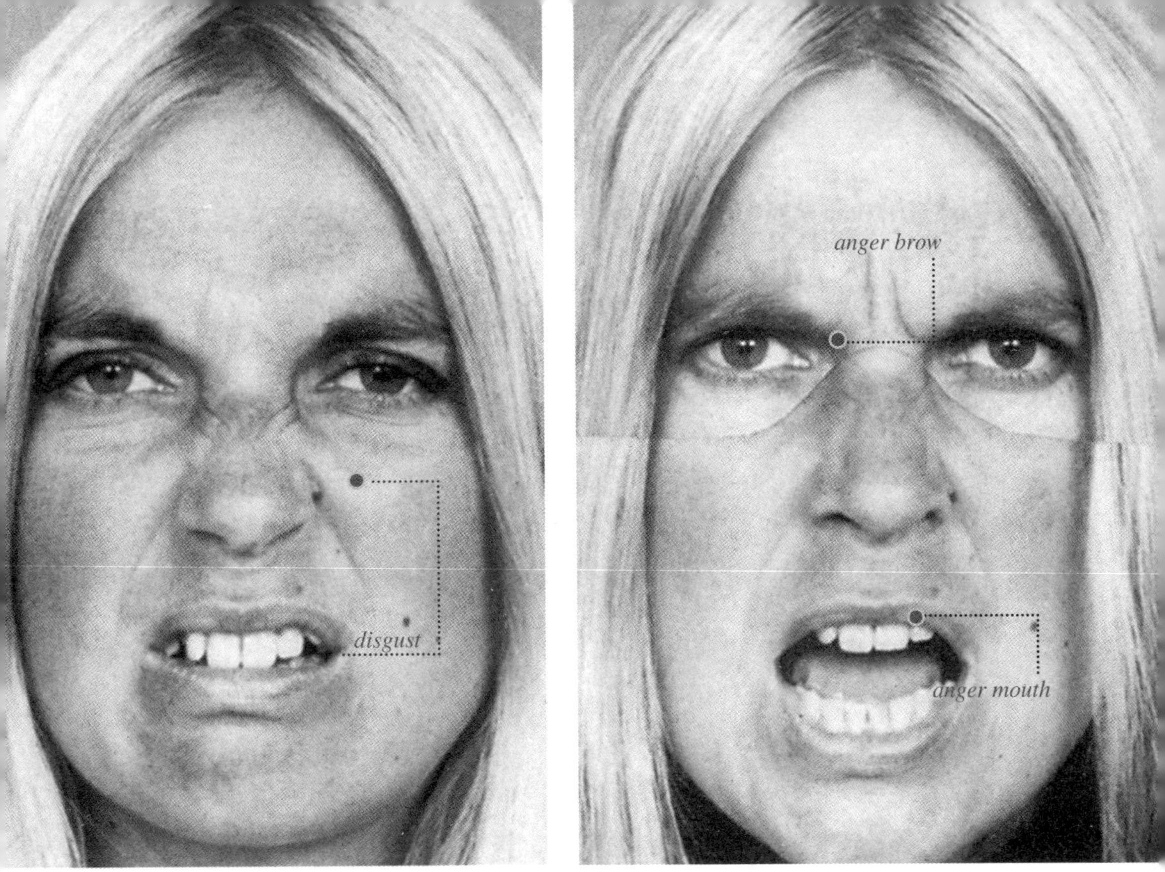

第2章

纷繁多样的情绪表情研究

微表情是否全球通用，中国人和非洲新几内亚人的笑容表达的是同一种情绪吗？整日悠闲的美国人不知道愤怒时应该用什么表情？达尔文与保罗·艾克曼，谁才是表情研究的开山祖师爷？微表情研究丰富多彩，沉浸其中，你才能发现其中的奥妙之处。

UNMASKING THE FACE

无数科研前辈们搜集了非常多的证据，能够有力佐证6种基本情绪的理论，这个基本情绪框架也得到了学界和业界的广泛认可，并在很多领域中指导实践。在此基础上，我们的研究团队再进一步，总结出了情绪与刺激源之间的关系，以及情绪的学理“顺序”，以图更好地完善微反应分析方法。

如果没有刺激源，人们是平静的，没有情绪产生。

如果出现了意外的刺激源，在人们做出认知评估之前，会产生惊讶类情绪。惊讶情绪出现的时间很短，人们会快速给出一个初步判断——刺激源有利还是有害，随后转入其他情绪状态。

如果刺激源被评估为有利的，会产生快乐这一唯一的积极情绪。如果刺激源被评估为有害的，按照刺激源的力度从小到大，可以依次产生：

厌恶类情绪，刺激源力度较小，还没有让当事人感受到利益受损威胁，不值得“斗争”；

愤怒类情绪，刺激源力度大，让当事人感受到利益受损威胁，“斗争”也许可以避免；

恐惧类情绪，刺激源力度很大，让当事人感受到无法避免，无力“斗争”，但结果还没有实际发生；

悲伤类情绪，刺激源力度最大，已经造成当事人的利益损失，并让当事人感受到无力挽回。

将上述的关联整理出来，就能够指导表情分析的工作了。使用情绪与刺激源之间的关联规律能使书中理论知识的运用更加高效，逻辑上也更加自洽。

例如，当你看到快乐的情绪表现——笑容，而且此应激产生的笑容是真实的，形态特征完全符合真笑的核心特征，那么就可以通过上面总结的规律推导出一个结论：刺激源使对方产生了“有利”的认知评估。但如果此时对方却说“哪里，不值一提”，就可以认定是“谎言”了。因为，语言表达与情绪表达出现了矛盾，而我们更加相信较难掩饰的情绪表达。

关于情绪表情的研究数以百计，在本书中，我们只会简要地介绍一些与本书内容密切相关的研究。如果你仍对本书的科学性有所怀疑，本章将会打消你的顾虑；如果你想了解如何研究情绪表情，阅读本章会让你有所收获。

人类天生就是情绪识别专家？

面部只能告诉我们某人快乐与否吗？还是能够更准确一点，告诉我们具体是哪种不愉快的情绪？如果是后者，那有多少种情绪可以写在脸上？ 6 种、8 种、12 种，还是别的什么数字？长期以来，为了判断从面部能读出哪些情绪，最常用的方法就是给参研的观察者展示各种表情照片，然后问他们从每种表情中分别读出了什么情绪。观看照片前，观察者会拿到一份写有各种情绪名称的单子，他们既可以参考这份清单来进行描述，也可以完全按照自己的直觉来作答。研究者则会对观察者的答案进行分析，以判定哪几种情绪的共识度较高，比方说，可能有 80% 的观察者认为某个面部表情体现的是“恐惧”。还有些情绪则难有共识，比方说，有人认为某个表情是“漠不关心”，而其他人则另有看法。基于这些研究结果，

研究者们对“哪些情绪可以写在脸上”这个问题有了自己的答案。

在过去的30年中，研究人员试图建立起能够描述面部情绪的词汇库，不过他们的看法不尽相同。但有6种情绪的表现是每一位研究者都认可的，即快乐、悲伤、惊讶、恐惧、愤怒和厌恶，它们也将作为主要议题在本书中详细讨论。面部很可能还能表达其他情绪，比如羞愧和兴奋，但我们还没有十足的把握说这个话。我们不会穷举所有可能的表情，而只是以上述6种表情作为代表；而讨论的并不仅仅是这6种表情本身，还包括它们可能出现的33种组合，即混合表情。可见，这样的处理方式还是具有一定代表性的。

仅仅知道脸上能读出哪些情绪是不够的，还需要知道观察者的解读是否正确。

- 如果看了看某人的面部，认为那人是在害怕，这个判断对不对呢？
- 表情能够反映出内心的真实感受吗？
- 基于表情的看法会不会只是人们一致认同的看法，但其实是误解呢？

要回答这些问题，研究者必须对拍摄对象进行筛选，只有事先确认了对方当时的情绪，才能对其进行拍摄。如果观察者们看过这些照片和视频后，得出的结论与研究者事先确认的一致，那样才能说明关于情绪的判断是准确的。

关于情绪判断的准确性的研究大都显得证据不足，多数是因为研究者对于被研究者的情绪判断错误。我们对近50年来的相关实验（其中有些是在我们的实验室里完成的）进行了分析，发现了稳定确凿的证据，表明情绪表情是能够准确判断的。

在其中一个实验中，我们拍了一些精神病人的面部照片。在他们刚刚入院时，我们先拍了一组照片，当他们情绪好转，可以出院的时候，我们又拍了一组。然后，我们把照片拿给未受过训练的观察者看，并让他们判断每张照片的拍摄时间是在刚住院时还是要出院时。

结果显示，他们都判断正确。我们再把同样的一组照片展示给另一批观察者，并要求他们判断每张照片里的情绪是否令人愉快，而他们并不知道照片里的是精神病人。结果他们也判断正确，因为在他们看来，住院时的那批照片中的表情比出院时的表情看起来更让人不舒服。

在另一项研究中，另一批观察者同样是看照片，只不过照片拍的是精神科实习医生的面部。拍摄的时候他们正在接受一场压力面试（指在有意制造紧张气氛中提出一连串问题，穷追不舍，直至求职者无法回答，以此观察求职者对压力的承受能力和应变能力。——译者注）。看过照片后，观察者还得描述该表情有多么令人愉快或者多么令人不舒服。

在完全不知情的状态下，观察者们的判断达成了一致，即在面试中承受压力时的表情看起来不太令人舒服；而在面试中较轻松的时候，面部看起来令人愉快一些。

此外还有一个实验，观察者要看两段大学生看电影的视频。其中一段视频里，大学生们正在看一场关于手术的电影，这电影明显让人不大舒服；另一段视频中，他们则在看一场关于旅游观光的电影，这电影大家都喜闻乐见。通过观察视频中大学生们的表情，观察者准确地判断出了他们当时在看哪部电影。所有的研究针对的都是无意识的表情，也就是那些自然流露的表情。

那如果是刻意为之的情况（比如故意显得快乐或者生气）怎么办呢？许多研究都表明，就算是刻意为之，观察者们也能准确识别出来。

世界通用“语言”

- 全世界的人们背景各异，他们的情绪写在脸上都一样吗？
- 无论种族、文化或者语言有多么不同，愤怒的时候表情都一样吗？
- 也许表情也是一门语言，会像有声语言那样，随着文化因文化不同而相异？

100 多年前，达尔文在《人类与动物的表情》（*The Expression of the Emotions in Man and Animals*）一书中写道：“情绪表情是全球通用的，而不是在特定的文化下习得的，这是生物的本能和人类进化的产物。”自从达尔文说了这话，就有很多人表示强烈反对。不过，根据最近的科学研究，此问题已有了定论：至少某些情绪（本书中讨论的所有情绪皆在此列）的表情是全球通用的，只不过出现的时机可能略有不同。

对于平息这场争议，我们实验室所从事的研究居功至伟。在一项实验中，我们找了一些很容易引发紧张情绪的影片，然后分别播放给美国和日本的大学生们看。

每个人在看电影的过程中，有一部分时间独自观看，还有部分时间是跟一位与他文化背景相同的研究助理在一起，边看边聊自己的感受。摄影机记录下了他们全程的面部肌肉运动。

录像显示，独自观看的时候，日本学生和美国学生的表情是一模一样的（见图 1），而有他人在场时，各自文化中关于面部表情自控的规则生效，日本学生和美国学生的表情变得截然不同。相比之下，日本人更习惯于掩饰他们的不快情绪。这项研究有着重要意义，它揭示了表情中的哪部分是全球通行的，哪部分则是因人、因地而异的。可以看出，各种主要情绪在面部的表现形式都是一样的，不同的是人们如何管理和控制自己的表情，而这是由他们的成长环境所决定的。

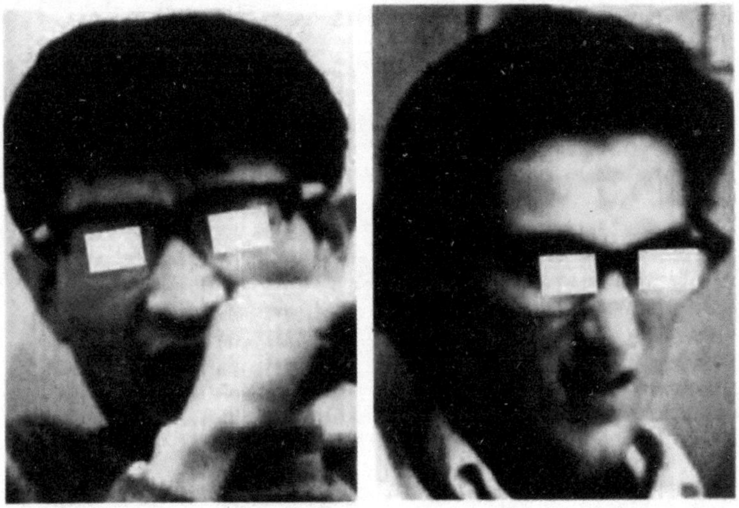

两人在看同一部令人紧张的电影时的表情，左为日本人，右为美国人。

图 1 无意识表情示例

在另一项实验中，观察者来自美国、日本、智利、阿根廷和巴西，他们观看了各种情绪表情的照片，然后描述每张照片中的情绪。尽管来自不同的文化背景，但他们的用词只能在那 6 种基本情绪里进行挑选。

假如表情真的是一门语言，并随文化的不同而相异的话，那么美国人脸上写着的“愤怒”也许写在巴西人脸上就成了“厌恶”或者“恐惧”，或者巴西人根本就看不懂美国人脸上是什么表情。

但事实并非如此。对于同一个表情，无论观察者来自哪个国家，做出的判断都是一样的（见表 1）。无独有偶，在我们进行这项实验的同时，卡罗尔·伊泽德也独立完成了一项类似的实验，来自 8 个国家的观察者参与了该项实验，结论如出一辙。

表1　不同文化背景对相同情绪的判断结果

照片示例	不同文化背景对相片中人物情绪判断的共识度					
		美国(J=99)	巴西(J=40)	智利(J=119)	阿根廷(J=168)	日本(J=29)
	恐惧	85%	67%	68%	54%	66%
	厌恶	92%	97%	92%	92%	90%
	快乐	97%	95%	95%	98%	100%
	愤怒	67%	90%	94%	90%	90%

J=Judgement，共识度

我们希望将自己的研究成果作为证据，证明某些表情在全球范围内是具有普适性的。然而愿望固然美好，漏洞却是客观存在的。参与实验的观察者大都接触过大众传媒，因而有过一些间接的视觉关联。表情因人而异的可能性是存在的，但是人们通过看电影、电视和画报，逐渐了解了别人的情绪表情是什么样子的；或者也可能，情绪表情在我们所研究的那些国家里之所以相似，是因为那些国家的人都看了同一批影视演员的表演，然后纷纷效仿。假如没看过大众传媒中对于情绪表情的刻画，那么情绪在面部的表现方式也许会完全不同，这种可能性我们当时并不能排除。只有一个方法能解答这个问题，我们必须找一批特别的观察者，他们必须从未接触过大众传媒，甚至与世隔绝。

我们在新几内亚东南部的高地找到了一些符合上述标准的人，并请他们做了一系列实验。由于这些人从未接受过心理学测试，也没参与过任何实验，而且与我们语言不通，必须借助翻译沟通，于是，我们只好对实验步骤进行了调整。

在其他国家做实验的时候，我们通常会给观察者看一张照片，然后让他从一张给定的名词列表中选出一个名词来形容照片中的情绪。而在新几内亚，我们让一个观察者同时看3张照片，然后让翻译给他念一个带有情绪的小故事，比如“某人的妈妈去世了”，再让观察者从3张照片中指出一张与那个小故事表达的情感吻合的照片。

结果显示，他们的判断与之前其他国家的观察者几乎完全一致，唯一的例外是，他们分不清恐惧和惊讶的表情。

另一群新几内亚人参与了我们设计的另一个相关实验。我们给他们讲完一个情绪化的故事之后，要求他们每个人都用表情来表现自己的情绪，并进行了录像（图2是一些示例）。分析结果仍然表明，他们的表情与其他国家观察者的结论并无二致，而对恐惧和惊讶的混淆仍是唯一例外。

另一个实验进一步验证了我们的结论，实验地点在西伊里安，地处新几内亚岛西部，其地方文化不同于我们之前研究的任何人群。这个实验的设计者是卡尔·海德和伊莉诺·海德，他们起先对我们的研究结论颇为怀疑，于是他们自己做了一系列同样的实验，只不

过他们所研究的人群更为封闭和与世隔绝。但事实证明，他们的实验结果恰恰印证了我们的结论。

综上所述，无论是我们、伊泽德、海德夫妇还是艾贝尔·艾伯费尔德（一位研究方法十分特别的生态学家），都得出了类似的结论，有力地证明了达尔文言论的正确性，即全球普适的情绪表情是存在的。

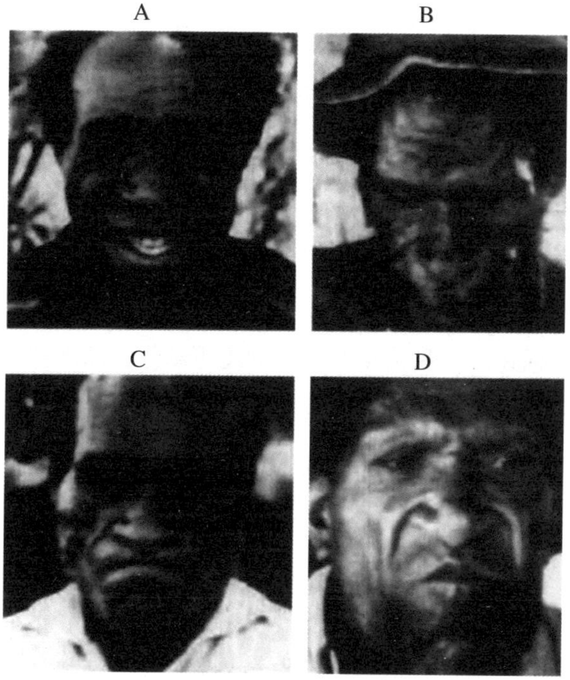

A 的情绪为“朋友来了很开心”，B 为“儿子死了很悲伤”，C 为“我很愤怒，准备修理你”，D 为“看见一头死猪真恶心”。

图 2　新几内亚法尔人摆情绪表情造型的视频截图

尽管主要的情绪体现在面部不会因人而异，但表情在至少两个方面与文化息息相关。一方面，在不同文化中，有些情绪的诱因可能不大一样，比方说，不同国家的人可能对不同的事物感到厌恶或恐惧。另一方面，由于文化的差异，人们在特定的社交场合管控自己表情的方式会有所区别。比方说，在文化不同的两个国家，有亲人去世，人们都会感到悲伤，但其中一个国家的文化传统可能规定，主持祭礼的人必须掩饰好悲伤，并面露少许欢欣之色。

记录微表情：微表情图册诞生

关于表情通用性的研究尚未完成时，我们已经有了一些初步证据，可以表明普适性的情绪表情是存在的。于是我们又开始了另一项研究，我们想看看那些普适性的表情究竟是什么样子的。我们试图编写一部“表情图册”,以照片的形式记录每一种普适的情绪表情，而这部图册正是本书随后几章中照片的来源。为了建立该图册，我们的第一步工作，就是研究别人如何描述各种主要情绪表情。有的学者用文字描述过各种情绪所对应的皮下动作，即面部肌肉收缩方式；有的则更侧重于面部表面的形态。姑且不论谁对谁错，这些研究的主要问题在于，未能涵盖我们先前提到的6种主要情绪，致使其结论缺乏完整性和系统性。

目前该领域的主要研究成果来自达尔文、法国解剖学家杜兴、美国解剖学家胡贝尔以及美国心理学家普拉切克。将他们的研究成果综合到一起，表情图册就已经有一个雏形了。我们建立了一个表格，罗列了所有的面部肌肉以及那6种情绪，然后输入上述几位学者的研究成果：每种情绪的表情会牵涉到哪些肌肉的哪些动作。但缺漏之处仍然不少，有些情绪根本没人关注过。通过与西尔万·汤姆金斯的合作，我们获得了一些跨文化研究的成果，从而填补了那些空白。

下一步工作是给模特们拍照，模特们必须按照要求，让表格中列出的面部肌肉有所运动。面部有3个区域是可以进行独立运动的，

包括眉毛和前额区，眼睛、眼皮和鼻根区，面部下半区（或下半脸，包括脸颊、嘴、鼻子的大部分以及下巴）。我们对这3个区域分别进行了拍摄。完整的表情图册应包括以上3个区域的一系列照片，其中每一张照片只侧重于6种情绪中的一种。不难想见，对每种情绪而言，至少有一个区域的照片数量超过1张。例如，惊讶所对应的图册照片，有1张来自眉毛和前额区，1张来自眼睛、眼皮和鼻根区，而有4张来自面部下半区。

下一个亟待解决的问题是表情图册是否靠得住。快乐、悲伤、愤怒、恐惧、厌恶和惊讶这6种表情真的是由图册中列举的面部形态所构成吗？图册中厌恶的照片会不会与愤怒等情绪关系更为紧密呢？我们做了4次实验来检验该图册的有效性，其中两次表明，图册中的情绪表情测量数据，与被测量者在实际生活中对应表情的测量数据完全吻合，这就验证了图册的经验有效性（*又称经验效度，此处意为标准尺度与实践经验的吻合度。——译者注*）。

前两次实验主要是看图册与实际情况是否一致，剩下两次实验则检验了图册的社会有效性（*又称社会效度，此处意为标准尺度被社会接受和正确使用的程度。——译者注*），看用图册能否预测出观察者们对于表情的判断结果。尽管经验有效性和社会有效性应当是有关联的，但凡事无绝对，个人心里的感受，他人不一定每次都能看得穿。因此，我们有必要既研究经验有效性，也检验社会有效性。

第一个关于经验有效性的研究来自之前提过的一个跨文化研究的成果。在那个研究中，日本大学生和美国大学生各自看了两部影片，一部令人愉悦，另一部则令人不适。在他们观看影片的同时，我们用摄像机记录了他们的表情。实验之后他们分别做了一份问卷，从答案来看，两部影片所引发的情绪感受完全不同。

对于那部旅游风光片，他们觉得比较有趣，看起来较为愉快，因此他们感受到了一定程度的快乐；而对于那部手术影片，他们则感觉到了不适、厌恶、痛苦、恐惧、悲伤和惊讶。如果表情图册靠得住的话，那么借助测得的标准尺度，我们应当能够区分出这两类截然不同的情绪。

我们先将录下来的面部肌肉动作切分好，然后记录每种动作持续的时间，再按照表情图册中的分类方法将其归类。进行测量时，必须以慢镜头进行播放，然后由 3 名技术人员分别测量脸上的那 3 个区域。这种测量方式精确度很高，但很耗时，1 分钟的表情需要用 5 个小时来进行测量。研究的结果很明确，按照图册进行的测量很清楚地区分出了两种情绪，即能够判断被研究人员看的是手术影片还是旅游风光片。用图册分别检验日本人和美国人的表情，结果同样成功，不过也理应如此，因为图册是用于展示那些具有普适性的情绪表情的。不过这次实验有个局限性，那就是只表明了图册能够正确区分出愉快与不愉快的感受，而未能证明图册能够显示那 6 种主要情绪所对应的面部状态。

第二个关于经验有效性的研究则弥补了其中一部分局限性。近期关于情绪生理学的研究表明，人们惊讶和厌恶时，会有明显不同的心率变化模式。在之前那个实验对象来自日本和美国的实验中，当他们在看令人愉快和令人压抑的电影时，研究者测量了他们的心率和皮肤电导率。图册描绘了惊讶和厌恶的面部，如果这部分内容靠得住，那么根据图册判断出这两种情绪时，应当能够检测到不同的心率模式，而实验结果也正是如此。我们按照图册判断、观察到惊讶和厌恶时，就记录下对应的心率并进行比较，结果跟我们预计的一模一样。

尽管第二项研究验证了图册对于惊讶和厌恶是有效的，但并不足以说明对其他 4 种主要情绪也同样有效。从逻辑上来说，如果它对惊讶和厌恶有效，那么对其他 4 种情绪也应当如此，因为当初建立表情图册的时候，我们针对的虽是 6 种情绪，用的却是同一种方

法。**但目前我们还没有足够的证据，所以我们又开展了第三项研究，对图册的社会有效性进行了检验**。那么，图册能够预测观察者们会如何解读表情吗？

许多研究者都对表情进行过拍照，我们拿到了其中一些照片，并展示给观察者，然后要求他们判断，每张照片对应的是6种情绪中的哪一种。之后挑选出观察者们达成共识的那些照片，进行进一步分析。表情图册的测量工作是由3位技术人员各自独立完成的，每人负责一个面部区域。假设图册对于6种情绪表情的描述都正确的话，那么观察者的判断应当能用图册给出的测量结果来预测。我们根据图册预测了观察者会如何判断每张照片，结果大获成功。

第四项研究跟第三项颇为相似，只不过照片中的主角换成了一群牙科学生和护士生。拍照时，他们按要求将6种情绪付诸表情。同样的，我们也要用图册来预测观察者们会如何判断每张照片的情绪，而实验结果也非常成功。

正当我们从事上述那些研究的时候，并不知道一位名叫卡尔赫尔曼·约尔特吉的瑞典解剖学家也在独立完成一项实验。他想解决的问题跟我们一样，方法却截然不同。他先是依次收缩自己面部的肌肉并进行拍照，然后看完这一系列的照片，并判断其中的情绪。这完全基于他自己的判断，他在自己独创的表情图册中也描述了每种情绪表情的样子。我们在近期与他进行了一次会面，很高兴地发现，他所建立的图册与我们的几乎如出一辙。

以上四项实验中的任何一项都不能单独用来证明表情图册的有效性，但是如果将它们综合起来，再加上约尔特吉独立制作的那部图册，我们有足够的理由相信，证明我们这部图册的正确性只不过是时间问题。当然了，要达成这一目标还需要投入大量的工作，不过，我们已经可以将现有的研究成果公之于众了。后面几章关于表情形态的内容就是基于我们的表情图册，这些内容要么已经被我们的实验检验过，要么已经在约尔特吉的研究中得到了验证。我们从图册中精选了一部分照片收录在本书中，这部分照片已经过反复验证，对大家学习阅脸读心之技最有帮助。这些内容基本不可能出错，但却不一定完整，难免以偏概全，我们也期待有进一步的研究来发现情绪在面部的其他表达方式。

非语言泄密

我们如何判断一个表情是真是假？如果有人想用表情来伪装出某种情绪，我们有没有办法从表情中发现他的真实感受？换言之，面部会“泄密”吗？对于这个问题，我们已经研究了若干年。我们先是从一些影片入手，影片展示了一些精神病人接受检查时的表情。在其中一些检查中，病人试图伪装自己的情绪，从而误导对方。对这些影片的研究，为“非语言泄密”理论奠定了基础。

所谓非语言泄密，简而言之就是通过观察表情或肢体动作，判断出对方试图掩饰的情绪。近几年，我们一直在测试这个理论的正确性，方法则是研究一些精神访谈。访谈中，接受询问的一方其实刚看完一部令人极度压抑和不适的电影，但他却有意地隐瞒自己的不快，甚至试图让我们相信，他们刚看过的那部电影很好看，他们乐在其中。

对于这些访谈的研究远未完成，我们还有不少关于面部泄密的假说尚待验证。不过迄今为止，我们的研究结果与这些假说高度吻合，而且与我们之前对精神病人的检查结果也不矛盾。

你对情绪的感受异于常人吗？

关于这个问题，我们并未直接进行研究，而是在筹备本书写作的时候进行了思考。我们希望能够借助现有的科学文献来回答，但结果却令人失望。尽管关于情绪的研究和理论不胜枚举，却很少有人关注一些很基本的问题。

- 每种情绪的诱因是什么？
- 每种情绪的强烈程度能划分为几个等级？
- 对情绪的感受因人而异，这个差异有多大？
- 当人们处于某种情绪（愤怒、厌恶和恐惧等）中，会有何种举动？

对于以上问题，可以借鉴达尔文和汤姆金斯的著作。但即便如此，我们目前也只答得上来其中的一小部分，或者只是有点思路而已。就这些问题，我们所能写下来的东西大多来自两个方面，一方面是我们自身的经验，另一方面是多年来对那6种情绪的钻研和思考。以下每一章里都会有一个小节涉及体验和感受的问题，其大部分内容是已经有科学定论的，另外还有相当一部分在学术上有所争议，但也是众所周知的。我们许多朋友和同事看过这些章节之后，将其与自己的生活以及他们所了解的他人的生活进行了比对，发现相当吻合。至于你是否会认可本书的价值，等你看完之后也进行类似的对比，答案就一目了然了。

假设书中关于某种情绪的内容与你的经验不符，也无法对应你朋友的经历，那么可能是我们错了；但如果仅不符合你的经验，却能够解释你朋友的经历，则很可能是你对于那种情绪的感受异于常人。

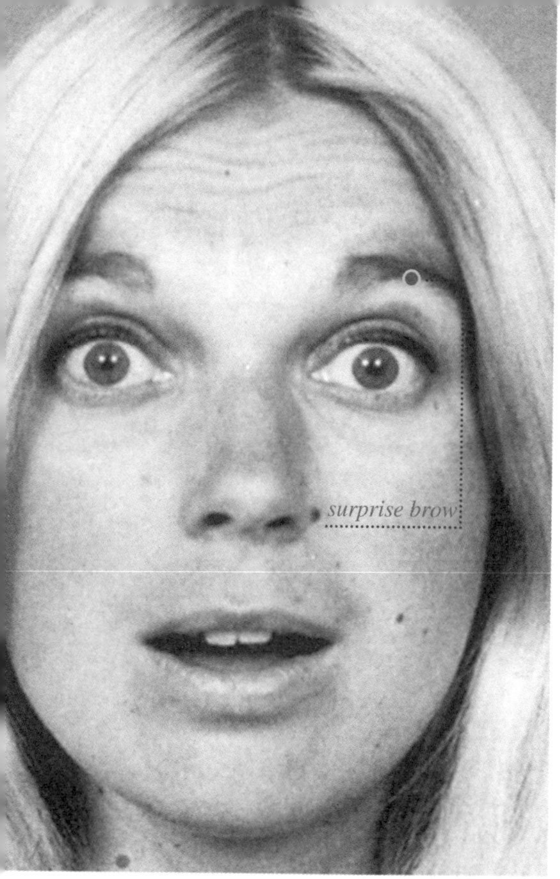

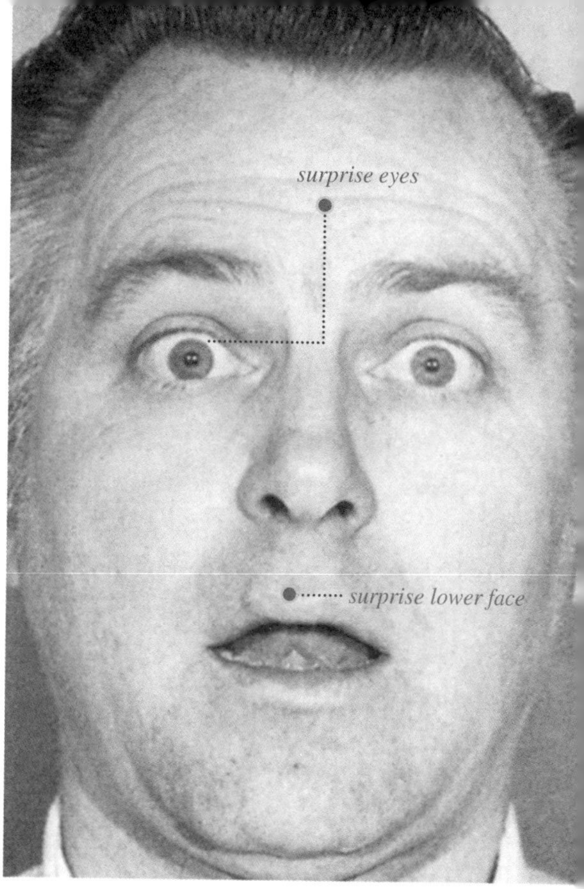

第3章

转瞬即逝的茫然失措

识别惊讶的面部表情

悬疑小说为什么比恐怖小说更吸引人？如果知道朋友预备为你举行一场惊喜派对，当你推开门的那一刹那，你还会感到惊讶吗？当突如其来的变故让你大脑一片空白时，你就会知道，惊讶来了。惊讶是最纯粹的情绪，不悲不喜。

女：我们分手吧。

男：什么？！你说什么？！

女：我们分手吧。

男：我们昨天不是还一起看电影吗？不是还在计划暑假去哪里旅游吗？你是在逗我玩吧！

女：不是，我是认真的，我想了一夜，还是想对你说这句话。

在女孩最后一句话说出来之前，男孩的情绪是惊讶，非常惊讶。而惊讶的本质意义，是男孩没有想到这个结果，但他非常关注这件事。

换言之，如果男孩本就预感到这个进展，那他不会太惊讶；如果男生根本就不在乎，比如心里记挂着另一个女孩，也不会如此惊讶。当然，如果这两种因素交织混杂在一起的伴生感受，只有在理论层面才能独立拆解。

由此，我们可以得出结论，惊讶代表了行为人内心的意外和关注。

来去匆匆的短暂情绪

惊讶是最短暂的情绪，来去匆匆。如果你还有时间思考眼前的状况，再想想刚才有没有吃一惊，那就不叫惊讶了。惊讶不会长时间持续，除非惊人的事情接踵而至；惊讶也不会令人反复回味，那感觉一旦过去，就立刻消失得无影无踪。

有两种情况能够诱发惊讶，一种是对发生的状况未能预见，另一种是对状况预测失误。比如说某人的妻子出现在他的办公室，如果她通常都在那个时间过来送午饭，他就没什么可惊讶的了。因为这既不是未能预见，也不是预测失误。

如果她极少来他办公室，但是在她快到的时候被某人的秘书先看见了。秘书告诉他：“我看见你夫人从街道那边过来了。”这种情况下，当他妻子进门的时候，某人也不会惊讶，因为他有时间预期这件事情的发生，更有时间思考一下妻子为什么会一反常态登门拜访。

如果某人的妻子并不常来，而此次又是不请自来，那么就可以称之为“未能预见”的惊讶，也就是因未能预知反常事件而导致的惊讶。之所以称之为“未能预见”而不是“预测错误”，是因为某人当时并未预期发生任何事情。

但是，如果某人知道平时送咖啡的小伙子总是在那个时间过来敲门，而这次进来的却变成了自己的妻子，那就会导致一次“预测失误”的惊讶了。因为在那个时间，他预计进来的会是送咖啡的小伙子。

如果是一次预测失误导致的惊讶，那么事件本身不一定很惊人，惊人的是预测和现实之间的反差。如果那时进来的是他的秘书而不是卖咖啡的，某人也可能会感到惊讶，只不过程度较轻；而如果进来的是他的妻子，某人肯定更为吃惊。可见，发生的事情越反常，惊讶的程度也就越高。

几乎任何事情都能够引发惊讶，无论刺激来自视觉、听觉、嗅觉、味觉还是触觉，只要是对发生的状况未能预见或预测失误就会引发惊讶。如果一块甜品看起来像是巧克力奶油馅的，而你一口咬下去，却发现是咸猪肉和蘑菇的味道，肯定会大为惊讶。如果对方提出的想法、作出的评论或是给出的建议是你未能预见或是你预测失误的，也会令你惊讶。突然有了新颖想法或奇妙感觉，自己都会大吃一惊。

许多悬疑故事与恐怖故事之间的区别在于，它们除了令读者害怕，还加入了悬疑元素让读者感到惊讶。许多笑话的笑点则源自预测失误，你被情节带着走，到了结尾处却发现结局完全不是你预料的那样，吃惊之余捧腹大笑。

如果你还有时间来预期某个事件的发生，并且预计正确，就不会有丝毫惊讶之情。在刚才举的例子中，如果某人看见妻子朝他办公室走来，在刚看到的时候可能会惊讶，但当她敲门的时候就不会了。或者，如果他已经知道妻子那天早上会在他办公室附近的商场购物，那样他对她的到来也不会感到惊讶。当你想清楚刚才发生了什么的时候，惊讶就停止了。通常这些事件都会有现成的理由，比如“我刚才在购物，支票本用完了，所以跑过来找你拿几张空白支票，半路上正好碰见送咖啡的，就顺便帮你把咖啡也捎过来了”。

如果发生的事件无法解释，那么惊讶的情绪还是会持续一阵子的，可能会令人迷糊、恐惧或是困惑。假设一位女士本以为自己的丈夫已经战死沙场了，却在家门口碰到了他，于是大吃一惊。但是当他作出合理解释后，比如“我是你丈夫的孪生兄弟”或者“我在战斗中一度下落不明并且失忆了”，她就不再惊讶了。但如果解释得很离奇，比如“我是你丈夫的灵魂，回来见你一面”，她可能再度惊讶，甚至是恐惧。

搞清楚眼前状况之后，很快就会停止惊讶，进而转入另一种情绪。你可能会说“好惊喜啊”，殊不知，惊讶本身只是中性的情绪，不悲不喜。至于那是消极还是积极的感觉，与惊讶无关，而是惊讶过后出现的情绪使然。如果事件本身是你喜闻乐见的，或者预示了你喜欢的事情即将发生，那么惊讶就会转为愉悦或快乐；如果事件本身令人生厌，那么惊讶转为厌恶；如果事件本身令人气愤，那么惊讶转为愤怒；如果事件对你造成威胁，而你无法应对，则会转为恐惧。

恐惧是惊讶结束之后最常见的情绪，这可能是因为意外事件通常都是危险的，因而许多人已经将“意外”与“危险”关联起来了。往后，当你看到恐惧和惊讶的表情是如此相似时，就不难理解为什么二者容易被混淆了。

惊讶的情绪较为短暂，然后会迅速转为下一个情绪，因此，我们在面部看见的往往是这两种情绪的混合。类似的，如果你正在经历某种情绪，然后因为某事而大吃一惊，脸部也会显现出这两种情绪的混合。如果你的观察力很敏锐，能够留意到那些转瞬即逝的表情，就有可能看到纯粹的惊讶表情。但是大多数人做不到这一点，因而只能看到惊讶和其他情绪的混合。例如，因为惊讶而导致的眼睛睁大持续了一瞬间，然后就咧着嘴笑开了；也可能在短短的一瞬间，同时出现了惊讶导致的眉毛上挑，以及恐惧导致的嘴巴拉伸并回缩。下一章会展示一些恐惧与惊讶两种情绪混合的照片，后续几章中则会展示惊讶与厌恶、惊讶与愤怒以及惊讶与快乐等混合情绪的照片。

惊讶来袭：你能承受多大意外感？

惊讶的程度多种多样，根据事件本身的性质，引发的惊讶可以从轻微到极度。在之前的例子中，如果不请自来的不是妻子，而是某人一个多年未见的儿时伙伴，他显然会更加惊讶。

人们通常认为“惊吓反应”是最高级别的惊讶，其实它的性质很特殊，它与惊讶是有区别的。惊吓反应的面部表象更有特点，伴有眨眼、头部后撤、嘴唇回缩以及“吓一跳”或是“惊动”等反应。突然而剧烈的外界刺激会诱发惊吓反应，最好的例子就是一声枪响，或是汽车逆火的巨响。只要你预测正确，就不会感到惊讶，但却无法阻止惊吓反应。比如听见持续的枪响，惊吓反应就会持续下去，只不过感受和表象都会逐渐舒缓。惊讶没有愉快与否的属性，而惊吓反应则往往是不愉快的，没人喜欢这种感受。

人们常常提到“令人吓一大跳的想法”或是“被他的话吓了一跳”，这只是夸张的措辞而已。至于剧烈的听觉、视觉和触觉刺激以外的东西是否真能吓人一跳，我们目前还不清楚。

你可能会因某人的言论而深感惊讶，表情显得极度吃惊，因而描述自己当时是“被惊吓到了”。因此，“惊吓”一词不但用来描述最为剧烈的惊讶反应，也用于描述一种与惊讶既有关联也有区别的反应。惊吓反应与恐惧的关系也很密切，在下一章中，我们除了介绍恐惧和惊讶的区别，还会进一步解释惊吓与惊讶、恐惧这两种情绪间的关系。

即将详细讨论的各种情绪都有可能令人乐在其中，其中快乐显

然是一种愉快的情绪，但惊讶、恐惧、愤怒、厌恶甚至悲伤也有可能令人感到享受，只是比较罕见。有些人受不了快乐，相反，一旦感到快乐就会陷入深深的自责和负罪感中。对情绪的感受方式因人而异，这很可能源于幼年时期的成长方式，不过具体的形成机理尚无人知晓。

当然了，有些人很享受惊讶的感觉，一个惊喜派对、一份意外礼物甚至一位不速之客都会让他们喜上眉梢。他们为自己安排了一种更容易感受惊讶的生活方式，并时刻期待意外的发生，更有甚者会沉迷于惊讶的感觉，惊讶感会让他们倍感滋润。其生活方式也可能毫无条理性，这样就不会有什么特别的预测，自然会有更多的惊讶。

也有人完全受不了惊讶的感觉，哪怕是惊喜也不行，他们的座右铭是“永远不要让我吃惊”。他们不希望在自己身上发生任何意外，于是将生活安排得井井有条，最大限度地减小不确定性，并避免发生意外事件。这样的人如果将这种性格演绎到了极致，就会变得过度条理化，对任何事件可能的走向进行精心计算和预测，而无法察觉他没预测到的可能性。让我们试想一下，一位惧怕意外的科学家会是多么尴尬：他只会验证自己提出的假说，永远没有意料之外的发现。

惊讶时的表情变化

惊讶时，面部的 3 个区域会各自呈现出独特的表象，眉毛上扬、眼睛睁圆、嘴张开、下巴下垂。

惊讶眉：眉毛弯曲并上扬

惊讶时，眉毛会弯曲并上扬。在图 3 中，你可以比较一下帕特丽夏的惊讶眉（B）和常态眉（A）。由于眉毛上扬而导致其下方皮肤拉伸，因而显得面积更大（箭头 1）。也正是因为眉毛上扬，额头上出现了长横纹（箭头 2）。不过也有例外，比如多数小孩即便抬起眉毛也没有皱纹，某些成年人也是如此。人到中年，往往前额就会长出永久性的皱纹，即便眉毛不动，皱纹也在那里，只不过由于受惊做出抬眉毛动作的时候，皱纹会更深更明显。

A　　B

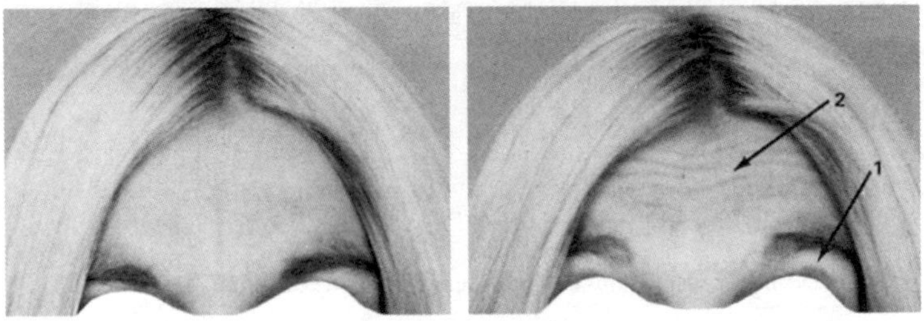

常态眉

惊讶眉：眉毛上扬，眉毛下方皮肤拉伸，额头出现长横纹。

图 3

A　　B

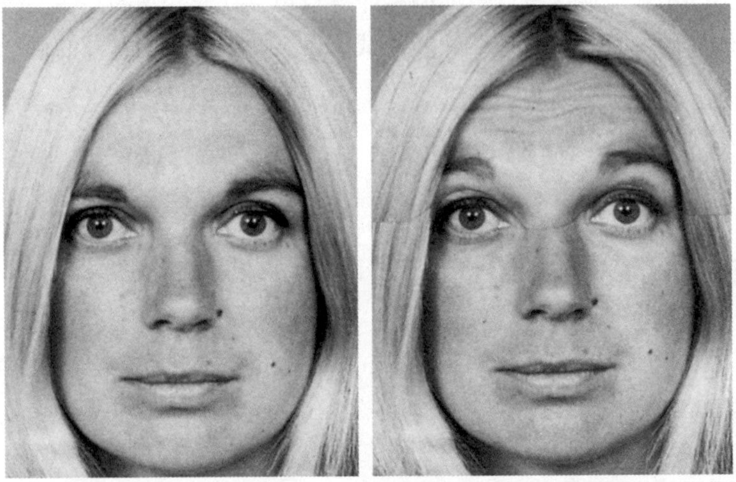

常态面部

拼合图片：惊讶眉＋常态面部。一种表情象征，表示怀疑或疑问。

图 4

惊讶眉往往伴有眼睛睁圆和下巴下坠的动作。如果这两种动作单独出现，则不表示任何情绪，而是有别的意味，也跟惊讶有一定关联。图 4B 中出现了惊讶眉，图 4A 则展示了常态面部。如果眉毛上扬之后几秒钟都保持不动，就是我们之前提到过的“象征”了，表达的意思是怀疑或疑问。

这种象征表情通常出现在听话一方的脸上，以显示对对方言论的怀疑或疑问。不过，这种表意可能是认真的，也可能只是闹着玩，这种象征往往是模拟的怀疑表情，以显示听到了令人错愕的消息。如果这种象征表情再加上头部的左右摇晃或是向后抬起动作，其意义就是惊叹了。如果惊讶眉配上厌恶嘴，面部象征的含义就发生了轻微的变化，变成了因为怀疑而不相信；如果再加上摇头晃脑的动作，就成了略带怀疑的惊叹。

图 4 还说明了一个重要的道理。帕特丽夏似乎整张脸都在表达怀疑或疑问，但其实该图是一张拼合照片，与常态表情唯一的区别只是眉毛；用手遮住眉毛，就清楚了。这说明，在许多表情中，哪怕只改动一个区域，看上去也会感觉整张脸都变了。

如果惊讶眉持续的时间很短，传递的信息就又变了。短暂的惊讶眉配上轻微的头部动作，比如稍后仰或者稍微上下动一下，则是一种打招呼的象征，也叫“闪眉”，这个动作在美拉尼西亚盛行，有一位研究者则认为“闪眉”是全球通用的象征表情。这个迅速抬眉的动作也有口语标点的作用，说话的时候，你可以快速地抬一下眉毛然后又迅速地复位，就能强调你说的某个字或某个词，如同书面上用斜体标注关键词那样。眉毛的其他动作或者面部其他区域的动作也可能有口语标点的功效，我们会在后面提及。

惊讶眼：眼睛睁大，下眼皮松弛，上眼皮上抬

惊讶时，眼睛睁得很大，下眼皮松弛，上眼皮上抬。图 5 中，

帕特丽夏和约翰展示了惊讶时的眼部动作，左图为惊讶眼，右图则是常态眼。请注意，在惊讶时，眼睛正中的深色虹膜上方的白色巩膜显露了出来。虹膜下方的巩膜也有可能显露，这得看眼眶陷得多深，以及下巴下垂的幅度是否足以牵动眼睛下方的皮肤。因此，想通过脸部来判断惊讶的情绪，虹膜上方的巩膜可以作为判断标志，而下方的巩膜则不一定靠得住。

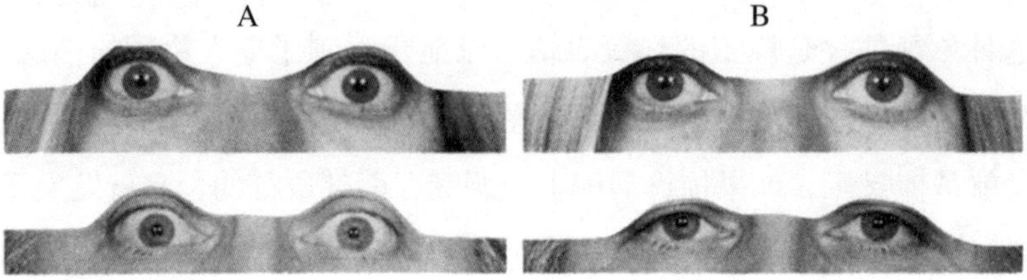

惊讶眼：眼睛睁大，下眼皮松弛，上眼皮上抬。 常态眼

图 5

惊讶眼出现时通常会伴有惊讶眉、惊讶嘴或者同时伴有两者，但它有时也会单独出现。如果只是上眼皮上扬，露出更多巩膜，而眉毛和嘴巴并无动作，那么这个表情通常转瞬即逝。像这样眼睛睁大的动作可能是表示一下兴趣，也可能是作为某些词的附加动作，比如“哇”；还可以作为口语标点，用来强调说出来的某个字眼。

惊讶下面部：嘴巴张开，唇齿分离

惊讶时，下巴会下垂，导致唇齿上下分离。惊讶时嘴虽然张开，却是松弛而非紧张的，嘴唇并未紧绷，也没有回缩，整个嘴巴看上去就像是在重力作用下自然张开了一样。开口程度视惊讶程度而定，可能很小，可能中等（见图 6B），也可能较大，我们会举例说明。

下巴下垂的动作可以单独出现，如图 7B 所示。图 7B 这张惊讶照片的下面部只有下巴下垂的动作，而面部其他区域则纹丝不动，旁边还有一张正常的面部作为比较。这个表情意味着惊呆了，既可以表示真的惊呆了，也可以作为惊呆了的象征，用于向别人显示自己在某个事件中被惊呆了。这个表情还可以作为模拟的情绪，装出惊呆的样子。图 7 跟图 4 有点类似，展示了一小部分的改观如何造

A B

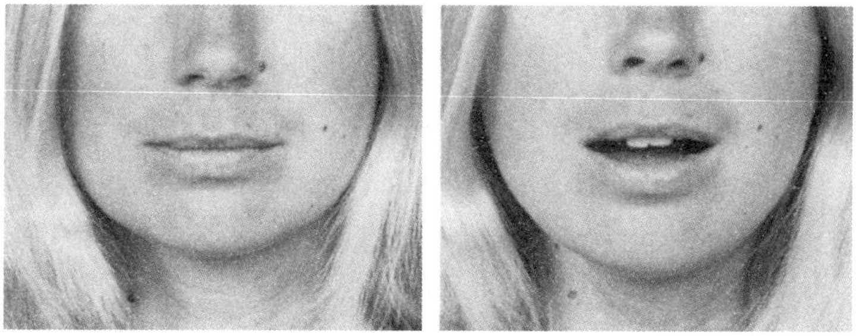

常态嘴　　惊讶嘴：嘴巴自然张开，松弛未紧绷。

图 6

A B

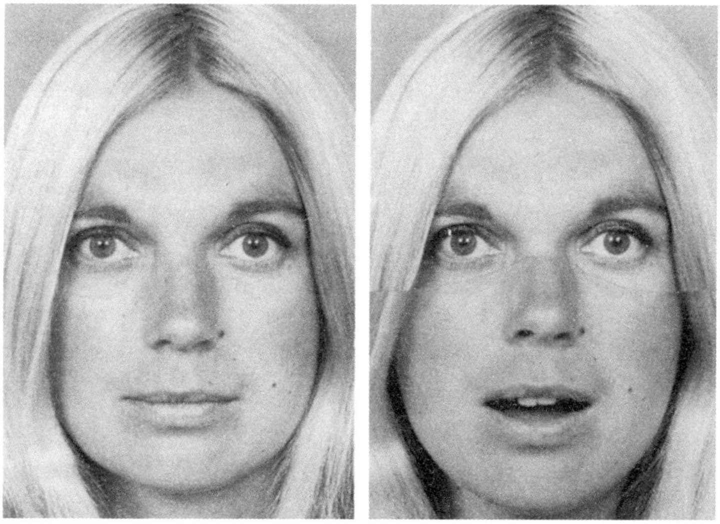

常态面部　　拼合图片：常态面部＋惊讶下面部。

图 7

成整体效果的巨变。看看图 7B 中的眼部区域，你可能会觉得它的惊讶程度比图 7A 中的更高一些，但其实这是一张拼合的照片，如果你用手遮住两张照片中的嘴，就会发现眉毛前额区以及眼睛都一模一样。

从睁大眼到“哇！”：惊讶的程度变化

惊讶有多种程度，而且能通过面部识别出来。惊讶时，随程度加重，眉毛会抬得越来越高，眼睛也睁得越来越大。但这些特点都不显著，最主要的区别还是在下面部。图 8A 显示的是轻度惊讶，图 8B 则是中度惊讶。这两张照片中的眉毛和眼睛并无区别，所不同的仅仅是下巴下垂的幅度。随着惊讶的程度加重，嘴巴会越张越大，极度惊讶时，通常还会带有感叹词，比如“啊”或者“哇”。

A

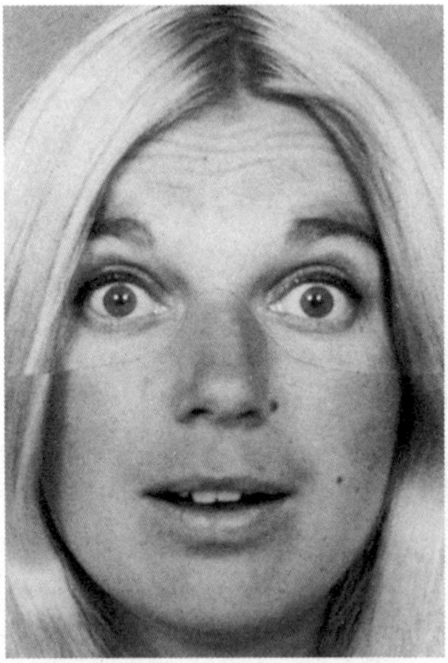

轻度惊讶：眉毛抬高，眼睛睁大，嘴巴自然张开。

B

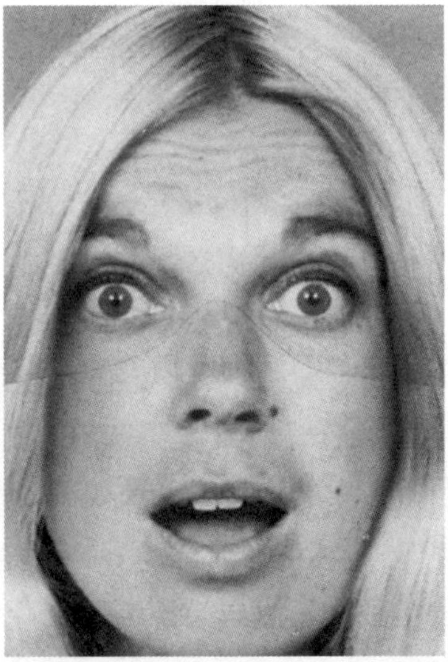

轻度惊讶到中度惊讶：眉毛抬高，眼睛睁大，嘴巴自然张开。惊讶程度随着嘴巴张开幅度递增，极度惊讶时，会发出“啊”的惊叹声。

图 8

四类惊讶

有时候面部只用两个区域的动作就能表示惊讶，第 3 个区域不用参与，而这种双区域的惊讶在表意上也会有细微的区别，共有 4 种含义，如图 9 所示。在详细解释之前，你可以先仔细看看每张照片，然后问问自己“这表情是什么意思”以及“这表情和其他照片表情有什么区别”。

在图 9A 中，帕特丽夏所表现出的是一种不确定的、带有疑问的惊讶。很可能伴随着一些话语，比如“是这样的吗”或者“噢，真的吗”。该图中嘴部是常态，除此之外与图 9D 的表情一样。用手指把图 9A 和图 9D 的嘴部遮住，就会发现两张图片是一模一样的。如果惊讶时只是眼睛和眉毛有动作，那么看上去还会带有一点质疑的成分。

在图 9B 中，帕特丽夏展示的是大吃一惊，或者说是目瞪口呆。如果要配上语音，那么可以是个词，比如“什么”，也可以只是个声音，比如“啊哦”，然后倒吸一口凉气。如果用手指遮住图 9B 和图 9D 的眉毛与前额，你会发现其他部分一模一样。如果惊讶时只有眼睛和嘴巴的动作，就会显现出目瞪口呆的表情。

在图 9C 中，帕特丽夏展现了一种较为迷茫的惊讶，也可能是无所谓的惊讶，还可能是某个精疲力尽或是嗑了药的人的惊讶表情。遮住图 9C 和图 9D 的眼睛区域，你会发现这两张图片唯一的区别就是被你遮住的眼睛。

惊讶的时候，如果脸上只有眉毛和嘴巴的动作，那显示出的就是茫然无措。**图 9D 展示的则是牵动全区域的惊讶表情，即面部 3 个区域都有所动作，所传递的信息就是惊讶。**

A

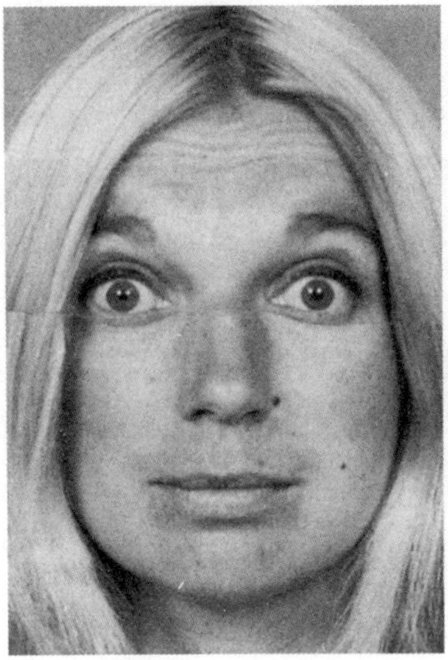

带有疑问的惊讶

B

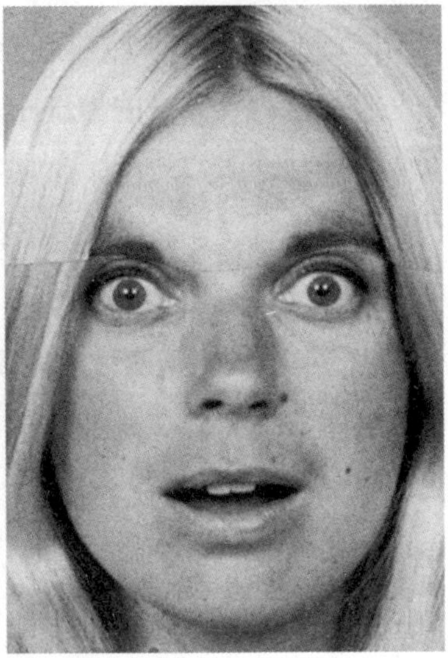

大吃一惊

C

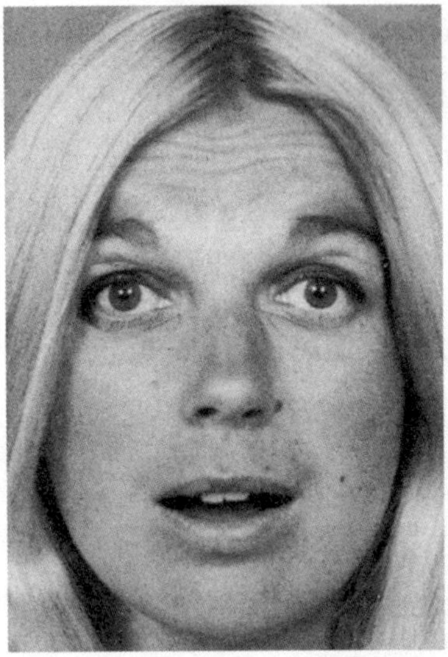

茫然无措的惊讶

D

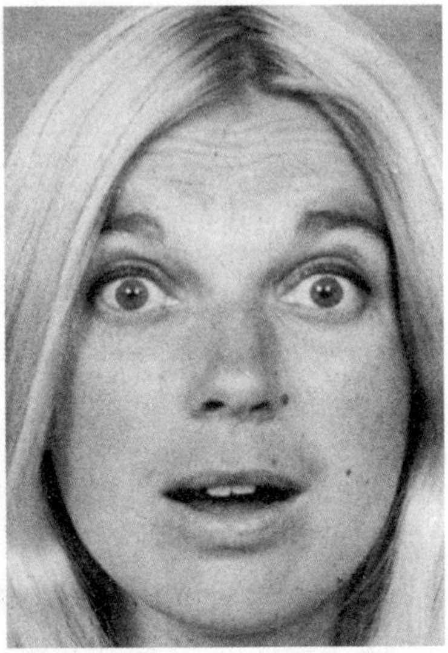

全区域惊讶

图9

复　习

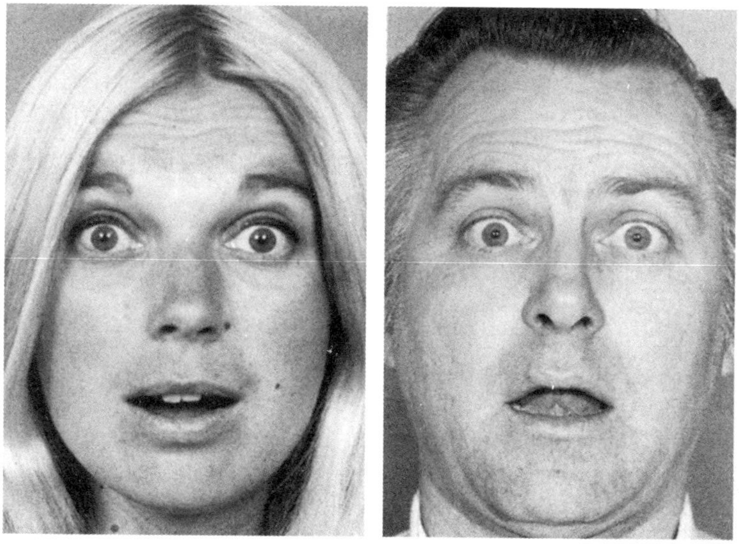

全区域惊讶

图 10

图 10 展示了全区域惊讶表情，请注意每一个提示惊讶情绪的细节。

- 眉毛上扬并弯曲；
- 眉毛下方皮肤被拉伸；
- 前额出现横纹；
- 眼睛睁大，上眼皮上抬，下眼皮下压，虹膜上方巩膜露出，有时下方也可见；
- 下巴下垂，上下唇齿分离，但嘴巴不紧绷，也不拉伸。

表情制作

另外一种复习方式是由自己来制作本章中见到的表情。本书第

271页的4张照片是帕特丽夏和约翰常态时的面部表情，请将其剪下，并按图内标注的ABCD四个区域剪开，这样你就有了制作惊讶表情的素材了。

1. 将C放入图10的对应位置，请问你看到了什么表情？帕特丽夏的这个表情你之前见过了（见图4），但是约翰的还没有，这就是带有怀疑或疑问的惊讶。
2. 将B放入图10的对应位置，请问你看到了什么表情？帕特丽夏的这个表情你之前也见过了（见图7），但是约翰的还没有，这就是惊呆的表情。
3. 将A和D一起放入图10的对应位置。该表情中只有惊讶眼，如果该表情稍作停留，则代表感兴趣或是惊叹。然后保持D的位置不动，将A和B互换多次，你就会看到眼睛睁大和恢复常态的变化过程，也就是平日里常见的由正常转为惊讶再恢复正常的过程。
4. 接着上一个步骤，只保留A，拿掉其余部分，这个表情展示的就是大吃一惊（见图9B）。然后将D放入对应位置拿掉A，这个表情则是质疑性的惊讶。重复这个A和D互换的动作，就能清楚地发现表情所传达的信息是如何变化的了。

延伸阅读
UNMASKINGTHE FACE

饱满的惊讶会引发扬眉+上眼睑提升+快速吸气+呼吸中断。如果社交情境没有限制，这些特征可以毫无拘束地表现出来。但在重要的社交情境中，往往不能随意表达内心的惊讶，因为这样会让他人觉得“很无知”。

所以，一旦情绪表达受到限制，这些饱满的惊讶表情形态就无法最大程度表现出来，行为人会采取减幅减态的原则来克制自己的情绪流露，尽管这个过程行为人自己不会意识到。

所以，惊讶的微表情特征会集中在眼睑和呼吸两个方面。上眼睑的小幅上扬会取代扬眉+上眼睑提升，捕捉到这个特征可以在一定程度上确定惊讶情绪的产生；呼吸频率的降低甚至短暂中断，在没有表情变化的时候，也可以在一定程度上代表惊讶情绪的产生。

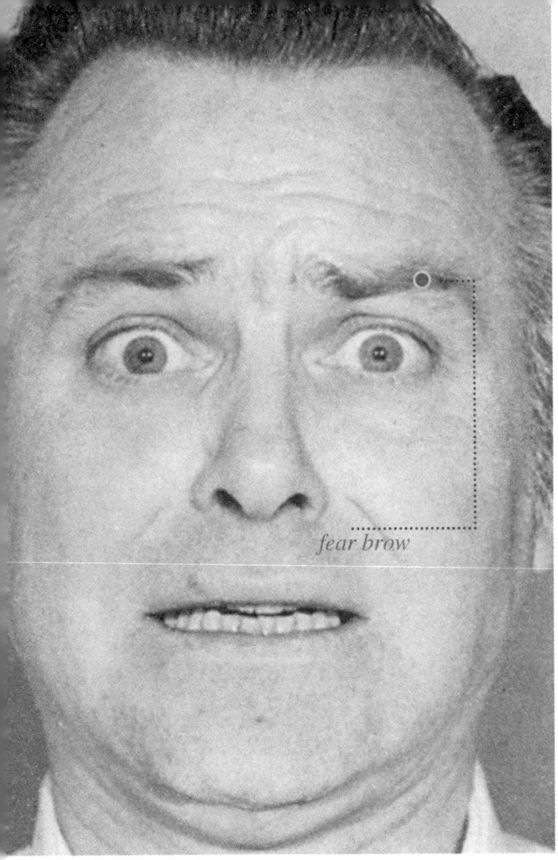

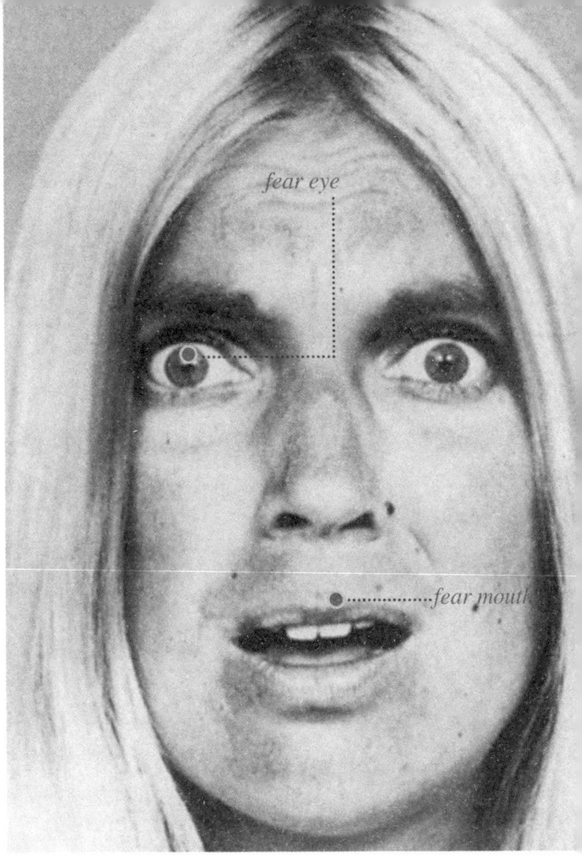

第 4 章

天哪！真可怕

识别恐惧的面部表情

如何判断你的员工是否对你有敬畏感？被火灼伤时的恐惧表情，与受人怒骂时的恐惧表情是否相同？如果你已经预知到危险的来临，有什么方法能消除自己心中的恐惧呢？当面对无法抵御的伤害时，恐惧永远是人的第一反应。

UNMASKING THE FACE

男：求求你了，我们在一起都三年了，不要离开我。

女沉默。

男：我会改掉我的坏毛病，我再也不上网玩游戏了，我会锻炼身体，我会记得我们的每一个纪念日，我会每天只给你打一个电话，不惹你烦。我们重新来，只要你别离开我就好。

女流着眼泪沉默。

此时男孩脸上的表情，大家可以想象出来，其内心就是恐惧情绪弥漫，生怕心爱的女孩真的做出绝情的决定，从此永失真爱。恐惧就是这样，对于事情即将发生的结果已经有了不好的预感，但内心无力感很强,完全没有信心能够解决。面对提出分手的女友是这样，面对逼近的利刃也是这样。

题外话，如果你觉得这段剧情和前面的剧情存在很大的跳跃性，请回读一下前面我们关于情绪的顺序排列，在本书的最后在按照惊讶、厌恶、愤怒、恐惧、悲伤和快乐的顺序，将这些小片段重新排列看看。

恐惧之门：人人都有害怕的时候

人们都惧怕伤害，既指肉体上的，也指精神上的，还可能二者皆有。肉体伤害五花八门，小到打针的刺痛，大到危及生命的损伤。精神伤害也各式各样，小到失望或受轻微侮辱，大到病痛被人取笑、求爱遭到拒绝、人身攻击等。精神伤害可能带来精神创伤，导致自尊、自信和安全感的损伤，也可能导致失去爱情、友情和财富。现实中的伤害往往既有肉体上的，也有精神上的。比如说，一个男孩在自己女友面前被情敌暴打一顿后，可能有伤在身，也落下了心病。

要想生存下来，就必须学会避免危险和从危险中逃脱，否则就可能痛不欲生，或是身受重伤。我们都会预判危险，通过分析现状，判断危险是否即将到来。在伤害发生之前，我们通常会感到恐惧，无论那伤害发生了，还是只停留在想象阶段，都会令人生畏。无论是事、人、动物、东西还是想法，只要看起来有危险性，都会令人感到恐惧。如果有人告诉你，下周你要打好多针狂犬病疫苗，而且会非常疼，那你很可能在打第一针之前就开始害怕了。对危险的恐惧，甚至是对肉体疼痛的预估，都可能造成超出疼痛本身的痛苦。当然，恐惧也常常能激励人们有所行动，从而避免或是减轻伤害。

我们都有预估危险的能力，所以恐惧通常都在伤害之前来临。哪怕你料事如神，也免不了天降之祸，受伤时便会感到恐惧，却基本跳过了事前恐惧那一环，而出现了恐惧与伤害并发的现象。突如其来的剧痛会造成恐惧，而你不会停下来思考自己是不是痛了或者什么东西让你这么痛。如果疼痛持续下去，你就有时间思考现状了，其结果可能是恐惧升级，比如“我是不是心脏病犯了”。如果你是被煤气灶的火苗灼伤，疼痛的同时会觉得恐惧，可能还伴有悲痛，但你恐惧时不会停下来考虑自己的伤势有多重，就好比你被灼伤的那一刻会立即缩手，而不会停下来思考：“不是已经熄火了吗，怎么还燃着？”

这种与伤害并发的恐惧也可能会造成心理上的痛苦。假如在办公室里，老板径直走向一个在座位上打盹的员工，然后咆哮道：“赶紧收拾东西滚蛋，你这个懒骨头！”那位员工应该会感到恐惧，可能还会有惊吓反应。他不需要时间来思考到底发生了什么，这倒也好，因为说不定越想越怕：“天哪，这下我可交不起房租了！”当然，也可能思考之后，会有另一种情绪滋生出来：“他有什么权力这样说话？我现在撑不住还不是因为昨晚为了赶他的工期而通宵加班！”

似是而非：恐惧与惊讶的区别

恐惧与惊讶有三点区别。

第一点，恐惧是一种可怕的感受，而惊讶不是。惊讶没有愉快与否的属性，但恐惧总是令人不悦，即便是轻微的恐惧也是如此。恐怖是一种强烈的恐惧，它很可能是所有情绪中最令人痛苦、毒性最大的。恐怖情绪往往伴随着身体的变化，比如肤色惨白、冷汗直冒、呼吸加速、心跳剧烈、肠胃不适、突感尿意、不寒而栗等。感受到恐怖之后，可能整个人就像被定住了，尽管摆出了逃跑的姿势，

却动弹不得。恐怖状态会消耗大量的体力和精力，你很快就支撑不住了。

第二点区别，即便你对即将发生的事情心知肚明、轻车熟路，仍然有可能会害怕。比如，你知道牙医马上就要叫你进去了，这没什么可惊讶的，你不是第一次来看牙了，但是基于以往的疼痛经验，你可能现在就开始害怕了。又比方说，你在等着登台演讲或是上场表演，即便你经验丰富，也仍可能怯场。可见，过往的经验也有可能引发恐惧感，哪怕你已经是第 2 次、第 10 次，甚至是第 20 次做类似的事情。当恐惧感伴随着伤害突然出现时，你的感受中可能会略带一点惊讶的情绪。因此，面对突如其来的恐惧，你的感受往往是惊讶和恐惧的混合，甚或是惊吓和恐惧混合。

第三点区别在于持续时间，惊讶是短暂的情绪，恐惧则不一定短暂。恐惧可能是短时间发生的，比如突然来临或是与伤害并发，也可能是逐渐累积的。深夜独守空房时，一点小小的动静就会让你感到担心，如果你非要去想那动静到底是怎么回事，非要仔细听着地板的吱吱声想入非非，起初的那一点点担忧就可能会发展成恐惧。而惊讶的时候，你只会在短时间内感到惊讶，一旦搞清楚状况，惊讶的感觉就消失了。恐惧持续的时间则可以长很多，即便明白了是什么让你恐惧，你也可能在心里暗自害怕下去。在飞机的整个飞行过程中，你可能坐在座位上没有动过，心里却一直害怕发生坠机。

不过，人对于恐惧的承受力是有限的，长时间强烈的恐惧感会让人精疲力尽。一旦搞清状况，惊讶感立即消失，或转入下一个情绪；而恐惧感却可能阴魂不散，哪怕危险已经过去，你仍可能心有余悸。如果危险转瞬即逝，你只有在事后才知道当时有多么危险，比如险些被车撞，那么，危险过去，你才会感到后怕不已。

恐惧的程度多种多样，小到担忧，大到恐怖。至于具体是什么程度，取决于发生了什么样的事件，以及你如何看待该事件。如果恐惧感跟伤害同时发生，恐惧的程度则体现了疼痛的程度。如果疼痛持续下去，而你又觉得可能会越来越痛或者难以痊愈，恐惧感就可能升级。

如果令你恐惧的并非伤害本身，而是对危险的预感，那么，恐惧的程度则取决于你怎么看待可能出现的危险，以及你感觉有几分把握能够应对危机、逃避危险、减轻伤害或幸免于难。如果面前阵势吓人，但你知道可以溜之大吉，或你知道对方只是纸老虎，可能就不会太害怕，只是略有担忧而已。但是如果已经无路可退，而且即将受到严重伤害，刚开始那一点点的担忧就会转变为恐怖，同时你整个人动弹不得，显得很无助。

恐惧“后遗症”

恐惧完了可能就到此为止，也可能会接着另一种情绪。恐惧之后，你可能会因愤怒而向对方展开攻击，也可能会迁怒于自己，因为这个处境完全是自己造成的，所以嫌自己没用，除了害怕什么也不会。

如果伤害持续下去，或者危险虽然结束却造成了可悲的后果，那么恐惧之后的情绪就可能是悲伤了。情绪可能会是一系列的，你可能先感到恐惧，然后愤怒，之后悲伤等。如果事件同时触发了两种情绪，那么恐惧就会与另外那种情绪混合，你所感受到的就是混合情绪了。比方说，如果有人威胁你，你既害怕被攻击，又会被这种挑衅激怒。

恐惧之后的情绪也可能会是快乐，比如避免了受伤，暗自庆幸，或者伤痛终于过去，值得庆贺。有些人甚至很享受恐惧感，因为威胁对他们来说是一种挑战，让他们感到热血沸腾，生活也因此有了目标。形容这种人的词语很多，比如英勇、勇敢和大胆，这些人可能是士兵、登山员、赌徒或者赛车手等。更多的人则热衷于“伪恐惧”情绪，比如在游乐场坐过山车时的那种感觉。**之所以称之为“伪恐惧”，是因为虽然有危险，却并不会真实发生，而我们也只能任由其摆布，这一点是众所周知的。**

当然，也有些人完全不能忍受恐惧感，甚至连“伪恐惧”也不行。他们觉得恐惧感令人崩溃，因此小心翼翼地规划自己的生活，四处寻求保护，以避免恐惧。

恐惧时的表情变化

恐惧眉：上扬并拉直摆正

恐惧时，眉毛上扬并拉直摆正。图 11 对照展示了恐惧眉（见图 11B）和惊讶眉（见图 11A）。请注意，恐惧眉也是上扬（箭头 1），这点跟惊讶眉类似，但恐惧眉除了上扬，还会挤作一团，表现为眉毛内角（箭头 2）靠得更近。由于内角更为接近，外角看起来就像被摆正了一样，至少比惊讶眉的外角更正一些。恐惧眉通常也会导致前额出现横纹（箭头 3），但是一般不会像惊讶眉造成的皱纹那样横贯整个额头（箭头 4）。

通常，惊讶眉还会伴随着惊讶眼和惊讶嘴，但有时也会单独出现，此时表情所传达的信息与恐惧略有关联。图 12B 中，约翰的表情只有恐惧眉，而面部的其他部分并无动作。作为对照，图 12A 展示了约翰的常态表情。恐惧眉单独出现时（见图 12B），意味着担心、轻度担忧或是克制住了的恐惧。

图 12B 再次验证了这个说法：只改变面部某一个区域的表情，就能让整个面部看起来截然不同。图 12B 中，约翰的眼睛和嘴巴似乎也有一点担忧的味道，但其实这又是一张拼合的照片，我们只是把恐惧眉摆放到了左侧常态面部的对应位置而已。用手遮住

这两张照片的眉毛或额头部分，就会发现两张图片的眼睛和嘴是一模一样的。

A　　B

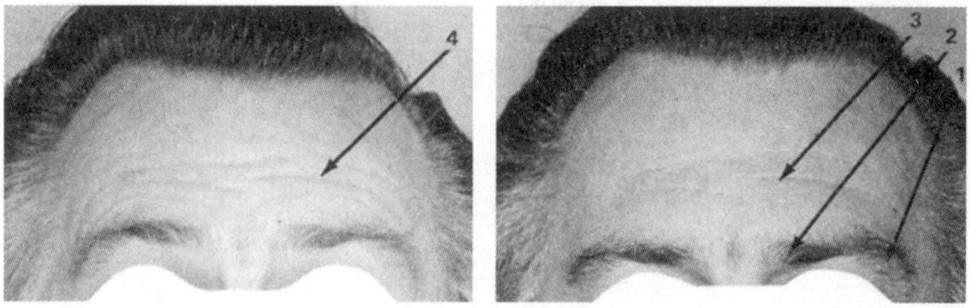

惊讶眉：眉毛上扬，皱纹贯穿整个额头。

恐惧眉：眉毛上扬，眉毛的内角靠近，前额出现横纹。

图 11

A　　B

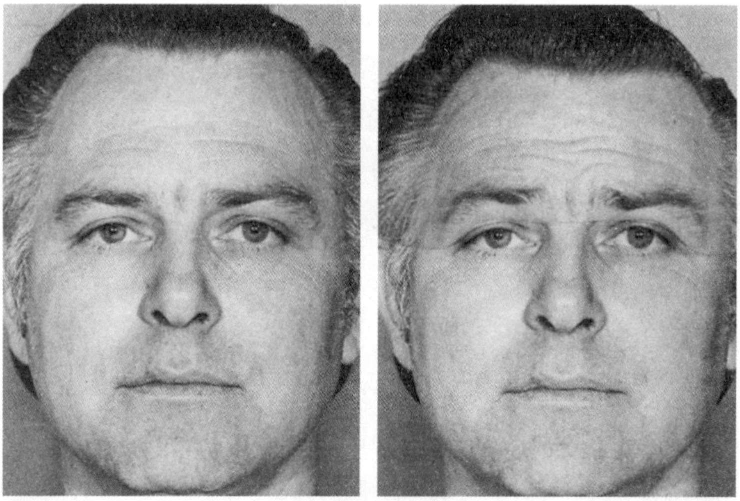

常态表情

恐惧眉单独出现，意味着担心、轻度担忧或是克制住了的恐惧。

图 12

恐惧眼：眼睛睁大，上眼皮上抬，下眼皮紧绷

感到恐惧时，眼睛睁大而且紧张，上眼皮上抬，下眼皮紧绷。

图 13 对照展示了恐惧眼(见图 13A)、常态眼(见图 13B)和惊讶眼(见图 13C)。请注意，恐惧眼和惊讶眼的上眼皮都是上抬的，虹膜上方的巩膜也都出露（箭头 1)。尽管在这一点上，恐惧和惊讶相同，但下眼皮是有区别的。恐惧时下眼皮紧张而且上抬（箭头 2)，而惊讶时下眼皮是松弛的。恐惧时，因为下眼皮紧张且上抬，虹膜的一部分可能会被下眼皮遮住（箭头 3)。

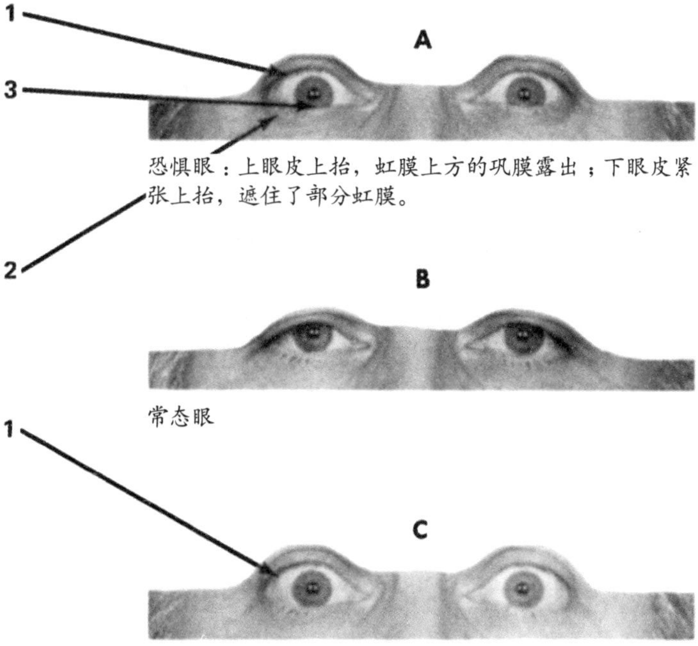

恐惧眼：上眼皮上抬，虹膜上方的巩膜露出；下眼皮紧张上抬，遮住了部分虹膜。

常态眼

惊讶眼：上眼皮上抬，下眼皮松弛。

图 13

恐惧眼通常会与恐惧眉和恐惧嘴同时出现，但也可能单独出现。恐惧眼一旦单独出现，是很短暂的。眼睛只是在一瞬间表现得很恐惧，表达的是一种真实的恐惧感，但是这种恐惧要么程度较轻，要么正在被克制。

恐惧嘴：嘴巴张开，双唇紧张甚至回缩

恐惧时，嘴巴会张开，双唇紧张甚至会紧紧回缩。图 14 中，帕特丽夏展示了两种恐惧嘴（见图 14A 和图 14B），此外还有用来对比的惊讶嘴（见图 14C）和常态嘴（见图 14D）。图 14A 所示的恐惧嘴与图 14C 所示的惊讶嘴颇为相似，但是区别很关键：惊讶嘴的双唇是放松的，而恐惧嘴上唇紧张，嘴角处还可以看出双唇即将回缩的迹象。图 14B 展示了另一种恐惧嘴，双唇拉伸并且紧绷，嘴角回缩。

A

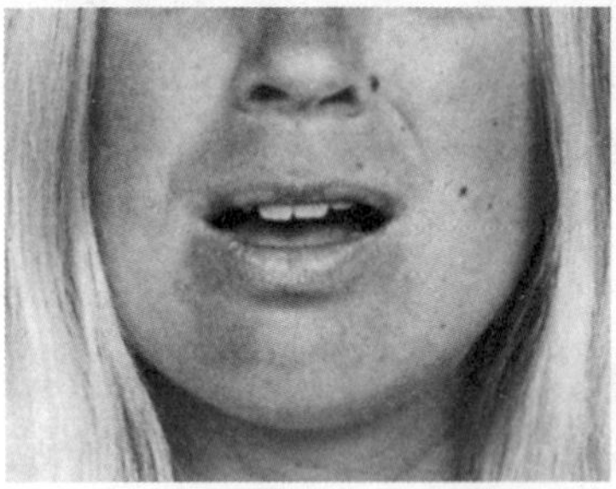

恐惧嘴：上唇紧张，双唇嘴角处即将回缩。

B

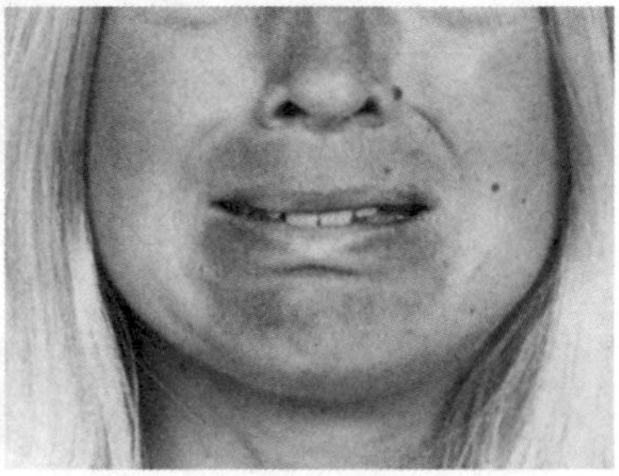

恐惧嘴：双唇拉伸并紧绷，嘴角回缩。

C

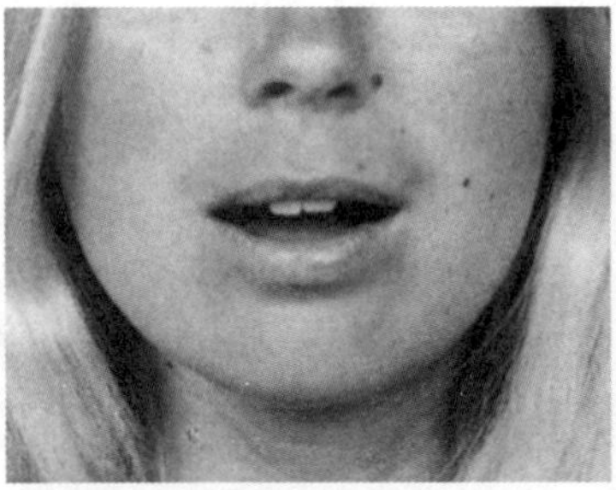

惊讶嘴：双唇放松。

D

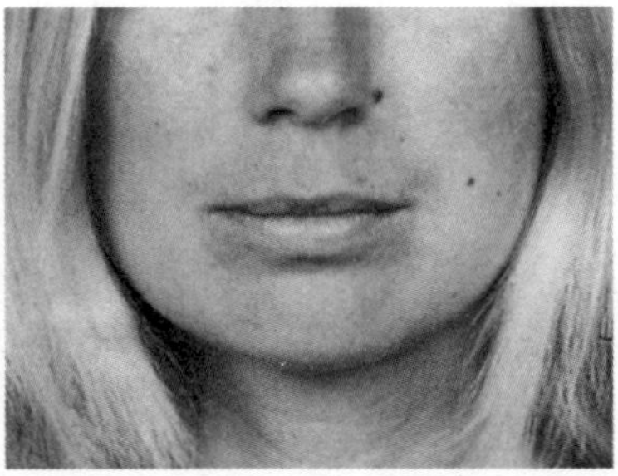

常态嘴

图 14

恐惧嘴通常伴有恐惧眼和恐惧眉，不过这三者都可能单独出现，含义则各有不同。

A B

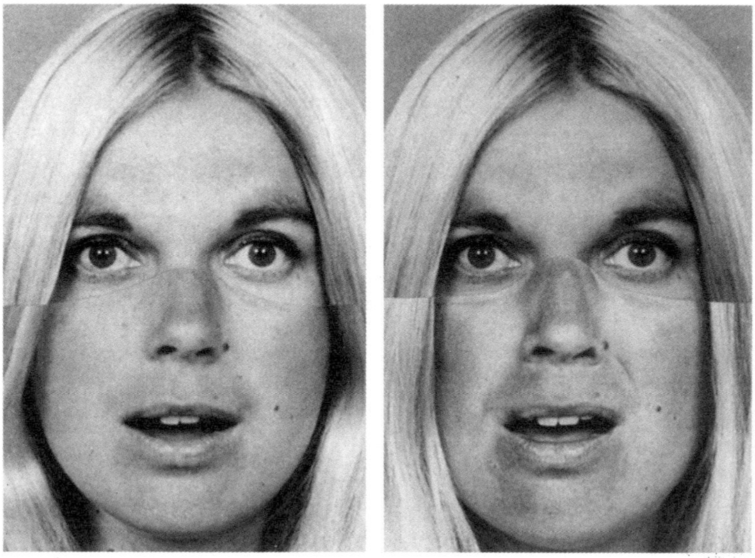

A：惊讶嘴，面部其他部位为常态。表示惊呆了。

B：恐惧嘴，面部其他部位为常态。意味着担心或担忧，通常是恐惧感的萌芽阶段。

图 15

A B

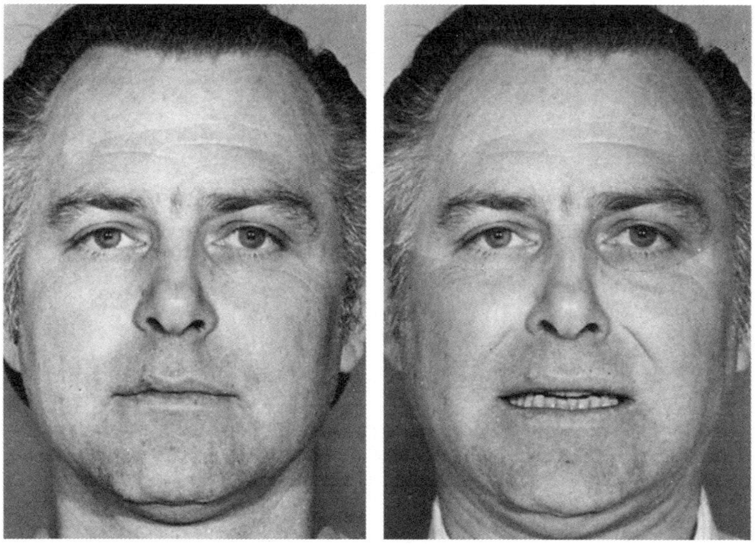

A：常态表情

B：拉伸型恐惧嘴

图 16

图 15B 中，帕特丽夏展示了开口更大的恐惧嘴，而面部其他部位保持常态。作为对比，15A 是一张惊讶嘴，面部其他部位也是常态。表现出 15B 所示的表情时，意味着担心或者担忧，这通常是恐惧感的萌芽阶段。

与之相对的，15A 则显示了惊呆的表情，正如上一章所述，这既可能是真正惊呆时的表现，也可能只是表演性质的。横向拉伸更明显的恐惧嘴也可能单独出现，不过持续时间一般都很短暂，双唇拉伸、回缩一下，又立刻还原。

图 16B，约翰展示了这种单独出现的拉伸型恐惧嘴，16A 则是常态表情，用作对比。如果这种表情闪现多次，则有几种可能：一种是约翰的确害怕了，但是想极力掩饰；第二种是他预判要发生某种令人恐惧或让人痛苦的事情；第三种则是他并不害怕，只是谈到了某个令人恐惧或让人痛苦的事件。

我们举例来解释第三种情况，也就是象征性的恐惧表情，比如某人在描述近期一场车祸的时候，时不时地快速拉伸嘴巴，表明他对于那场事故的感受是恐惧或痛苦的。

表情微变化，恐惧感大不同

恐惧的程度多种多样，小到担忧，大到恐怖，可以从表情看出其中的区别。上眼皮抬得越高，下眼皮越紧张，那么恐惧感就越强。嘴巴的区别则更为明显。

从图 17A 开始，按顺时针方向，帕特丽夏展示了逐渐升级的恐惧，表现方式就是嘴巴的拉伸幅度，其开口越来越大。这些也都是拼合图片，虽然图 17C 看起来比图 17A 的恐惧要强烈得多，但其实唯一的区别只是嘴巴。

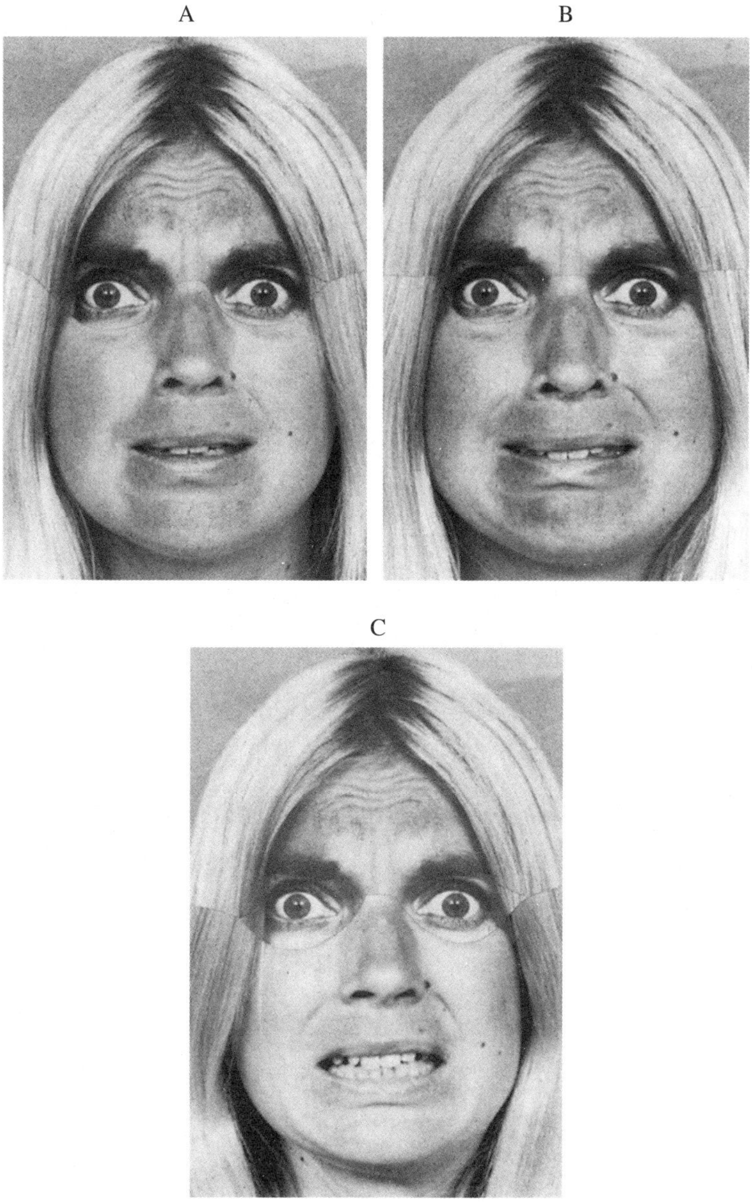

从A至C：增大嘴巴拉伸幅度，开口越来越大，面部其他部位相同。表示恐惧感逐渐升级。

图 17

双区恐惧表情

恐惧的表情可以只用两个区域来配合完成，而不需要第三个区域的动作，不过每种双区恐惧表情都有细微的表意区别。图 18 展示了两种双区恐惧表情。

图 18A 是担忧，就像他意识到即将有厄运要降临了一样。该表情之所以有这样的表意，是因为下面部没有动作，只有眉毛和眼睛的配合。

我们来比较一下图 18A 和图 12B，两张图中约翰都表现出了担忧，但是图 18A 的担忧更强烈一些，因为图 12B 只有恐惧眉，而图 18A 则是眉与眼的配合。

图 18B 中，约翰看起来惊骇得表情都凝固了。有意思的是，尽管眉毛没有动作，所传达出的恐惧强度却丝毫不减，而且正是由于眉毛没动，这个表情才显得凝滞，传达出令人无法动弹的惊骇感觉。

帕特丽夏则用更为细微的变化来展现这些不同的恐惧表情。

图 18C 中，她的表情是担忧，因为只出现了恐惧眉和恐惧眼，而没有恐惧嘴，这跟图 18A 中约翰的表情一样。

在图 18D 中，帕特丽夏的表情是惊骇，跟 18B 中约翰的表情类似，都是只有眼睛和嘴有所动作。

不过这两个表情又有所区别，帕特丽夏的嘴唇拉伸程度要轻一些，很像惊讶嘴，因而整个表情看起来更像是震惊而非惊骇。再比较一下图 18D 和图 15B。图 15B 中，帕特丽夏只是显得担忧，而非震惊，因为只出现了恐惧嘴；而 18D 明显表现出了震惊，原因是除了恐惧嘴之外还加入了恐惧眼的配合。

A

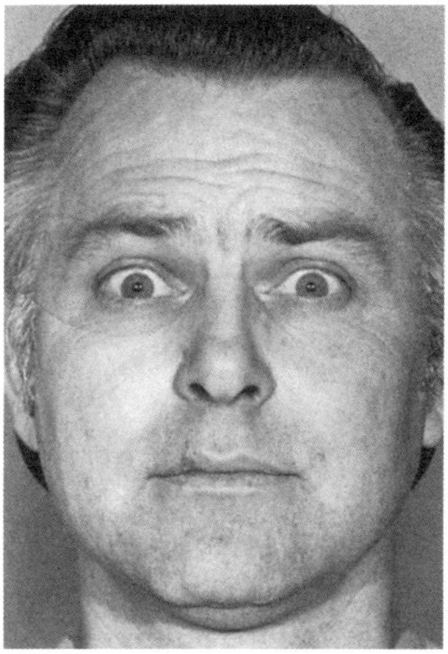

眉毛与眼睛的配合，下面部没有动作。感觉厄运即将降临时的表情。

B

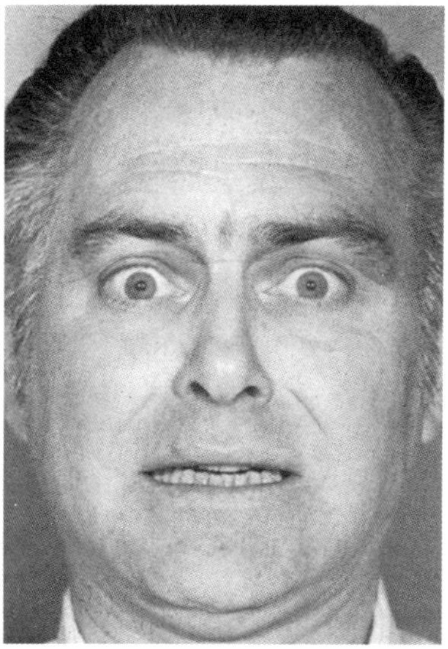

恐惧嘴配合恐惧眼，表示很惊骇。

C

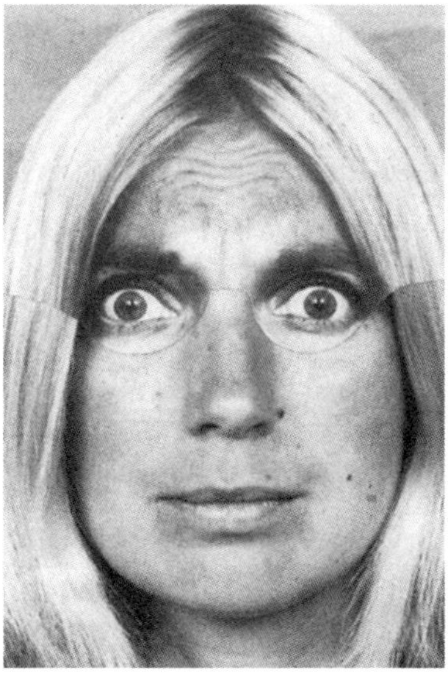

恐惧眉配合恐惧眼，而没有恐惧嘴，表示很担忧。

D

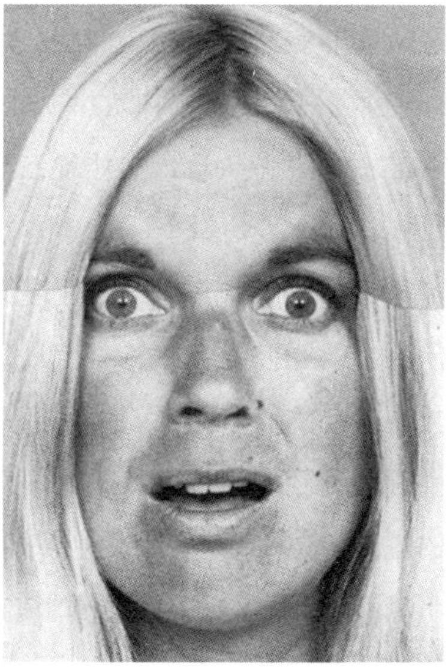

恐惧嘴配合恐惧眼，表示很震惊。

图 18

恐惧的混合表情

恐惧可能会与其他情绪同时出现，比如悲伤、愤怒或者厌恶，一部分恐惧还可能被快乐掩饰，因而面部可能呈现出恐惧和其他情绪的混合。在后续几章中，我们会陆续介绍悲伤、愤怒、厌恶和快乐这些情绪，到那时再展示它们分别与恐惧混合所呈现的表情。

恐惧－惊讶混合

恐惧最常见的表情搭档是惊讶，因为可怕的事件往往都是不期而至的。因此同时感到既惊又怕是很常见的。在多数的恐惧与惊讶的混合表情中，人们能一眼就看出其中的主导情绪是恐惧。

图 19 展示了两种恐惧与惊讶的混合。图 19A 和图 19D 的完整恐惧表情（即全区恐惧）则是用来做比对的。从左向右看，你会发现混合情绪中的惊讶在逐渐升级。无论是约翰还是帕特丽夏的照片，都是两端的照片之间的区别大于相邻的照片，这是因为相邻照片只有一个区域不同，而两端的照片则有两个区域的差异。

在图 19B 中，惊讶只体现在眉毛前额区，而其他区域显示的则是恐惧，这个表情跟全区恐惧的差异非常细微。图 19E 中，惊讶也只在眉毛前额区，其他区域表现的是恐惧，但是与全区恐惧的表情的差别就要明显得多了。为什么会男女有别呢？究其原因，很可能是帕特丽夏的嘴较约翰的嘴更趋近惊讶一些。此外，由于他们眼睛和前额的外观差异，使得帕特丽夏的混合表情中更容易被观察到惊讶的成分。

图 20 展示了另外两种恐惧与惊讶的混合。帕特丽夏的惊讶只在嘴部，眼睛和眉毛显示的则是恐惧，因此整个表情显示出她在害怕，但是程度不及图 19D 中那个全区恐惧表情。

图 20 中，帕特丽夏展示了惊讶嘴，使恐惧中增添了一些惊呆

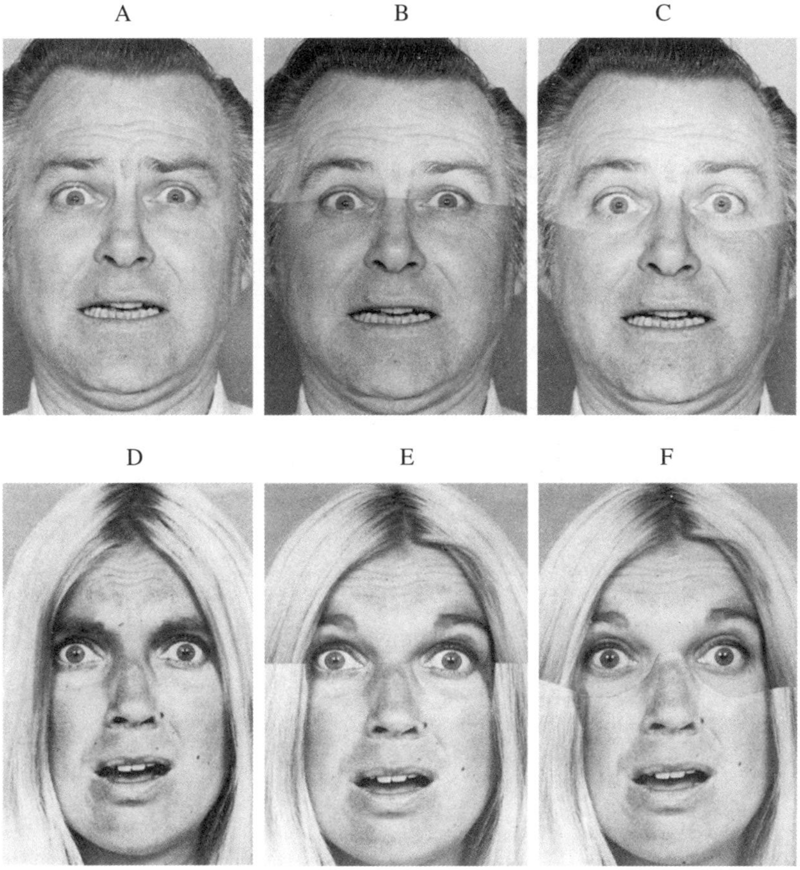

恐惧－惊讶混合：从A至C，从D至F，反映了惊恐表情中，惊讶程度的逐渐升级。

图19

的元素。我们来比较一下图20A和图18C，其实这两张图的眉毛和眼睛都一样，只不过图18C的是常态嘴，图20A则是惊讶嘴，这一点小小的变化就让表情从图18C中带有担忧性质的恐惧，变成了图20中更强烈却更带怀疑性质的恐惧。

在图20A中，约翰展示了最后一种恐惧与惊讶的混合，恐惧只体现在眼睛，仅仅是下眼皮紧张，就给惊讶增添了恐惧的色彩。对比看一下图20A和图10，你就会明白这种恐惧与惊讶的混合与全区惊讶之间的区别在哪里了。

A　　　　B

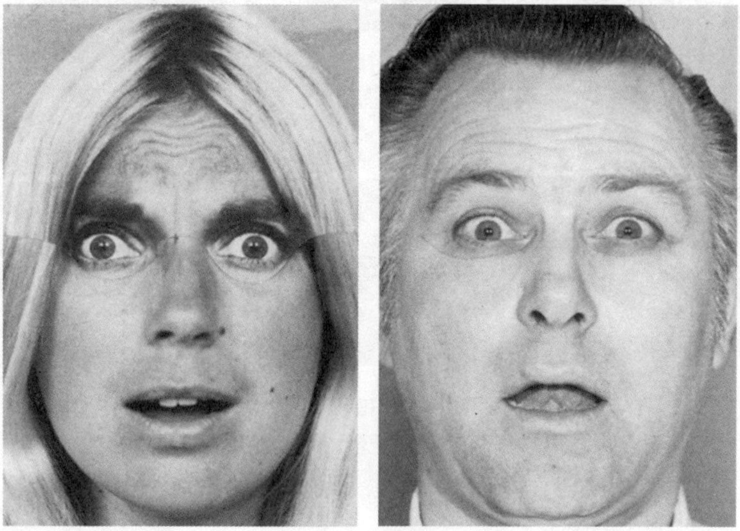

A：惊讶下面部＋恐惧眼＋恐惧眉，表情显示她在害怕。

B：恐惧眼＋惊讶下面部＋惊讶眉，为惊讶增添了恐惧的色彩。

图 20

复 习

A B

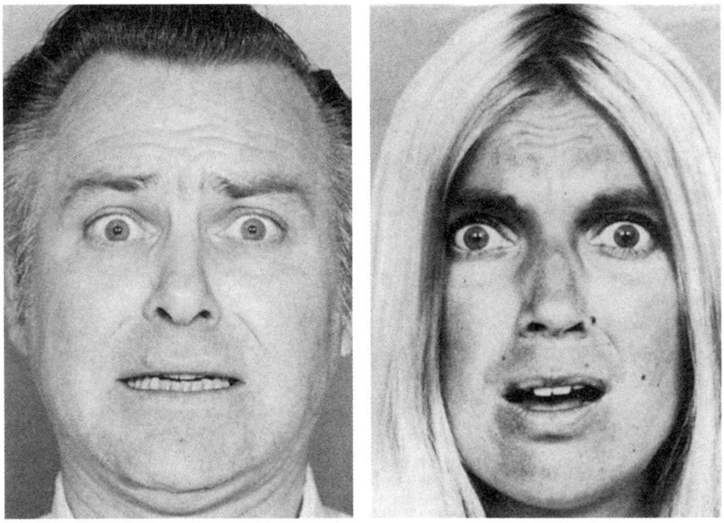

全区域恐惧

图 21

图 21 展示了两幅全区域恐惧表情，请注意每一个提示恐惧情绪的细节。

- 眉毛上扬并挤作一团；
- 前额的皱纹位于中央，而不是横贯前额；
- 上眼皮上抬，露出上方巩膜，下眼皮紧张且上抬；
- 嘴张开，双唇回缩，略显紧绷或是被横向拉伸。

表情制作

1. 将第 271 页上的 C 部分放入图 21 中的对应位置，你已经见过约翰的这个表情了（见图 12），帕特丽夏的表情可能显得稍微隐蔽一些，但两者其实是一样的。这个表情的意思可能是担心、略微担忧或是克制住了的恐惧。

2. 将 B 放入图 21 中的对应位置，请问你看到了什么表情？帕特丽夏的表情是担心或担忧（见图 15B），而约翰的表情可能与之相同，也可能表达了克制住了的恐惧，如果这个表情反复闪现，则可能是象征性的恐惧表情（见图 16）。
3. 同时将 A 和 D 放入图 21 中的对应位置。该表情中有恐惧眼，而能短时间出现这种恐惧眼的情绪，可能是一种被完全克制住了的恐惧，也可能是一种程度极轻的恐惧。
4. 拿掉 A，表情就变成了担忧性质的恐惧，与图 18A、C 的表情一样。
5. 拿掉 D，再将 A 放上去，就成了图 18B、D 的表情，惊骇得表情都凝固了。重复上述 A 和 D 互换的动作，表情的含义如何变化就一目了然了。

面部快闪练习

另一种学以致用的方法是将一些照片在眼前快速地闪过，然后尽力判断出照片所表现的情绪，可以从前几章中挑选一些照片来作为练习素材。这个练习的步骤可能略显复杂，但是得到了大多数尝试过的人的认可，经过这项磨练，在现实生活中就更容易注意到这些表情了。

练习开始之前，你需要准备好以下这些：

1. 一位搭档，负责挑选照片并将照片在你眼前快闪。
2. 一个“L”型的硬纸板做的挡板。如果在同一页上还有其他照片，你的搭档需要用挡板遮住它们，确保你只能看见快闪的那一张。

3. 一张按快闪顺序排列好的表情清单。我们在下面给出了一张基本清单，不过你的搭档得将顺序打乱，以免你提前知道下一个表情是什么。当然了，打乱之后也得按快闪顺序排列好，这样练习结束之后才方便核对答案。
4. 一张答题纸，纸上从 1 到 22 编号，方便你记录自己的答案。

面部快闪练习　表情清单 1

图片编号	答　案
4A	常态
8A	轻度惊讶
9A	质疑性的惊讶
9B	大吃一惊
9C	迷茫的惊讶
9D	全区域惊讶
10B	全区域惊讶
12A	常态
12B	担心
15B	担心或担忧
16B	恐惧象征或克制住的恐惧
17B	恐惧
18A	担忧性的恐惧
18B	惊骇性的恐惧
18C	担忧性的恐惧
18D	惊骇或震惊性的恐惧
19C	恐惧－惊讶混合
19F	恐惧－惊讶混合
20A	恐惧－惊讶混合
20B	恐惧－惊讶混合
21A	全区域恐惧
21B	全区域恐惧

现在你可以开始了，任务就是判断出每张照片所表达的情绪。每张照片，你的搭档只向你展示1秒钟，然后迅速拿开，不能再让你看见，并找到下一张要展示的照片，先用挡板遮住。在搭档找下一张照片的时候，你就把答案写在答题纸上。如果实在拿不准，就先猜一个答案，直到答完了全部22道题之后，再核对答案。

如果你第一次就全部答对，那实在是了不起，你已经是恐惧和惊讶的表情识别专家了！如果你答错了一些，那么重新阅读一下关于答错的表情在书中的相关文字，然后让搭档重新安排一次快闪顺序，重头再来一遍。

假如你第一次没能全部答对，不要灰心，因为很多人尽管平时明察秋毫，做这套练习也得经过三四次才能全部答对。

饱满的恐惧会引发眉头上扬+上眼睑提升+快速吸气。如果社交情境没有限制，这些特征可以毫无拘束地表现出来。但在正式而严肃的社交情境中，这样的失控形态是不能随意表达出来的，否则会让人觉得“很脆弱”。一旦情绪表达受到限制，这些饱满的恐惧表情形态就无法最大程度表现出来，行为人会采取减幅减态的原则来克制自己的情绪流露，尽管这个过程行为人自己不会意识到。

所以，恐惧的微表情特征会集中在眉毛和上眼睑两个方面。眉头的上扬和皱起幅度可能很小，但仍然能改变上眼睑的扬起形态，使上眼睑在睁大的同时，出现内侧提升量大于外侧提升量的倾斜形态。而嘴部的形态特征与呼吸的变化，则有可能不再出现。恐惧类情绪在社交情境中可能衍生变化为害怕、担心、忧虑、不安、尴尬等感受。

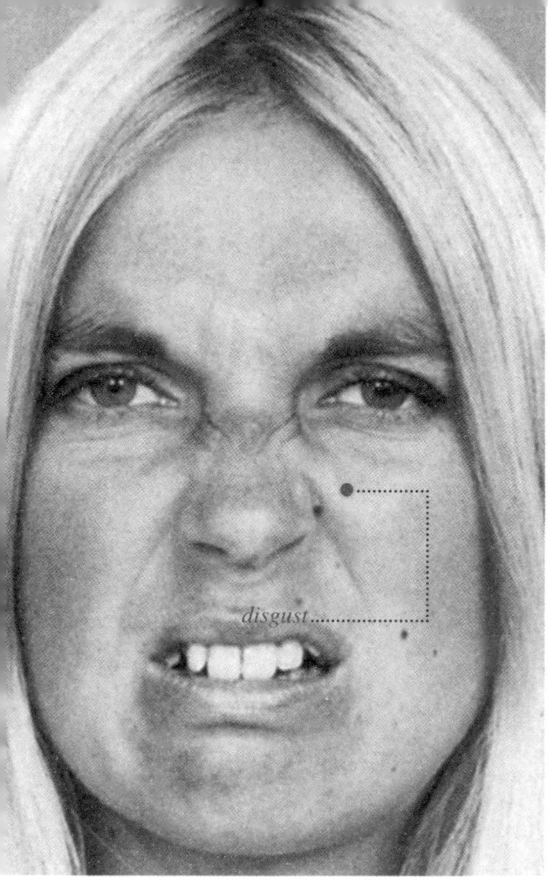

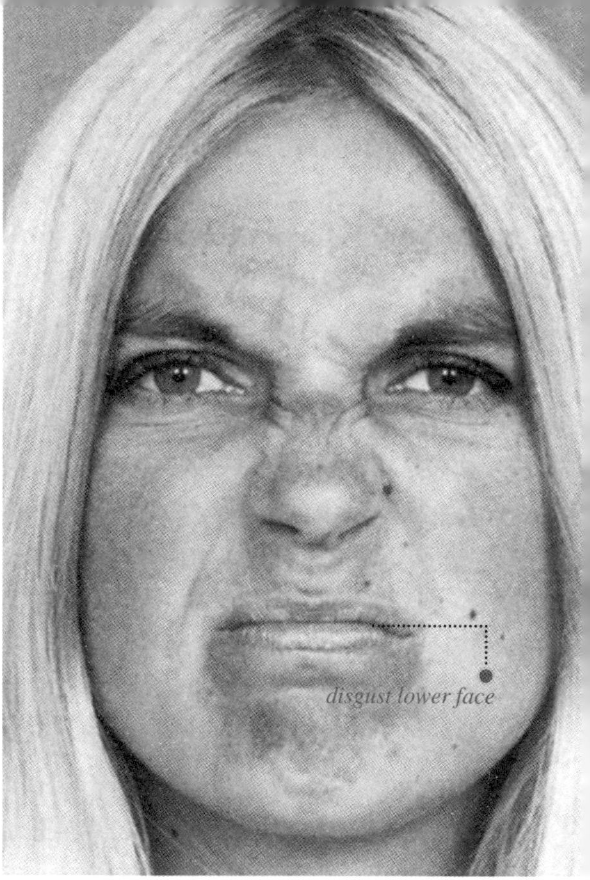

第5章

离我远点，真恶心！

识别厌恶的面部表情

餐桌上的人围着一盘生鱼片开怀大吃，你大惑不解，为什么他们能吃得下这么恶心的东西？是否有一种东西，会让所有人都感到厌恶？导致纳粹大屠杀的情绪是厌恶？一旦对一件事物产生了厌恶感，你便会与它势不两立！

男：你又来了！之前吵架的时候，不是已经说过好多次了吗？你为什么这么任性啊！

女：你到现在还是认为，这是我任性的问题？！

男：我们已经讨论过很多次了好吗？我就是想好好和你在一起，不闹别扭，你怎么变脸变得这么快啊！

女：你可不可以在说话之前，平静地想一下，这是我一个人的问题吗？我在你眼里，就是一个不懂事的任性女孩？

两个人的表现，无论是言语观点，还是可以想见的脸部表情，都是经典的厌恶。在这个情境里，可以说是厌烦和看不上。

厌恶的本质就是否定，是行为人对刺激源的否定评估。当行为人认为刺激源还不足以伤害他的时候，厌恶情绪就会油然而生。此时，当事人往往认为自己是有道理的，自己是对的、好的、优秀的，而刺激源则站在自己的对立面，是不讲理的、错的、坏的。这种“自上而下的否定”，就会激发厌恶情绪及其表现。

如果当事人认为彼此差距很大，如“我百分之百正确，你肯定是错的”，厌恶的级别就属于轻蔑，当事人不屑做出任何举动去干涉刺激源。如果当事人认为彼此的差距较小，如“这书我读了5遍，你读了4遍怎么可能比我懂”，这样的厌恶情绪会更接近愤怒，很容易被激发出“生气”的进攻欲。

让人避而远之的恶心情绪

厌恶是一种反感，导致厌恶的原因多种多样：比如吃到什么不对味的东西，或者只是想象一下吃到了令人反胃的东西，都会产生厌恶感；如果一种气味令人掩鼻或者让人避而远之，哪怕只是想象一下，也会让人大倒胃口；如果你看见一样东西，觉得肯定很难吃或者难闻，也会觉得恶心；如果听见的声音令你想起一件可恶的事情，你也会感到厌恶；如果摸到什么东西，手感令人相当不适，比如黏糊糊的，也会令人生厌。

让你恶心的味道、气味和触感，别人可不一定厌恶。**某个东西在一种文化中令人反感，放到另一种文化中却可能是极其诱人的。**食物就是最好的例子，比如狗肉、牛睾丸、生鱼、小牛脑，这些东西不是人人都喜欢吃的。即便在同一种文化熏陶下，对于“什么东西才算恶心”这个问题，也是众说纷纭的。在美国，有些人爱生吃牡蛎，而有些人看见别人生吃牡蛎就受不了。小至一个家庭，也会众口难调，孩子们可能起先觉得某些食物很难吃，但过一段时间又爱不释口。

一旦产生厌恶感，自然的反应会是“赶紧让这个恶心的东西消失”，或是“能跑多远就跑多远”，宗旨是绝不与它共存。如果厌恶到了极致并无法自控，最原始的反应就是恶心和呕吐，这种反应的诱因可能是吃到了恶心的食物，也可能是看到或闻到的东西令人不适。当然了，不一定非得感到厌恶才会恶心和呕吐，同样，厌恶的时候也不一定会恶心呕吐。

能让人厌恶的不光是味道、气味和触感，也不仅是想到、看到或听到令人不快的事物，还包括别人的行为、外貌甚至想法。人们的外貌可能会令人不适，对观看者而言是一种折磨。如果一个人畸形、残疾或者丑陋，那么有些人就会感到厌恶；伤员的伤口露出来了，可能也会令观者不适；有些人见不得血，观看手术过程也会有厌恶感。有些人的行为也会令人厌恶，比如虐待小猫小狗，又比如性变态行为。如果你觉得某人人生观扭曲，待人接物不得体，也可能心生厌恶。

厌恶的程度有高有低，高至恶心呕吐，低到略微反感，或者有转身离开的冲动。对某事物略微反感时，虽然有避而远之或将其铲除的冲动，却未必会付诸行动，但是反感情绪还是客观存在的。比方说，你去做客，主人做了一道菜，你闻起来觉得怪怪的，就会稍微有一点厌恶的感觉，但还是会硬着头皮尝一下。又比如说，某人有很重的体臭，可能会让你有点厌恶，因而你可能不太乐意跟他打交道，但是实在躲不开的时候也会勉强一下自己。再比如说，你听见朋友在管教他的孩子，他的管教方式你不大认同，就可能略感厌恶，但还不至于影响你们之间的友谊，你多半还会一如既往地与之交往。

厌恶的衍生与伴生情绪

轻蔑是厌恶的近亲，但又有所不同。轻蔑只针对人或行为，不会针对味道、气味或触感。不小心踩了狗屎，你会觉得恶心，却肯

定不会有轻蔑感；一想到吃小牛脑，你可能会有厌恶感，但不会感到轻蔑。不过，你可能会蔑视那些吃这类恶心食物的人，因为轻蔑这种情绪包含了一种高高在上的态度，一般会自我感觉在道德方面高人一等。他们虽然令你不齿，你也不一定会躲得远远的，但如果他们令你厌恶，你可能就会跑开了。鄙视则是轻蔑的一个变种，因为他人的失败而加以嘲弄，可能还会加入一些幽默的成分，以取悦自己，并伤害被鄙视的一方。

厌恶或轻蔑的感受往往伴随着愤怒的情绪，某个令人生厌的人有可能让你怒上心头。比方说，派对上有人喝多了，开始酒后失态，他老婆可能就会觉得既厌恶又生气，气的就是他令人生厌。如果有人猥亵幼童，也会令人既厌恶又愤怒，厌恶是因为他的行为，愤怒则是因为他的不道德。

如果别人的行为只令你觉得厌恶，而没有愤怒的感觉，那往往是因为他们的行为没有威胁到你的安全，因而你的反应只是避而远之，而非自我保护乃至愤而攻之。厌恶也往往用于掩饰愤怒，因为社会有时候是不允许表达愤怒的。

而与之矛盾的是，我们情愿惹人生气，也不愿被人厌恶。如果你举止令人生厌，则既可能让人厌恶，也可能令人愤怒，至于会引发这两种情绪中的哪一种，既取决于对方情绪的强烈程度，也取决于对方是“对事不对人”还是“对人不对事”。

能与厌恶混合的情绪不只愤怒，还有惊讶、恐惧、悲伤和快乐，后面会逐一进行讨论和展示。对于厌恶感，人们也可能乐在其中，但这种现象实在不多见。有些人甚至特意去寻找一种恶心的气味或口感，来享受这种被恶心到的感觉，并从中获得乐趣。

在许多文化中，孩子们如果对某些令人厌恶的事情产生兴趣，大人们是会进行阻止的，孩子们因此在这方面被调教得有羞耻心。至于那些能从厌恶中体会到乐趣的成年人，则可能不会让别人知道自己的这个癖好，也可能对自己的变态行径心怀愧疚，还可能压根就没意识到自己有这种癖好。

比起享受厌恶感来说，更常见的情况还是享受蔑视他人的感觉，社会习俗对此也更能接受一些。某些人内心充满了轻蔑，往往是因为他们位高权重、受人敬仰，轻蔑甚至成了他们最主要的人际交往风格，任何能让他们俯视的人都会感受到这种轻蔑。他们傲慢自大、自以为是、自觉高人一等，以为自己站在世界之巅俯视苍生，并享受这种崇高的地位。

当然了，很多人并不喜欢轻蔑感，认为这种自大的情绪是很危险的。还有些人受不了厌恶感，觉得这种感觉实在太要命，哪怕只是一点点的厌恶感，就会让他们作呕不已。

厌恶时的微表情变化

厌恶下面部：嘴唇与脸颊上抬

图 22 中，帕特丽夏展示了上抬的上唇（箭头 1），这个动作导致鼻尖的外观发生了变化。上唇的动作可能伴有鼻梁及其两侧出现褶皱(箭头 2),也可能没有；厌恶感越强烈,就越可能出现这种皱纹。下唇可能也会上抬并稍向前推（箭头 3），或者下压并稍向前推（箭头 4)。脸颊上抬，使得下眼皮的外观改变，眼睛变小，其下方出现很多褶皱（箭头 5)。尽管厌恶时眉毛一般会下压，但这一点并不是很重要。

图 22 中帕特丽夏的眉毛和上眼皮其实是从一张常态表情中复制过来的，却也表现出了厌恶，图 23 的眉毛则是下压的。我们来比较一下图 22 和图 23,你会发现图 23 的厌恶表情似乎更完整一些，也稍微强烈一点，不过区别并不是很大。

图 23 的表情可以用来作为厌恶象征，指示令人厌恶的东西，

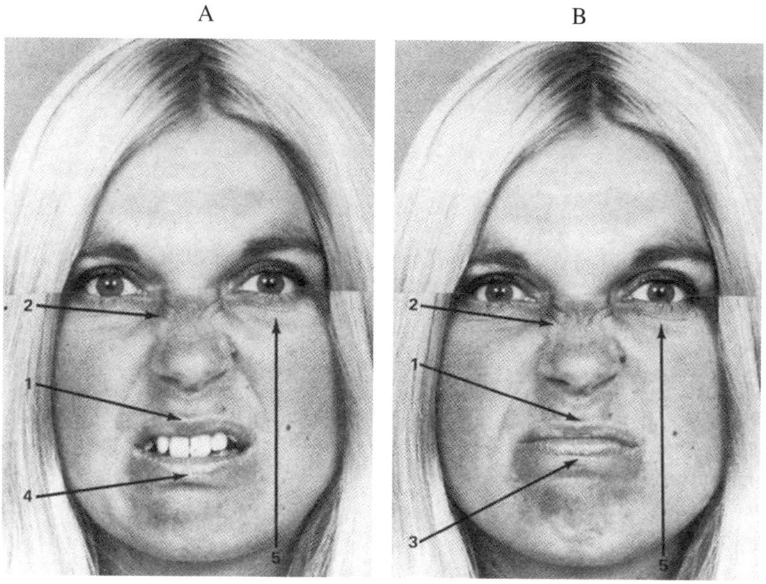

厌恶：上唇抬起，下唇可能抬起并向前推，脸颊上抬。

图 22

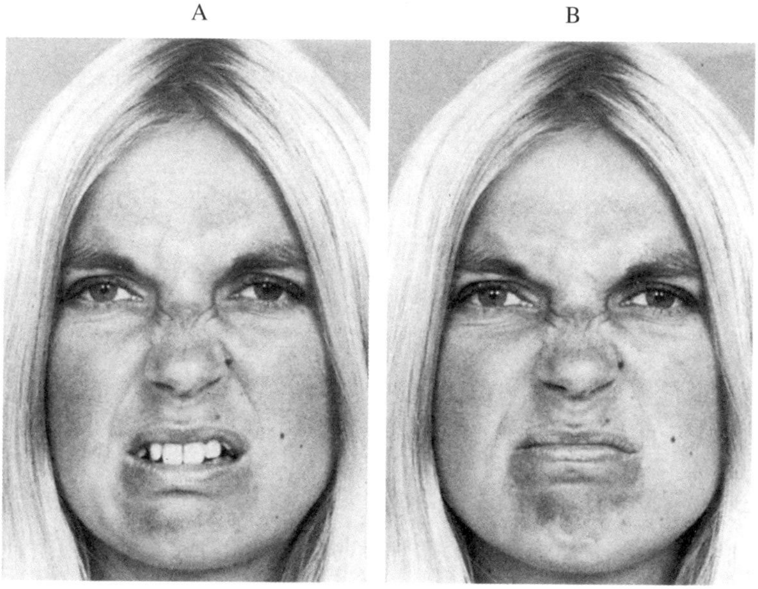

厌恶象征：并不是真的感到厌恶。

图 23

但是当事人的脸上出现这个表情的时候内心并没有厌恶感。比如，帕特丽夏说“我上周来这家餐馆吃饭的时候看见了一只蟑螂”，说话的同时使用了象征性厌恶表情来配合言语，但很明显她说话的时候早已停止厌恶了。她可能会快速地皱一下鼻子，并微微抬一下脸颊和上唇，也可能只抬上唇，而不皱鼻子。帕特丽夏的表情其实是情绪象征，而非真实的情绪表情，她做出情绪象征的时候，内心并没有相应的情绪感受，也不希望旁观者误以为她有。

有两条线索可以帮助我们判断出表情的真假：

> 一是面部只有部分区域有所动作，要么是皱鼻子、抬脸颊并微抬上唇，要么是只抬上唇而不皱鼻子；
>
> 二是这个表情一闪而过，而不会持续几秒。

如果是模拟表情的话，可能会像图 23 那样完整，但一般持续时间都会格外长，其实只是表演而已。

有一种较少见的情况，有人把皱鼻子或者抬上唇的动作作为口语标点，来强调某个字或某个词。之前我们提到过，有些人将快速抬一次惊讶眉或者快速眨一下惊讶眼作为口语标点；后面我们会看到，还有些人会用下压并互挤的愤怒眉或是上扬并互挤的悲伤眉来作为口语标点。这些都是用面部动作取代了手部动作，从而起到强调某个字或某个词的效果。

我们不大清楚，为什么有的人喜欢用表情来强调言语，而不用手部动作；或者明明手部动作能达到的效果，却还要再配上表情来完成。我们也不太清楚，使用惊讶眉、厌恶鼻或悲伤眉等某种特定的口语标点，是否有什么心理学上的意味。也许这会折射出一个人的性格；也许这只是在不自觉地模仿什么人，而那人曾出现在他幼时语言学习期，比如父母；也可能神经解剖学特征才是决定因素。

从微表情看厌恶的升级

厌恶的程度有轻有重，从轻微到极度都可能。轻微厌恶时，皱鼻子的程度会轻一些，抬上唇的动作也不像图 23 那么明显。厌恶感更强一些的时候，皱鼻子和抬上唇的幅度都会比图 23 的更大，鼻唇沟（从鼻孔至唇角的皱纹）会变得更深更明显。极度厌恶时，舌头可能会前伸，甚至有可能真的从嘴里伸出来。

轻蔑表情

轻蔑可以用闭合型厌恶嘴的一个变种来表达，图 24 展示了 3 种轻蔑表情。图 24A 中，约翰展示了单侧的轻蔑嘴，双唇轻轻压迫，一侧唇角上抬。图 24B 中帕特丽夏的表情本质上跟约翰的一样，只不过她的上唇有一侧上抬，导致牙齿露了出来，从而为表情增添了一点鄙视和嘲讽的味道。图 24C 中，帕特丽夏展示的轻蔑则要轻微一些，上唇的一侧有上抬，但是不明显。

图 25 的表情则是轻蔑与厌恶的感情皆有包含。轻蔑表现在嘴角紧张并轻微上抬，双唇相互挤压。这一点很像图 24A 中约翰的表情，只不过这个表情是双侧的，嘴角两侧都是紧张的。图 25 中厌恶的元素来自略微向前上方伸出的下唇，以及略微皱起的鼻子。将图 25 与图 23B 的下唇进行对比，就会发现相似度很高。

A

双唇轻轻压迫，一侧唇角上抬，表示轻蔑。

B

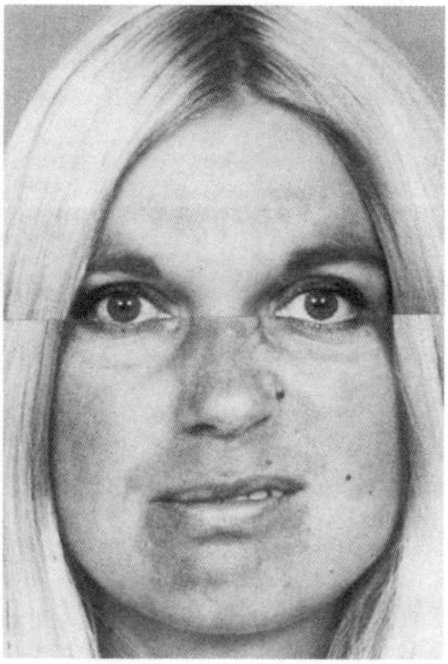

上唇一侧上抬，牙齿露出。鄙视、嘲讽的轻蔑。

C

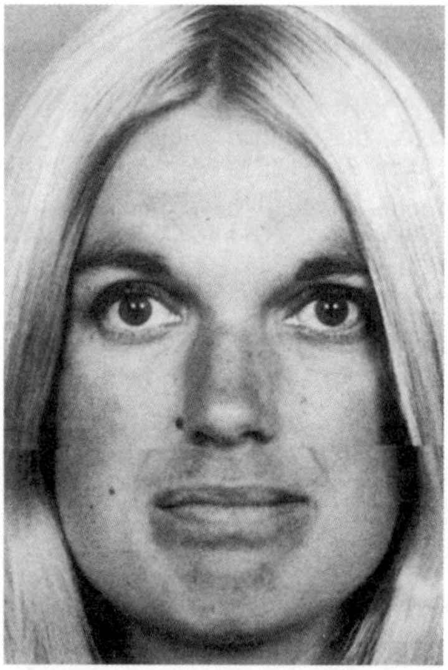

上唇一侧上抬，但不明显。表示轻微的轻蔑。

图 24

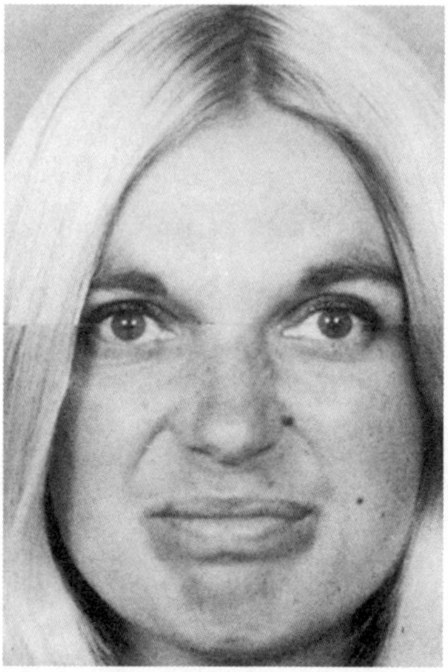

嘴角紧张并轻微上抬，双唇相互挤压。表示带有轻蔑的厌恶。

图 25

厌恶的混合表情

厌恶 – 惊讶混合

厌恶可以与惊讶混合。图26展示了全区厌恶（图26A）和惊讶（图26B）以及厌恶 – 惊讶混合（图26C）。混合表情中厌恶体现在下面部和下眼皮，而惊讶则体现在眉毛前额区以及上眼皮。出现这个表情，可能是因为帕特丽夏被什么意外的东西恶心到了，而惊讶的情绪还未完全消失。图26C可能并非真正的厌恶 – 惊讶混合，而是用惊讶眉来加强厌恶的表情象征。你可以试想一下，图26A的画外音是帕特丽夏发出一声“恶心”的感叹，而图26C的画外音则可能是“天哪，太恶心了”。

另一个表情也可以融合厌恶和惊讶的元素，但传递的却不是这两种情绪的混合，而是一个全新的信息。

图27展示了惊讶眉和前额、厌恶下面部（包括下眼皮），其中帕特丽夏的表情还包括上眼皮下压，而嘴则是从图25截取过来的轻蔑与厌恶的混合嘴。约翰则展示了之前没见过的厌恶下面部：上唇和脸颊都上抬，鼻子略皱，下唇上抬并有略微前推的动作，眉毛没有下压。这一套下面部表情其实是图22B中帕特丽夏下面部表情的一个变种。

图27中的两个表情表达的都是怀疑，请将此图与图4B进行比较。图4B展示了惊讶眉，而其他区域则是常态的，整体的表意是质疑。如果像图27那样加入厌恶嘴，表达的意思就成了怀疑和不信任，这样的表情还往往会伴随着反复的摇头动作。

A

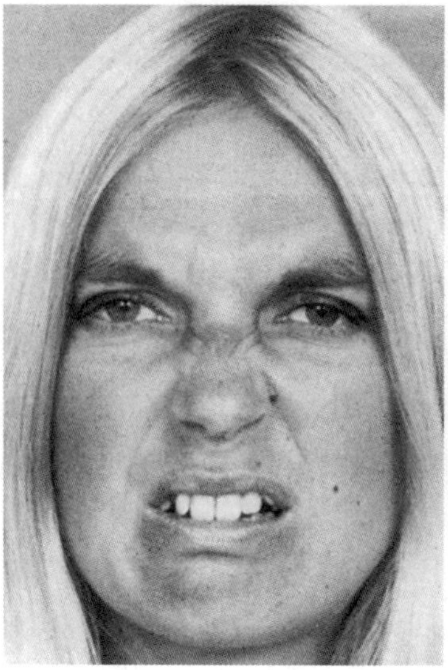

全区域厌恶

B

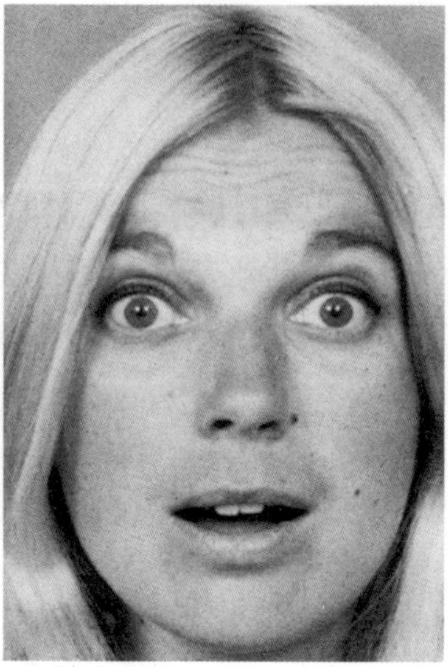

全区域惊讶

C

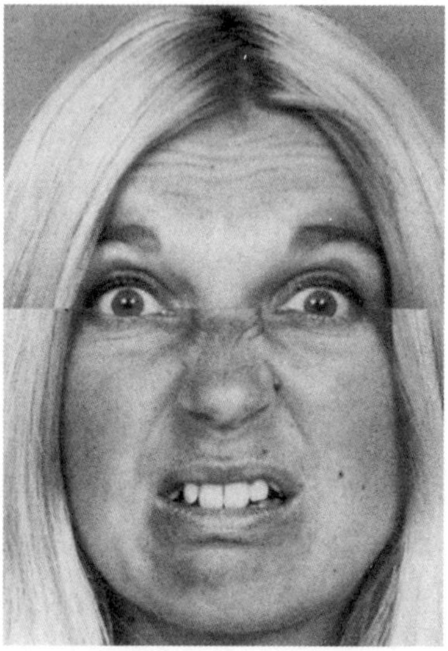

用惊讶眉加强厌恶的表情象征

图 26

A　　　　　　　　B

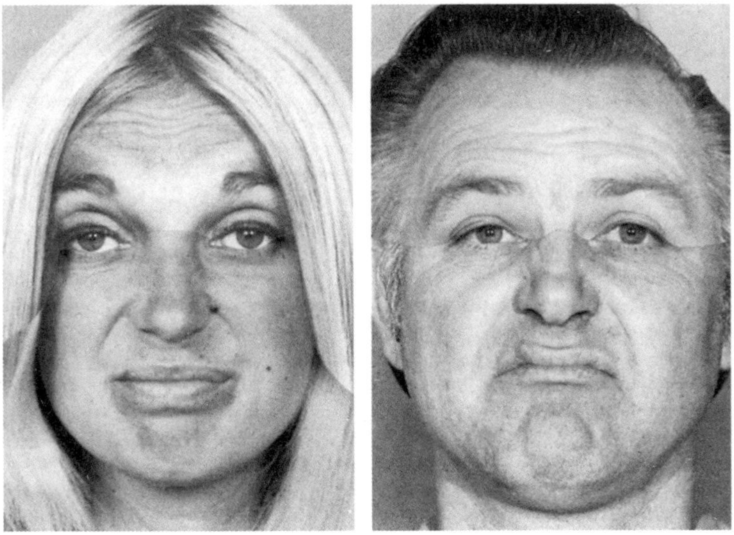

上眼皮下压＋轻蔑与厌恶的混合嘴。表示怀疑。

上唇和脸颊上抬，鼻子微皱，下唇上抬并有前推的动作。表示怀疑。

图 27

厌恶－恐惧混合

厌恶也可以跟恐惧混合。图 28 中，约翰展示了恐惧（见图 28A）、厌恶（见图 28B）以及厌恶－恐惧混合（见图 28C）。混合表情中厌恶表现在下面部和下眼皮，恐惧在眉毛、前额及上眼皮，表示惧怕某种令人厌恶的东西。

最常见的情况是厌恶－愤怒混合，下一章将会进行这方面的展示。至于厌恶－快乐、厌恶－悲伤混合，也会在后面的相关章节进行展示。

A

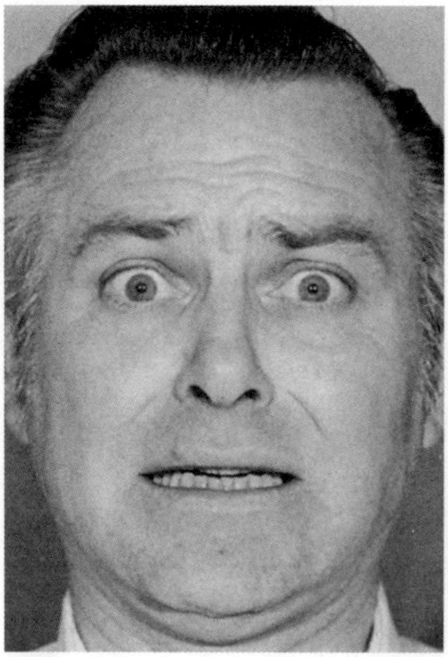

恐惧

B

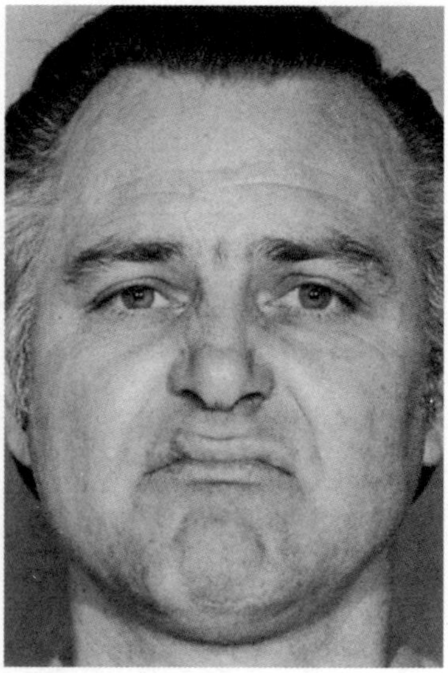

厌恶

C

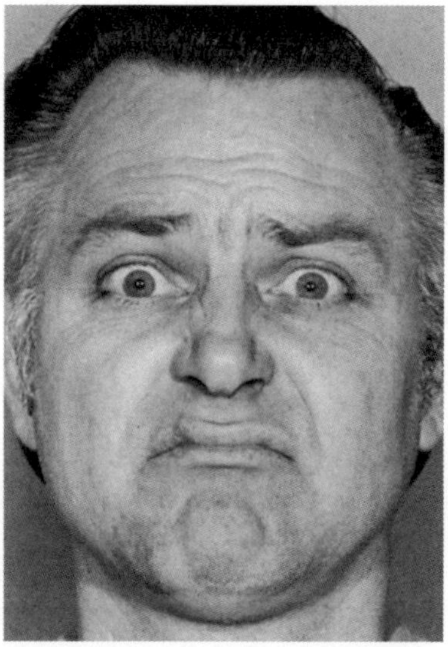

厌恶下面部 + 厌恶下眼皮 + 恐惧眉 + 恐惧上眼皮。惧怕某种让人恶心的事物。

图 28

复 习

厌恶主要表现在下面部和下眼皮（见图 29）。

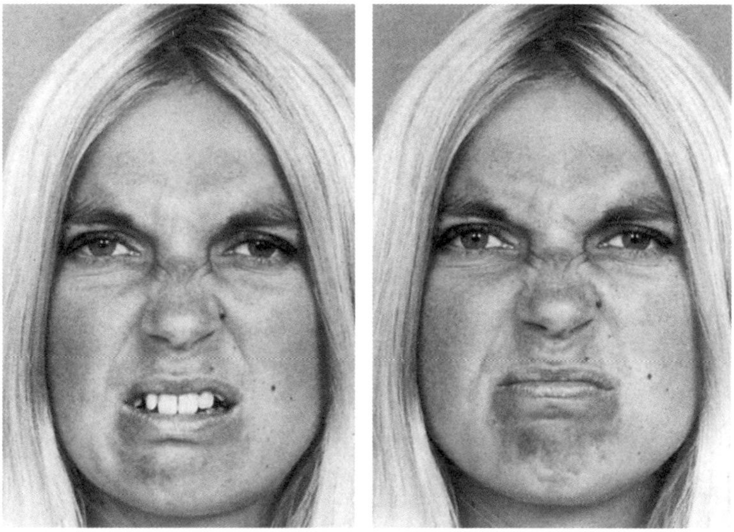

图 29

- 上唇上抬；
- 下唇上抬并向上唇靠拢，或是下压并略微前凸；
- 皱鼻子；
- 脸颊上抬；
- 下眼皮向上顶，但是不发紧，其下方出现皱纹；
- 眉毛下压，导致上眼皮下压。

表情制作

对于厌恶表情，我们无法像之前制作恐惧和惊讶的表情那样，用改变面部某个区域的方法来得到不同的变种，因为厌恶所牵涉的是多个区域的肌肉协同动作。

抬上唇所动用的肌肉群同时也会抬升脸颊，并使眼皮下方的皮肤鼓起并发生褶皱。因此，如果你把 271 页的 B 部分放入图 29 中的对应位置，所得到的表情是不符合解剖学原理的。根据图 29 中嘴部区域的状况，B 部分中的眼睛不该是那个样子的。

皱鼻子时需要动用的肌肉群也会同时抬升脸颊以及略微抬升下唇，还会使眼皮下方的皮肤鼓起并发生褶皱。因此，如果你把 D 部分放入图 29 中的对应位置，所得到的表情也是不符合解剖学原理的。如果按照图 29 中鼻子的褶皱程度，上唇就必然会上抬，鼻尖的状态也会改变。

眉毛下压所需要动用的肌肉群也会同时使上眼皮下压，从而令眼睛变小。因此，如果你将 A 部分放入图 29 中的对应位置，所得到的表情是很怪异的，因为你明明已经将下压的眉毛换掉了，眼皮却还是下压的。

饱满的厌恶会引发皱眉+眼睑闭合+上嘴唇提升的动作组合。如果社交情境没有限制，这些特征可以毫无拘束地表现出来。但是在要紧的社交情境中，往往不能随意表达内心的厌恶，因为这样会让人觉得“很无礼”。所以，一旦情绪表达受到限制，这些饱满的厌恶表情形态就无法最大程度表现出来，行为人会采取减幅减态的原则来克制自己的情绪流露，尽管这个过程行为人自己不会意识到。

所以，厌恶的微表情特征会集中在眼睑闭合或者上嘴唇提升两个方面。眼睑的轻微闭合会取代皱眉+眼睑闭合，看起来就像当事人在眯着眼睛看东西一样，但这种没有眉毛配合的单独眼睑动作，如果配合了持续用视线盯着刺激源，可以在一定程度上表示厌恶情绪的产生。另外一些社交情境中，眉毛和眼睛可以不动，但上嘴唇会若有若无地轻微提升，这就是常见的轻蔑表情。

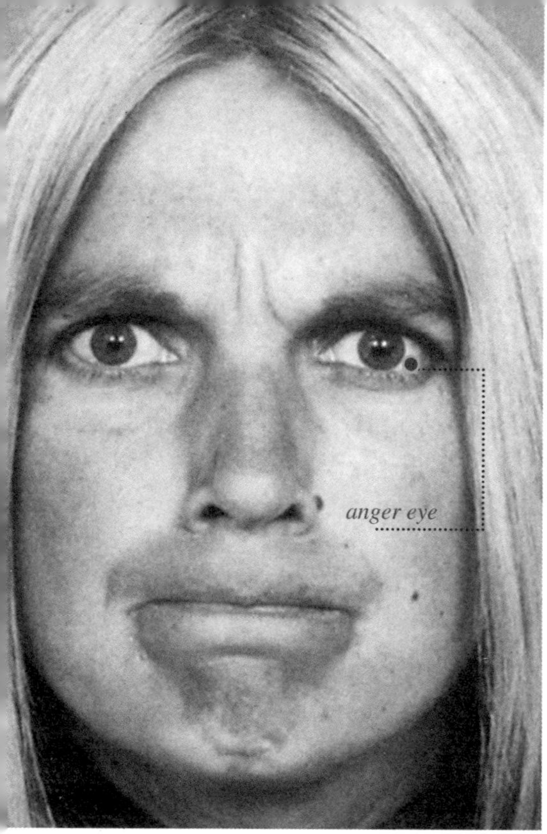

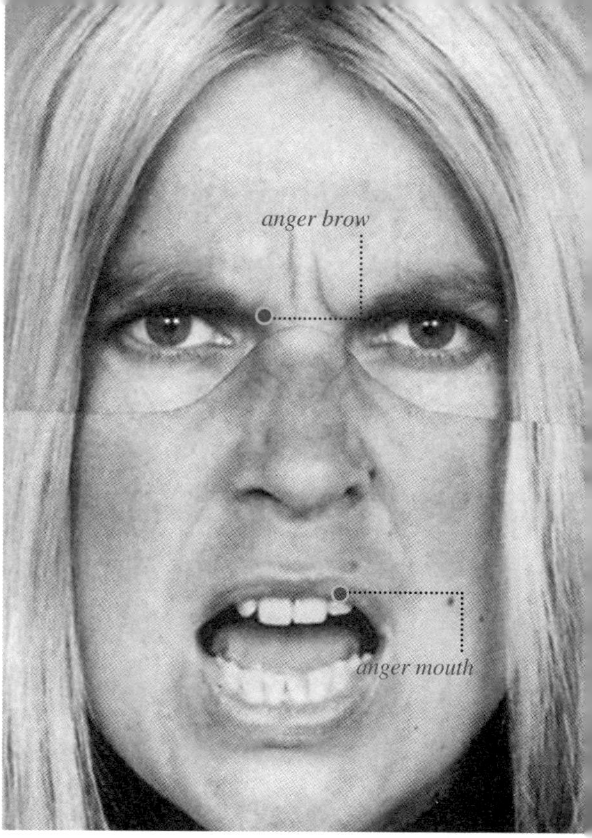

第6章

难以掌控的危险情绪

识别愤怒的面部表情

你追求她，她却嘲笑你自不量力，你是否感到内心燃起的熊熊怒火？夫妻床头吵架床尾和，愤怒真的来也匆匆去也匆匆？为什么英国人比其他人更容易动怒？看似极端的愤怒同样是一种极易“相处”的情绪，它可以与任何情绪一起出现。

女：你可不可以在说话之前，平静地想一下，这是我一个人的问题吗？我在你眼里，就是一个不懂事的任性女孩？

男：那为什么如此反复无常？明明昨天还好好的。

女沉默片刻：唉！还是家伟懂我。这一个多月，我一直和家伟在电话里聊我们的事。

男：家伟？！又是他，他已经抛弃你了，现在又回来挑拨，他有什么资格对我们品头论足？

女：你想错了，他没有挑拨我们之间的关系。是我主动打给他的，我跟他聊我们在一起开心的事，聊你的优点，聊我的困惑，他一直在劝我和开导我。根本就不是你想的那样，只是我觉得他更懂我，更懂我的感受。

男：我就知道，你这样反复无常的态度和心情，一定是有原因的。原来那个混蛋又出现了。

说到最后一句的时候，男生握紧了拳头，向女孩疯狂地挥动几下，声音也变成了怒吼。所有的表现都意味着愤怒情绪的出现。愤怒的本质意义，是男孩因为感到自己的利益受到了威胁，希望通过进攻的方式消灭刺激源。在这个故事中，男孩认为刺激源是“家伟”的出现。

换言之，如果男孩认为刺激源不足以伤害自己的利益时，尽管会让人不悦，但也不值得采取进攻行为；但当刺激源很可能伤害自身利益，且如果不进行干预，就必会受损时，大脑会调动愤怒情绪指挥进攻行为。

在进攻时，愤怒的面孔会皱眉，表达强有力的关注；瞪大眼睛捕捉所有视觉信息；同时调动好进攻的武器，如咬牙切齿、呼吸急促、肌肉绷紧等。

愤怒是最危险的情绪，因为感到愤怒时多半会蓄意伤人。某人爆发怒火时，你可能会责怪他自控能力差，但如果清楚其境遇，你就会谅解他的所作所为。而如果有人并未被激怒，却毫无征兆地突然发动攻击，你多半会觉得他莫名其妙或者精神出毛病了。愤怒感多少都会导致情绪失控，如果有人说他当时正在气头上，听上去就像是在解释他为什么做了些没经过大脑的事情，比如“我知道我不该那样说他打他，但我当时实在是怒不可遏，完全无法思考”。孩子们会被特别叮嘱，不管多么生气，也绝对不要跟父母或是其他成年人动手，甚至是把愤怒埋在心里，而不要让别人看见。不过男孩和女孩的训导方式往往不太一样，人们通常教导女孩，对任何人都不要表露出愤怒，而男孩则可以在被同龄人激怒的时候尽情释放。成年人处理愤怒情绪的方式，会因自身的特色而被人记住，比如“慢慢发作”“暴脾气”“火爆性子”“头脑发热”和“冷静”等。

引发愤怒的导火索

很多方式都能引发愤怒。

第一种诱因是行为或追求受阻会产生挫折感，从而引发愤怒。

这种挫折感可能很具体，比如你参与的任务失败；也可能比较宏观，比如人生看不到方向和希望。如果认定阻挠者是有意为之、有失公允或者不怀好意的，你就更可能产生愤怒情绪，而且会更强烈。如果知道他是故意为之，或者根本没把你放在眼里，而非像你假设的那样是出于无奈，那样很容易怒火攻心。阻挠者不一定是人，你可能会对着一个物体或者一种自然现象生气，就因为它妨碍了你。当然，生这样的气，你可能会略感尴尬或者觉得师出无名。

因受阻而愤怒时，我们可能会试图消除阻碍，方式是言语攻击甚至是直接动手。当然了，对方可能软硬不吃，动起手来我们可能又不是对手，不过该怒的还是会怒，该攻击的还是会攻击，比如诅咒他、殴打他。我们也可能间接表达愤怒，比如趁对方不在跟前的时候咆哮诅咒，这样不会被对方还击；还可能象征性地表达愤怒，比如找一个能代表对方的信物来暴打一顿，或者找个软柿子做替罪羊来出气。

第二种主要诱因是人身威胁。如果对方微不足道，明显没能力伤害到你，你多半只会嗤之以鼻，而不会怒不可遏；而如果对方明显比你强悍得多，你感受到的很可能是恐惧而非愤怒；即便是同级别的较量，你也很可能是怒惧交加。如果愤怒是因人身威胁而起，之后的行动可能是主动进攻，大干一架；也可能是口头警告，虚张声势；还可能干脆明哲保身，溜之大吉。如果是溜走了，则很可能是害怕了，但害怕的同时仍可能夹杂着难以熄灭的怒火。

第三种诱因则是精神伤害。尽管没有肉体伤害，侮辱、拒绝或者任何无视你感受的举动，都可能令你感到愤怒，但前提是，你必须多少有点在意对方的想法。如果被一个你根本无所谓的人侮辱，或是被一个你并不想与之交往的人拒绝，最多会让你有点轻蔑或是惊讶而已。

如果是另一个极端，伤害你的人是你深深关爱的，你可能感到的只是悲伤或者悲愤交加。有时你实在是太在意对方了，无法对其发火或者迁怒于人，只好从自己身上找原因，找到之后也只会自责，而不会愤怒。换言之，你生的是自己的气，而不是对方的。如果对方是无心之过，或是无奈之举，你可能不大会有火气；而如果是故意为之，则很可能令你生气。这和之前讨论过的受挫感是一样的情况。

第四种诱因则是看见别人干了令你极其不齿的事情。如果有人对待别人的方式在你看来很不道德，即便事不关己，你也可能感到愤怒。比如看到一个大人在惩罚一个孩子，方式太过严苛，你可能就会来气了；而如果你的风格就是严苛，那么看见别人对孩子的教育方式太宽松，也可能会生气。再比如说，如果你坚信结发夫妻应当白头偕老，那么看到有人抛弃妻子或是被妻子抛弃，就会感到气愤。若你富甲天下，看见社会上有弱势群体受到剥削，或者看到政府纵容铺张浪费，同样可能义愤填膺。我们管这种道义上的愤怒者叫自以为是，不过一般只是在见解不同时才这么称呼他。由他人的苦难和自己道德标准被践踏所引发的愤怒，是促成社会行为和政治行动的重要动力；再加上些别的因素，就有可能激励人们改变社会，方式可能是社会改革、祈祷、暗杀甚至恐怖行动。另外还有两种诱因，与之前讨论过的四种虽有一定联系，重要性却不能与它们相提并论。

第一种，如果有人无法达到你的期望，哪怕事不关己，你也可能会感到气愤。最常见的就是家长对孩子的气愤。孩子不听话，未能达到家长的预期，于是家长失去了耐心，恼火不已。但恼的可能不是孩子不听话让自己伤心，而是他未能达到预期。

第二种，则是有人在生你的气。有些人就爱以牙还牙，性格使然。而如果那人生气并没什么明显的道理，或者在你看来根本就是无理取闹，那你的火气可能更大。可见，你俩对于愤怒的理由持有不同看法也可以让你愤怒起来。

上面列出的这些只不过是无数愤怒诱因中的沧海一粟，根据个人生活的具体情况，任何事情都能成为愤怒的理由。

怒火攻心，剑拔弩张！

愤怒的感受往往包括某些特定的感觉，达尔文在解释愤怒的生理学原理时，引用了莎士比亚的一番话：

> 可是一旦我们的耳边响起了战号的召唤，我们效法的是饥虎怒豹；叫筋脉愤张，叫血气直冲，叫双眼圆睁。咬紧牙关，张大你的鼻孔，屏住气息，把根根神经像弓弦般拉到顶点！冲呀，冲呀，你们是最高贵的英国人。
>
> （《亨利五世》第3幕第1场）

可见，愤怒时血压升高，可能面部通红，还可能额头和脖子上青筋暴起；呼吸产生变化，身体可能挺得更直，肌肉紧绷，可能还会向侵犯者略微靠近一点。

如果是勃然大怒或者暴怒，难免会有所动作，恨不得马上冲上去拳脚相向。尽管愤怒可能导致攻击和打斗，但也不是绝对的。狂怒之人可能只是在口头上表达自己的愤怒，比如咆哮、尖叫，或是较为自控，只是说一些不堪入耳的话，还可能更为自控，话语间丝毫不露怨气。

有些人则习惯性地将愤怒吞进肚里，最多只是开个玩笑损一下对方，甚至是自嘲。有一些理论认为，某些身体疾病的高发人，是那些不会表达愤怒、宁可自己生闷气也不愿对别人发火的人。这类人已经引起了大家的重视，有各种治疗或准治疗性质的公司，旨在教会人们如何表达愤怒，以及如何忍受他人的愤怒。

积攒愤怒，从懊恼到暴怒

愤怒的程度有很多种，从轻度的恼怒或厌烦到重度的暴怒或狂怒，应有尽有。愤怒可能会从恼怒开始慢慢积攒，也可能会突然就超过阈值而爆发了。人与人的区别不只在于诱因和愤怒之后的行为，还包括预备时间。有些人是火暴脾气，无论受的刺激多小，都不会慢慢累积，而是一碰就炸。

另外一些人则可能最多就是厌烦一下，无论受的刺激多大，也不会真的生气，至少自己心里没感觉。人们的区别还在于刺激过后会持续气愤多久，有的人生气说停就停，而有的人因为性格关系，长时间余怒未消，可能要好几小时才能冷静下来。会长时间愤怒的人如果还没来得及表示愤怒，刺激就停止了，愤怒的持续时间可能会更长。

“极易相处”的极端情绪

愤怒可以与任何一种情绪混合。我们已经讨论过一些特定的情况，会导致人们产生愤怒与恐惧、愤怒与悲伤或者愤怒与厌恶等混合情绪。除此之外，还会有愤怒与惊讶或是愤怒与快乐的混合，表情会展现出鄙夷或者沾沾自喜。

有些人以愤怒为乐，热衷于争端，充满敌意的争吵和对骂令他们兴奋而满足，有的甚至热衷于在一场殊死搏斗中互殴，两人如此交流之后，可能会变得更加亲密。有些夫妇总是床头打架床尾和，一场恶战过后又变得亲密无间了。有些性兴奋感会伴随着愤怒而出现，目前还不清楚这是人之常情还是专属于性虐待狂。当然了，很多人在愤怒感消失后都会如释重负，仅仅是因为愤怒过去了，或者是威胁解除、障碍消失了，和以愤怒为乐不是一回事。

除了热衷之外，对愤怒的态度还有很多种。许多人一旦生气，就会为自己感到难过，他们尽力不允许自己感到愤怒或表露愤怒，“永不生气”已然成了他们的人生哲学和毕生追求。还有的人害怕愤怒，当他们感到愤怒或表露愤怒时，会感到悲伤、羞耻或者厌恶自己。这部分人通常担心自己会遏制不住将愤怒诉诸暴力的冲动，这种担心可能不无道理，也可能是高估了自己的杀伤力。

愤怒时的表情变化

愤怒时，面部三个区域各有独特的变化，但只要有一个区域没发生变化，就无从判断是不是真的生气了。

愤怒眉：眉毛下压挤作一团，内角拉近

愤怒时，眉毛下压并挤作一团。图 30 A 是愤怒眉，B 是恐惧眉。在这两张照片中，眉毛的内角都相互拉近了，但愤怒眉是下压的，恐惧眉则是上扬的。愤怒眉可能向下倾斜，也可能是平直的。这个挤眉毛的动作通常会导致眉毛之间出现纵向的皱纹（箭头 1）。这时候额头上是不会有横向皱纹的，如果有的话，肯定是永久性的皱纹（箭头 2）。

A　　　　　　　　　　B

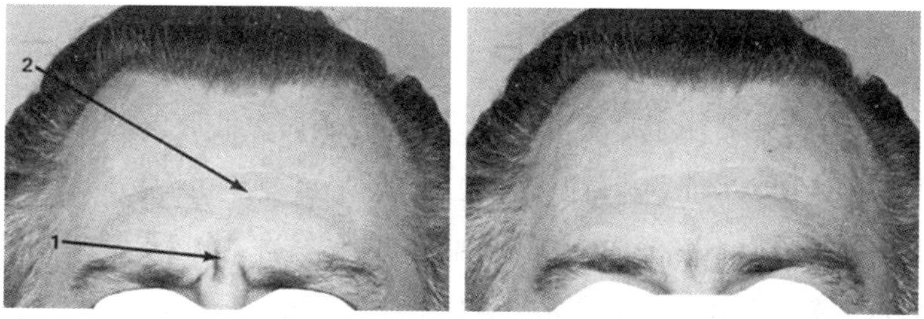

愤怒眉：眉毛下压，内角拉近。　　恐惧眉：眉毛上扬，内角拉近。

图 30

A　　B　　C

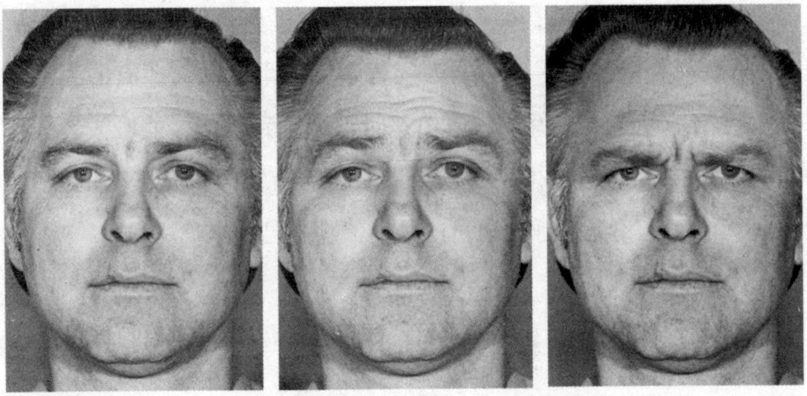

常态表情　　单独出现的恐惧眉，意味着担心、担忧。　　单独出现的愤怒眉，表示掩饰愤怒或严肃认真。

D　　E　　F

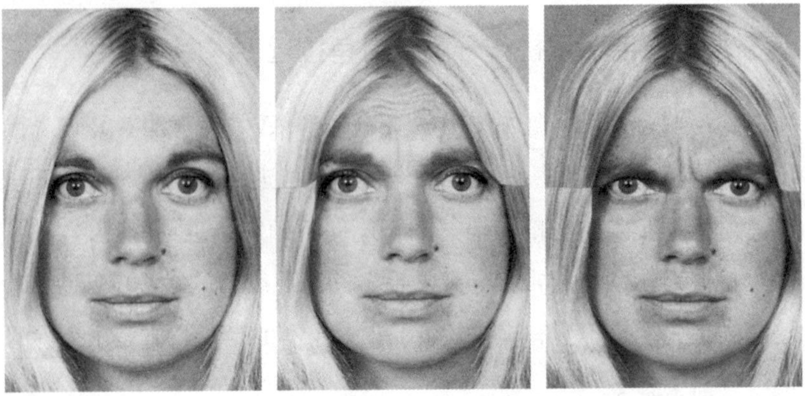

常态表情　　单独出现的恐惧眉，意味着担心、担忧。　　单独出现的愤怒眉，表示掩饰愤怒或严肃认真。

图 31

愤怒眉通常还伴随着愤怒眼和愤怒嘴，有时也可能单独出现。如果单独出现，可能意味着愤怒，也可能不是。图 31 是约翰和帕特丽夏的三组照片，C、F 展示的是单独出现的愤怒眉，作为参考，A、D 展示了常态表情，B、E 展示了单独出现的恐惧眉。右侧的表情明显意味着担心或者担忧，而左侧的单独出现愤怒眉则可能有以下的含义：

◆ 愤怒，但是正在尽力压制或者掩饰；
◆ 略微厌烦，或者是愤怒的初期；
◆ 严肃认真；
◆ 正专注于某事，心无旁骛；
◆ 如果这只是一个短暂的变化，愤怒眉瞬间出现然后又迅速复原，则可能是一种口语标点，用来强调某个字或词。

愤怒眼：眼皮紧张，眼神凝视，目光强硬

愤怒时，眼皮紧张，眼神凝视，目光强硬而有穿透性。图 32 中帕特丽夏和约翰展示了愤怒眼的两种类型，32A 的较小，32B 的较大。这四张照片中，下眼皮都是紧张的，不过图 32A 中的下眼皮比图 32B 的抬得更高一些。这两种类型的愤怒眼，上眼皮都是下压的。图 32 所示的愤怒眼或眼皮肯定会伴有眉毛的动作，因为眉毛下压才会向下挤压上眼皮，从而使眼睛变小。下眼皮可能紧张并上抬，强硬而专注的凝望也可能单独发生，但是表意就比较含糊了。

◆ 他是略有火气了吗?
◆ 他是在压制自己的怒火吗?
◆ 他无法集中精神吗?
◆ 他专心致志、心意已决、严肃认真吗?

即便如图 32 一般有眉毛前额区以及眼睛或眼皮区两个区域的动作，表意仍然含糊不清，上面列出的表意中的任何一种都有可能。

A　　　　B

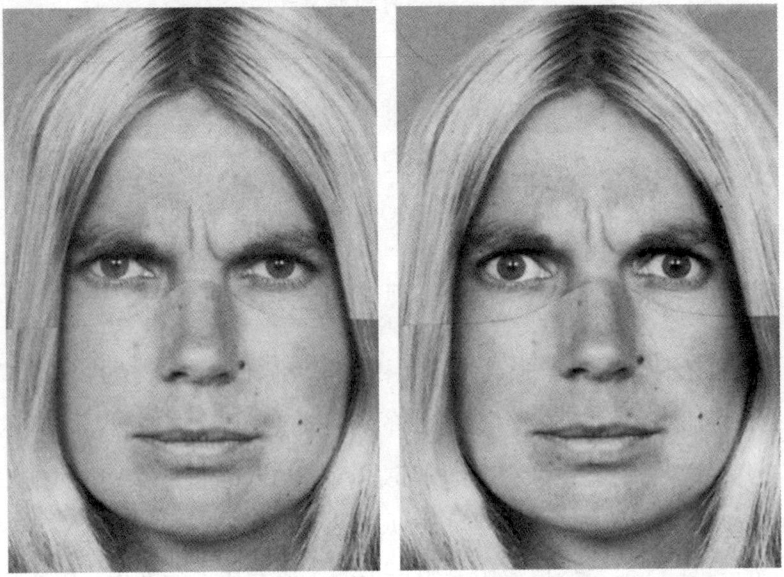

A　　　　B

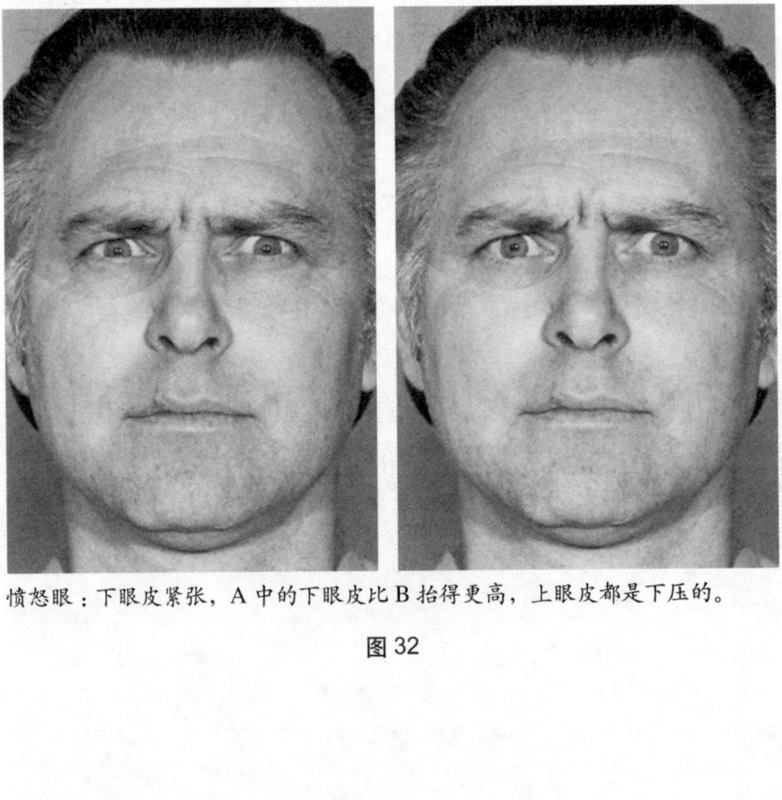

愤怒眼：下眼皮紧张，A 中的下眼皮比 B 抬得更高，上眼皮都是下压的。

图 32

愤怒嘴：用力紧抿或方形张开

愤怒嘴有两种基本类型。图 33 的 A 与 B，帕特丽夏展示了两种用力抿紧嘴唇的闭合型愤怒嘴，D 与 E 则是两个张开呈方形的开放型愤怒嘴。闭合型愤怒嘴出现在两种差别较大的情形中，一种是

A

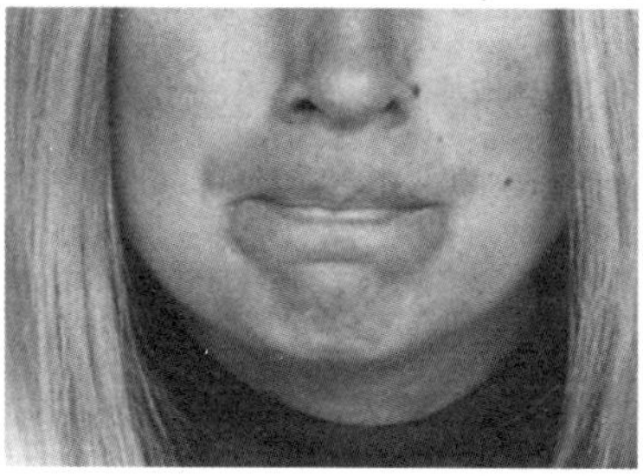

B

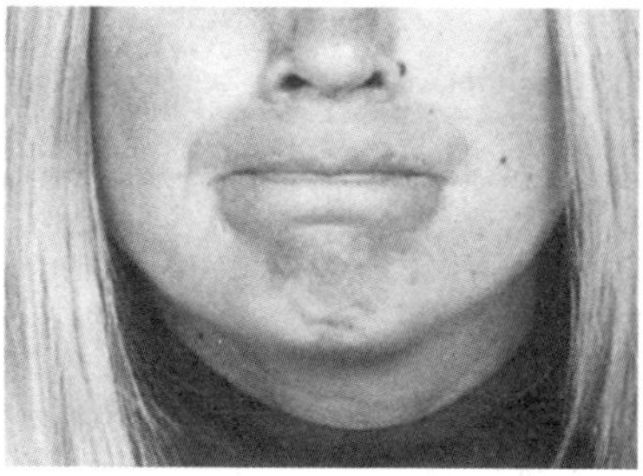

C

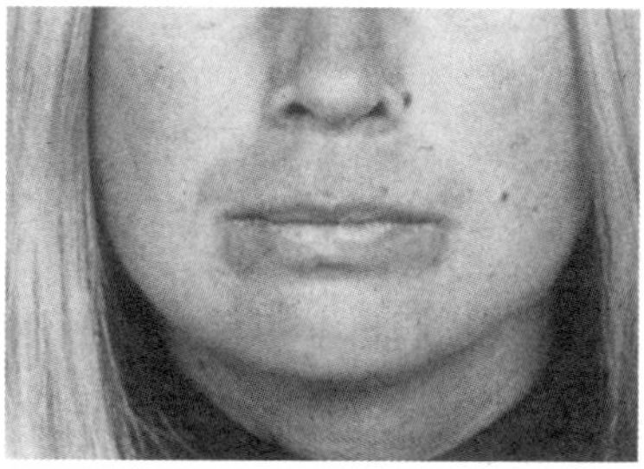

D

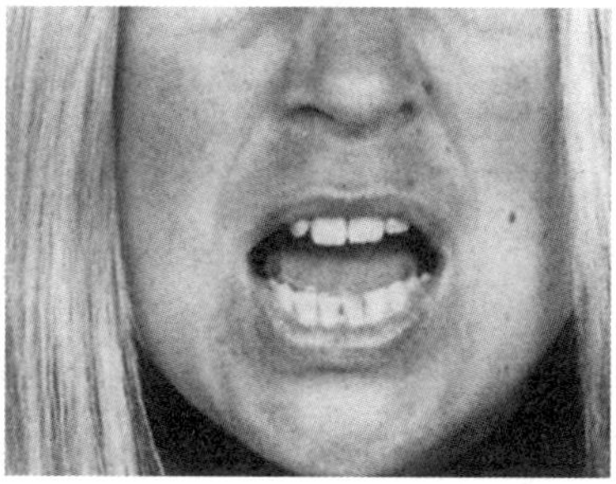

E

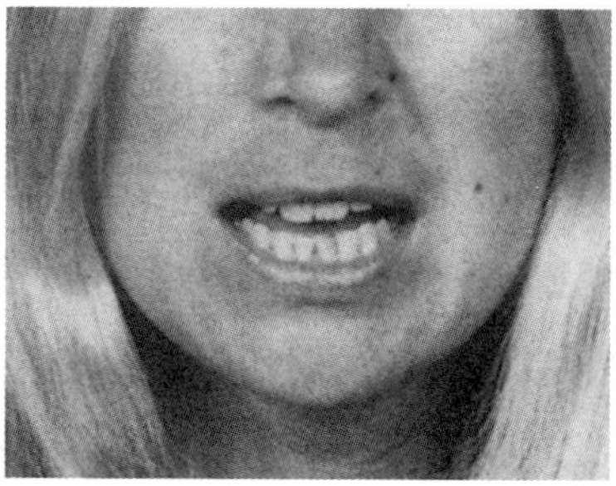

A、B、C 为用力抿紧嘴唇的闭合型愤怒嘴，表示在与人打斗或隐忍。D、E 为开放型愤怒嘴，当事人可能正在咆哮。

图 33

正在与人打斗，另一种则是努力紧闭双唇，以免咆哮或是说些难听的话。开放型愤怒嘴出现在说话的时候，当事人可能正在咆哮或者用言语表达愤怒。

这些类型的愤怒嘴一般都会与愤怒眼和愤怒眉同时出现，但也可以单独出现而其他区域没有动作，只不过会有如单独的愤怒眉或愤怒眼皮一般表意含糊。如果是单独出现，闭合型愤怒嘴可能表示轻度愤怒、压抑的愤怒、诸如举重等强体力活动或是集中精神。单独的开放型愤怒嘴表意同样含糊，可能是非愤怒性质的咆哮，比如看球赛时狂吼，也可能是为了发出某些语音。

双区愤怒

我们以图 32 为例说明，如果只有眉毛和眼皮两个区域显示了愤怒，表意是含糊的，换成愤怒嘴加愤怒眼皮，也是一样的情况。图 34 是两张拼合照片，都是由愤怒下面部和愤怒下眼皮配上常态的眉毛或前额，其表意可以是之前提到过的任意一种。愤怒必须同时在三个区域表达，哪怕少一个区域的动作，表意都是模糊的。就这点来说，愤怒的表情与我们目前讨论过的其他情绪表情都有所不同。只需见到相关的眉毛或眼睛动作，就足以确认惊讶；见到相关的眼睛或嘴巴动作，就足以确认恐惧；见到相关的嘴巴或眼睛动作，就足以确认厌恶。下面两章是关于悲伤和快乐的，这两种情绪只通过两个区域的动作就可以准确地表达。可见，愤怒是唯一例外的情绪，哪怕有两个区域的信号都不足以说明问题。不过，双区愤怒的含糊表意可以用别的方式来进行弥补，比如语气、姿态、手势、措辞，以及背景知识。如果出现图 34 或图 32 的表情时，帕特丽夏正在否认她有点厌烦，同时拳头攥得紧紧的，那你可能就能正确判断出她在生气；或者如果你知道有些话她不爱听，但还是跟她说了，然后她马上出现了图 34 或图 32 的表情，那么判断她在生气就没错了。有些人在压制怒气的时候，倾向于主要在脸上某一个区域表达愤怒，此时，大多数人看不透，而亲友们则可能心领神会，因为彼此太熟悉了。

A B

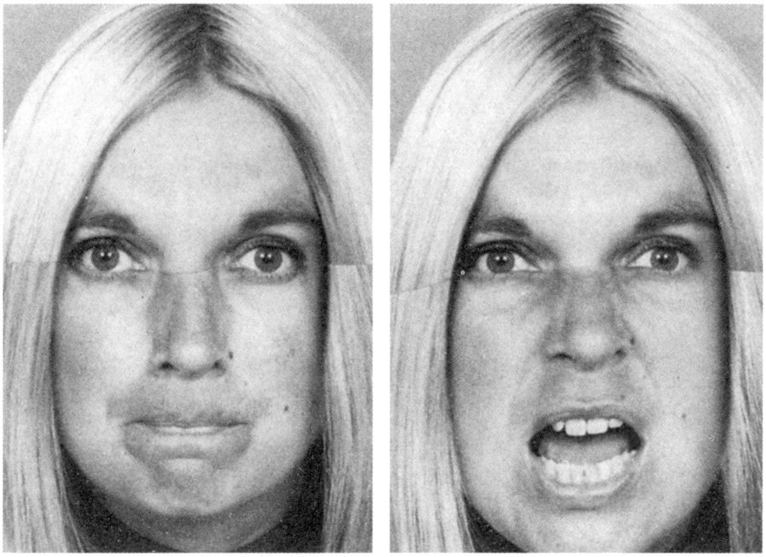

愤怒下面部＋愤怒下眼皮＋常态眉。表示“我生气了”。

图 34

双区愤怒所导致的含糊表意可以用另一组照片来说明，其中愤怒体现在眼皮，而且稍显不同。图 35A 中，眼睛似乎都要鼓出来一样，且下眼皮紧张，但不如图 32 的紧张。如果这个表情再配上眉毛下压，而面部其他部分没有动作（如图 35A），其表意就不大明确，可能是在强压怒火，也可能是略微生气，还可能是在试图集中精神，抑或是心意已决。如果再加入一个略显紧张的下面部，则一切水落石出。图 35B 中，眉毛和眼睛都与图 35A 无异，不同的是，上唇和嘴角都略显紧张，下唇向前突起，鼻孔略微扩张。图 35B 的重要之处还在于，它说明了要想判断愤怒，只要在三个区域都看到了相关的迹象即可，而不一定非要看到特别极端的标志。在该图中，有些信号并不完整，比如眉毛只是下压却未挤作一团，下面部也只是略显紧张。而正是这些眉毛前额区以及下面部的不完整信号，再加上紧张的下眼皮和鼓起的眼睛，就足以准确表达愤怒了。

A　　B

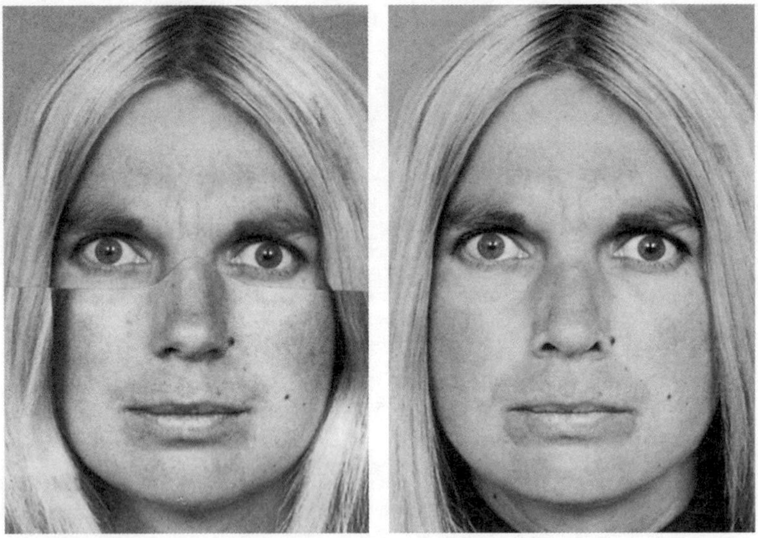

A：愤怒眼皮＋眉毛下压。意味着强压怒火或微微生气。

B：上唇和嘴角都略显紧张，下唇向前突起，鼻孔略微扩张。三区的愤怒信号都不完整，但足以表达愤怒。

图 35

全区愤怒表情

图 36 是两种愤怒眼或眼皮与两种愤怒嘴的搭配。比较上下相邻的两张照片就会发现，区别在嘴，而眼睛或眼皮是一样的；而左右相邻的两张照片则拥有相同的嘴和不同的眼睛。我们说过，出现哪种类型的愤怒嘴取决于当事人的举动。上方照片中的闭合型愤怒嘴出现时，当事人可能正在打斗，也可能是在压抑自己怒吼的冲动。

而下方照片中的开放型愤怒嘴出现时，当事人可能是在咆哮或

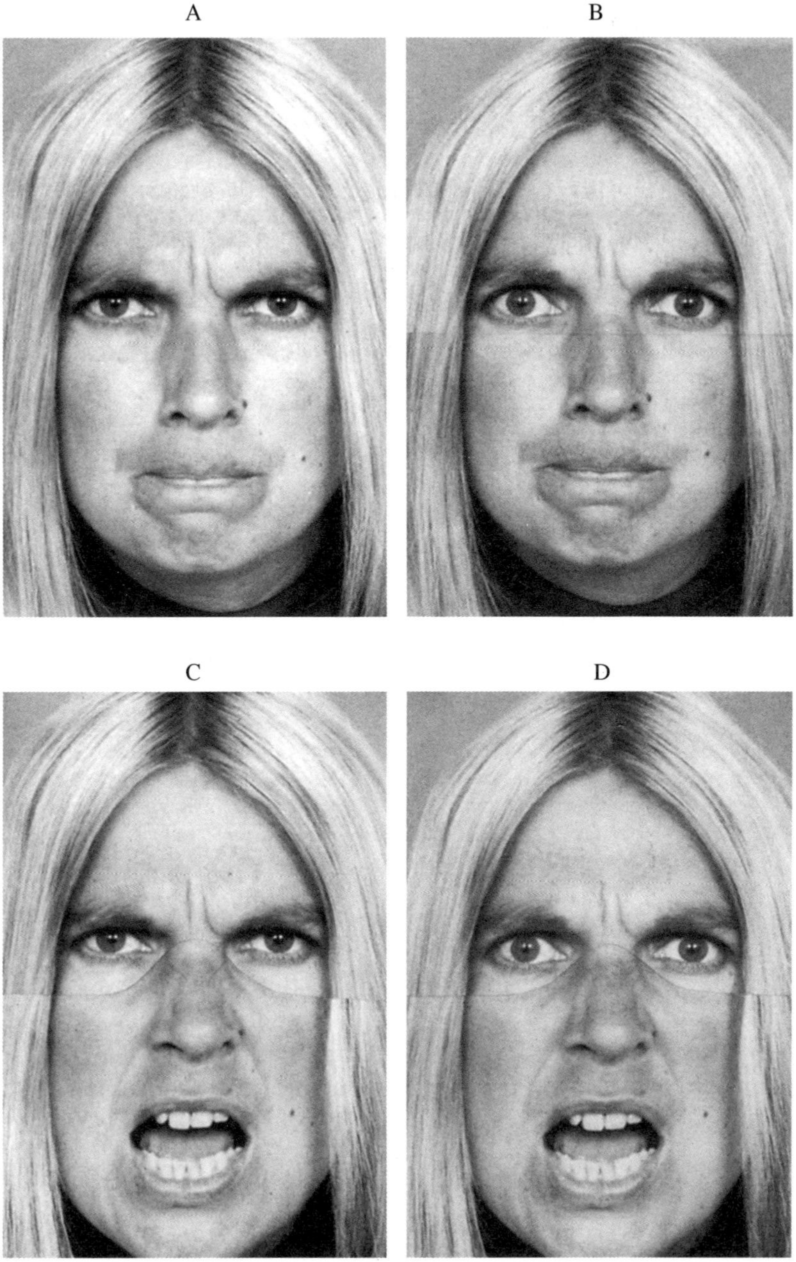

上下相邻的两张照片区别在嘴，眼睛、眼皮是一样的。A、B 说明当事人可能正在打斗，C、D 说明当事人可能在咆哮或用言语表达愤怒。

图 36

者用言语表达愤怒。右侧照片中的愤怒眼睁得更大，所传递的信息也因此稍微加强了一些。

从微表情看愤怒的程度

几个细节可以反映出愤怒的程度，一是眼皮有多紧张，二是眼睛有多鼓出，三是抿嘴唇有多用力。在图 36 中，帕特丽夏非常用力地抿嘴唇，以至于下唇下方鼓起，下巴出现皱纹。

如果愤怒感不那么强烈，抿嘴唇的动作就会轻一些，相应的，下唇下方的隆起和下巴上的皱纹就不会那么明显，甚至根本没有，就像图 35B 那样。如果是开放型的愤怒嘴，嘴巴张开的大小可以反映出愤怒的程度。程度较轻的愤怒还可以像图 32 和图 34 那样，只用一到两个区域的动作来体现；但正如我们之前说过的，这样会表意含糊，不知道是轻微的生气，还是很生气但在避免外露，抑或根本与生气无关，而是在聚精会神、下定决心或是不知所措。

愤怒的混合表情

前几章展示的混合表情的构成方式都一样，在面部不同区域分别体现两种情绪，整体效果就成了混合情绪。被混合的任何一种情绪哪怕只用一个区域的动作来表达，都会在混合信息中占有一席之地。然而愤怒却不行，必须三个区域都有所体现，才能够传达清楚的信息，这个特性给愤怒与其他情绪混合带来了一系列问题。

第一个问题是，由于有一两个区域表达的是其他情绪，相比之下，愤怒很可能就不如那个情绪那么明显了。这个问题延伸下去就是，愤怒很容易掩饰，只需要控制好一个区域的动作，愤怒的信息就没那么明确了，有时候甚至会消失，后面我们会看几个这样的例子。不过，这种情况有两个例外，即愤怒依然明显。第一个，厌恶

A

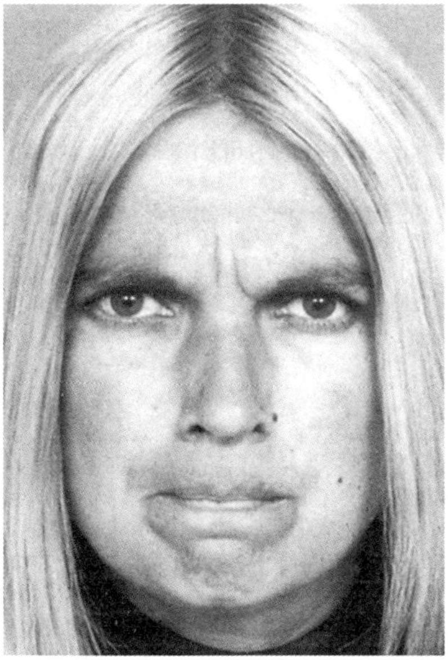

愤怒

B

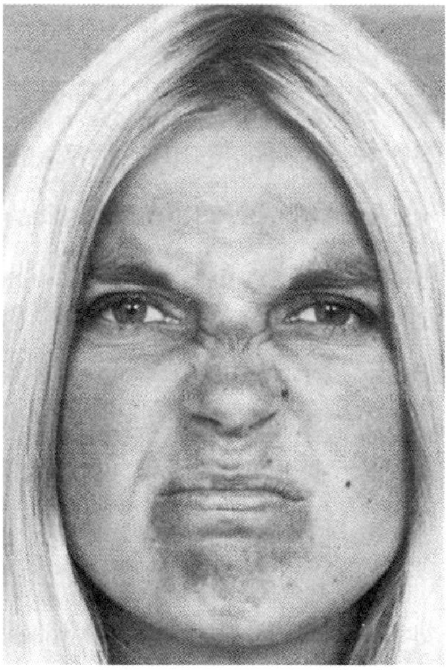

厌恶

C

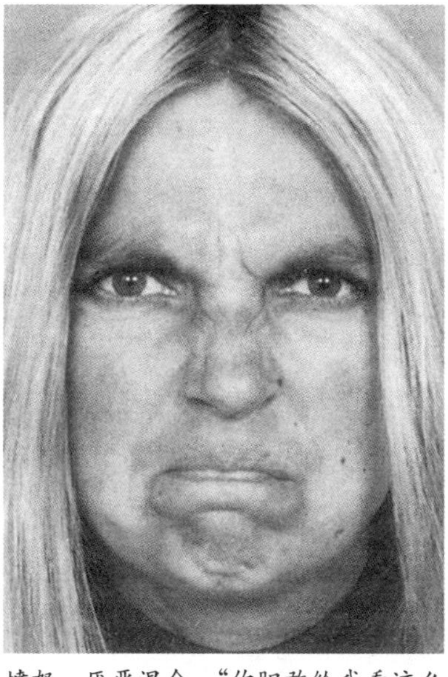

愤怒—厌恶混合："你胆敢给我看这么恶心的东西！"

图 37

与愤怒混合时，愤怒的信息是很明确的。究其原因，可能是厌怒交加的情绪实在太常见了，也可能是这两种情绪的表情和情境都很相似。第二个，混合的方式不大一样。混合情绪表情不一定是在不同的区域表现不同的单一情绪，然后加以合成，还可以是每个区域都表达这两种情绪的混合。如果是这种方式，那么面部的三个区域就可以同时表达愤怒，愤怒的信息也就不会丢失或弱化，如图 37 所示。

愤怒－厌恶混合

愤怒最常见的是与厌恶混合。图 37C 就展示了这样的混合，而且每个区域都是这两个情绪的混合，就如同在说："你怎么胆敢给我看这么恶心的东西！"为了对比，图中还有图 37A 的愤怒表情和图 37B 的厌恶表情。我们仔细看看图 37C，该表情中嘴唇用力抿着（愤怒），上唇上抬（厌恶），鼻子皱起（厌恶），下眼皮紧张（愤怒），

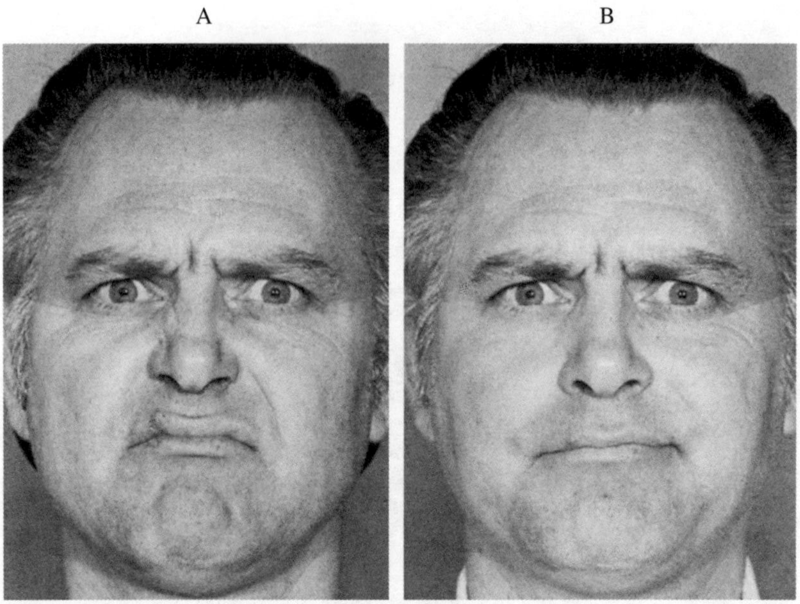

轻蔑－愤怒混合：A 为愤怒眉＋愤怒眼＋厌恶嘴；B 为轻蔑嘴＋愤怒眼＋愤怒眉。

图 38

却又由于皱鼻子和抬脸颊而使眼皮下方的皮肤鼓起并发生褶皱（厌恶），上眼皮下压且紧张（愤怒或厌恶），眉毛虽然下压，却只是略微地相互靠近（介于愤怒和厌恶之间）。

图 38 中，约翰展示了两种愤怒－厌恶混合表情，混合方式是不同区域只表达单一表情。图 38A 的搭配是“愤怒眉 + 愤怒眼 + 厌恶嘴”，图 38B 展示的则是轻蔑与愤怒的混合，搭配为“轻蔑嘴 + 愤怒眼 + 愤怒眉”。

愤怒－惊讶混合

想要表达出惊怒交加是不可能的。假设约翰很生气，然后又发生了令人生气的意外状况，于是就出现了图 39 那样的愤怒－惊讶混合，搭配为“惊讶嘴 + 愤怒眉 + 愤怒眼”。

但是请注意，如此一来，惊讶的信息（震惊）占了主导地位，

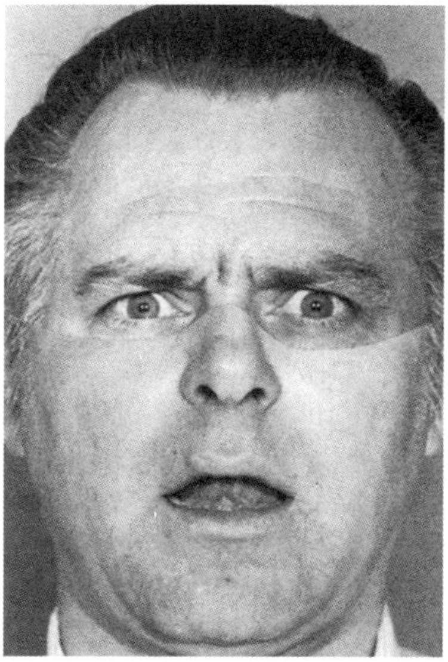

愤怒－惊讶混合：惊讶嘴 + 愤怒眉 + 愤怒眼。表示很生气，接着又发生了意外状况。

图 39

A

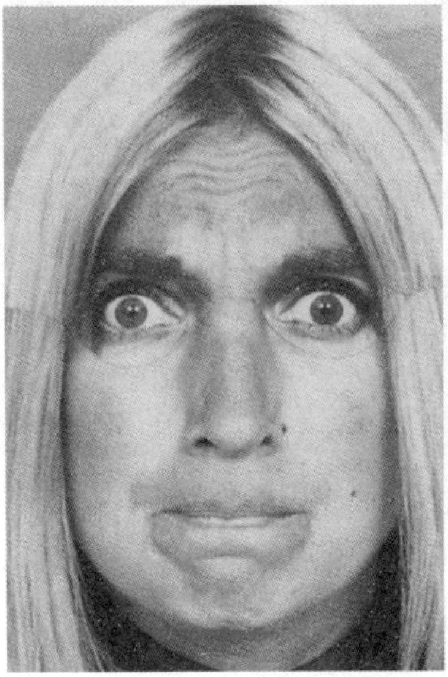

B

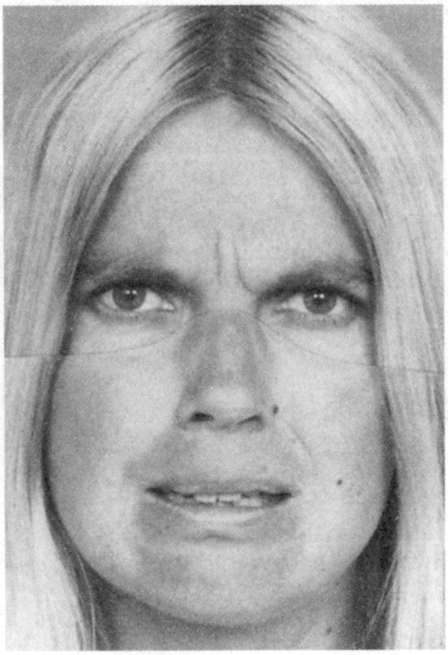

C

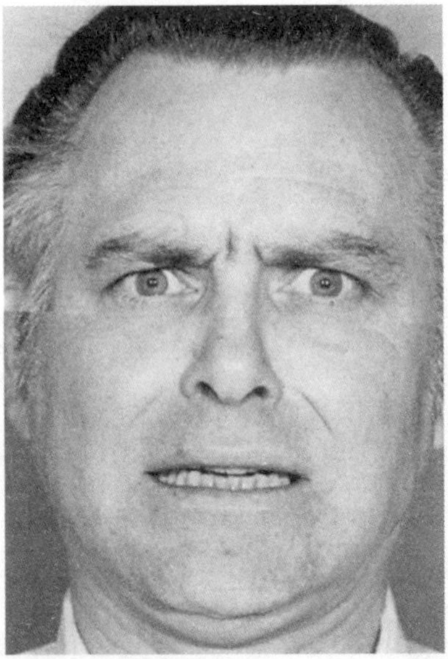

愤怒—恐惧的混合。A为“恐惧眉+恐惧眼+愤怒嘴”；B、C为“恐惧嘴+愤怒眉+愤怒眼”。许多挑衅和威胁都会激发愤怒与恐惧的混合表情。

图40

至于到底有没有愤怒，就难有定论了。请记住，眉毛下压且挤作一团还可以意味着不知所措，因此，这个表情同样可以解读为“不知所措的惊讶”。

许多挑衅和威胁都会激发愤怒和恐惧的混合情绪，并能持续较长的时间，一直到当事人将一切打点妥当。图 40 展示了愤怒－恐惧混合，图 40B 和图 40C 中，搭配为“恐惧嘴 + 愤怒眉 + 愤怒眼”。

再次提醒：在该混合表情中，愤怒非但不占主导地位，而且被恐惧盖过。其实即便完全没有愤怒感，也可能出现图 40B 和图 40C 的这两种表情，表意为不知所措的恐惧，或者是在恐惧中试图集中精神。

之所以把图 40A 也加进来，是因为帕特丽夏展示了一种愤怒和恐惧兼而有之的表情，搭配为“恐惧眉 + 恐惧眼 + 愤怒嘴”，但我们还拿不准这算不算是真正意义上的混合表情，因为它更像是帕特丽夏害怕极了，但试图压制住恐惧情绪，于是用力抿住嘴唇以免尖叫出来。

复　习

愤怒必须在每个区域都有所体现，如图 41。

- 眉毛下压并挤作一团；
- 两条眉毛中间出现纵向皱纹；
- 下眼皮紧张，并可能有所抬升；
- 上眼皮紧张，并可能下压；
- 眼神强势，眼睛可能鼓起；
- 嘴唇有两种基本态势：紧闭型，唇角水平或向下；开放型，紧绷，张开近似方形，如同怒吼状；
- 鼻孔可能扩张，但不一定，而且该动作可以出现在悲伤时；
- 必须同时表现在三个区域，哪怕少一个，表意都是含糊的。

A　　B

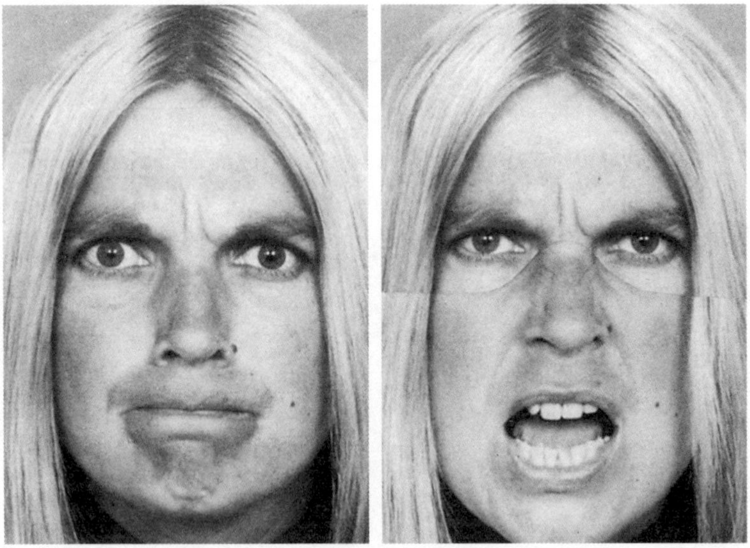

图 41

表情制作

在下面的练习中，你可以让明显愤怒的脸变得表意含糊。

1. 将271页上的A部分置于图41中每张脸的对应位置，你得到的表情与图34一模一样，其含义我们已经讨论过，可能是愤怒，也可能是其他意思。
2. 将B部分置于图41中每张脸的对应位置，你得到的表情之前没见过，该表情中只有嘴巴体现了愤怒，可能意味着被克制住的愤怒或是轻微的生气，也可能与愤怒无关，比如从事重体力活动、集中精神、咆哮或发音。
3. 将C部分置于图41中每张脸的对应位置，你得到的表情与图31一模一样，表意也是含糊的，可能是被克制住的愤怒、轻微的生气、聚精会神或心意已决等。
4. 将D部分置于图41中每张脸的对应位置，你得到的表情与图32一模一样，表意也是含糊的，可能的含义同上。

面部快闪练习

现在我们加入厌恶的表情和愤怒的表情，以及涉及愤怒、厌恶、恐惧和惊讶的混合情绪表情。首先来练习一下下面列出的愤怒、厌恶和愤怒－厌恶混合，完全掌握之后，加入之前练习过的恐惧和惊讶表情继续练习，直到全部掌握。

面部快闪练习　表情清单 2

图片编号	答　案
23A	全区域厌恶
23B	全区域厌恶
24A	轻蔑
24B	轻蔑
24C	轻蔑
26C	惊讶－厌恶混合，或加强的厌恶
27A	怀疑
27B	怀疑
28C	恐惧－厌恶混合
32A	压制住的愤怒、轻度愤怒、不知所措、聚精会神等
32B	轻度愤怒、压制住的愤怒、聚精会神等
35B	压制住的愤怒，或轻度愤怒
36B	全区域愤怒
36C	全区域愤怒
37C	愤怒－厌恶混合
38A	愤怒－厌恶混合
38B	愤怒－轻蔑混合
40B	恐惧 - 愤怒混合，或不知所措的恐惧

饱满的愤怒会引发皱眉+上眼睑提升+呼吸急促的联合反应。如果社交情境没有限制，这些特征可以毫无拘束地表现出来。但在重要的社交情境中，随意表达愤怒反而会造成自己的利益损失，因为这样会让人觉得“很粗野”，不符合文明社会的规则共识。

所以，一旦情绪表达受到限制，这些饱满的愤怒表情形态就无法最大程度表现出来，行为人会采取减幅减态的原则来克制自己的情绪流露，尽管这个过程行为人自己不会意识到。

所以，愤怒的微表情特征会集中在眉毛、眼睑、视线和呼吸四个方面。轻微皱眉+上眼睑的绷紧同时出现，替代“剑眉倒竖，虎目圆睁”的大幅眉眼组合形态，视线持续盯住刺激源，同时配以大幅度的呼吸，尤其是大幅度的呼气更能说明愤怒的自我克制。捕捉到这些特征就可以确定愤怒情绪的产生。

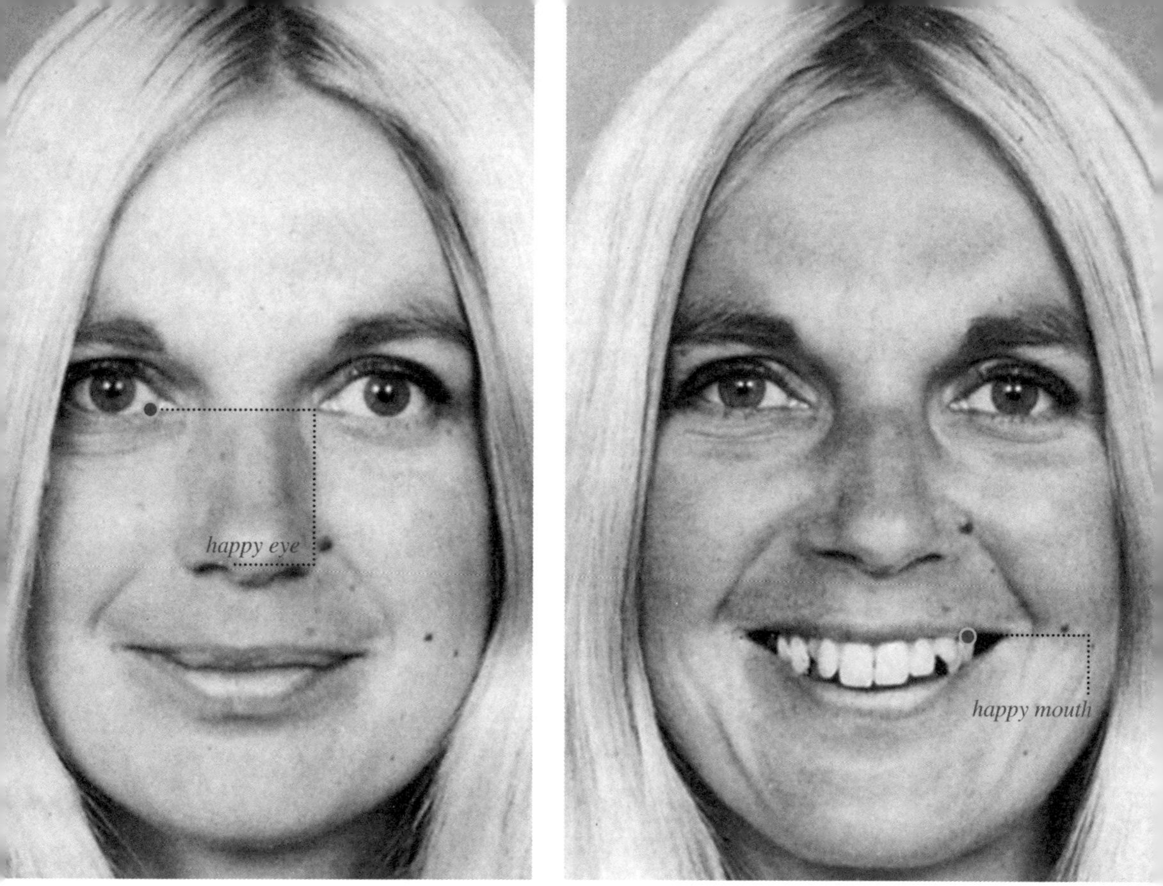

第7章

我是全世界最幸福的人！

识别快乐的面部表情

鱼尾纹越多的人，越容易感到快乐？缺少夸奖时，如何进行自我称赞能最快树立信心？在本该快乐时，为何有的人却深感羞愧？快乐是一种正能量，它有益身心，令人向往。保持快乐的心情会使人幸福。

UNMASKING THE FACE

姜振宇导读

UNMASKINGTHE FACE

这一章的小故事，我们要单独来写，因为快乐的情绪是完全独立于其他四类负面情绪，它来自既有的优越感或正在发生的受益感。快乐可以在惊讶后面产生，也就是我们常说的惊喜；也可以慢慢积累，突然爆发。

男：亲爱的，你猜我在哪？

女：你不是在美国出差吗？干嘛这么问？

男：哈哈，你来开门。

女：啊！难道你提前回来了？你这个坏家伙！

打开门之后，男孩手捧鲜花站在门口，行李箱还拖在身后。

男：今天是我认识你3周年，是你答应做我女朋友2年零3个月，我一定要和你在一起过。

女默泪。

如果两情相悦，这种意外之喜还能让女孩说什么呢？在明确了男孩对自己的关爱和想念，以及高度的爱护之后，女孩在情感方面的需求就会得到极大的满足，这时候就会产生强烈的快乐情绪。

快乐是一种大家喜闻乐见的情绪，我们喜欢它，因为感觉好极了。如果可以选择，我们会主动选择感受这种情绪，我们安排好自己的生活，以获得更多快乐的感受。快乐是一种正面情绪，而恐惧、愤怒、厌恶和悲伤是多数人不大喜欢的负面情绪，惊讶则是中性的。为了理解快乐的感受，我们首先要将其与两种状态区分开，这两种状态与快乐紧密相关，而且常常随之出现，它们就是愉悦和兴奋。

怎样让自己获得快乐?

尽管从语言学的角度来说，愉悦、快乐和愉快所表达的几乎是同一个意思,但在本书中,提到那些正面的生理感觉时我们只用“愉悦”这个词，这样的感觉与“痛苦”相对。痛苦令人难以承受，而愉悦则讨人喜欢、有益身心。正所谓“千金难买爷高兴”，愉悦的感觉无可替代，令人向往。我们无法罗列出所有愉悦感的诱因，但其中必然包括触觉和味觉的刺激，某些听觉和视觉上的刺激也在此列。一般来说，当你感受到愉悦时，就会感到快乐。如有例外，则多半是你曾因此受罚，于是产生了条件反射式的负罪感；或是因为觉得获取愉悦的方式令人不齿，而产生了负罪感。如果预先知道有一桩好事在等着你，届时肯定会乐不可支，心满意足，那么事情发生之前，你可能就已经感觉到快乐了。可见，有时即便还没有获得愉悦的感觉，也可以快乐起来，具体的方式还有很多。

心理学家西尔万·汤姆金斯认为，兴奋也是一种主要情绪，有别于惊讶、愤怒、恐惧、悲伤和快乐，却和它们同等重要。我们赞同这一观点，却不准备在本书中讨论这一情绪，原因有两点：其一，虽然我们坚信兴奋的表情也具有普适性，目前证据还不充分；其二，要想在静止的图片中展示兴奋的表情很困难，因为兴奋的面部特征实在太微妙了。我们会对其进行一定程度的描述，足以将其与快乐区分开来。

兴奋与厌倦是对立的。如果新奇的事物引发了你的兴趣，你就会兴奋起来；熟悉的事物也可以，但不能只是简单重复，否则也无法令人兴奋。一旦兴奋起来，你就会变得专注、投入和亢奋；而厌倦时，则无法集中精神，对眼前的一切视若无物，觉得毫无新意、无趣之极。如果你知道即将发生什么激动人心的事情，就会高兴起来；如果你当下正好无聊至极，则肯定更加高兴；哪怕激动劲过去了，也可能会继续感到高兴。不过，这只是快乐的一种类型，因为不一定非要兴奋才能快乐。反过来说，兴奋而毫无快感也是有可能的，取而代之的是恐惧或愤怒。

在性爱活动中，你往往能经历所有三种状态。一是愉悦，源自高潮前和高潮中的情欲感受；二是高潮前的兴奋；三是快乐，源自对发生性行为的预见，以及高潮后的满足感。这一套组合出现的可能性很大，但也不是绝对的。比如，高潮之后可能感到厌恶或悲伤；又比如，在兴奋和愉悦共存的阶段，你可能会感到恐惧或厌恶，于是兴奋感戛然而止，性行为就此中断；还有可能，性冲动、兴奋和愉悦会与愤怒同时发生，性行为也可能因此中断。

许多人认为快乐就是愉悦，或者就是兴奋，抑或是二者兼有。

殊不知，这些感受之间是有区别的。**愉悦和兴奋是两种不同的感受，不过都与快乐相关，因而可以将它们视为两条通往快乐之路**。只不过这两条路的终点是略有不同的快乐感受，分别被称为愉悦型快乐和兴奋型快乐。**接下来谈谈第三种快乐之路的终点，我们称之为解脱型快乐**。

苦痛消散，我们会感到快乐；饥得食，渴有饮，也令人快乐。负面情绪的消退也能带来同样的效果，比如恐惧不再、怒火熄灭、厌恶终止、忧思排解，都能令人快乐。这就是解脱型快乐，其中可能还掺杂了一些成就感带来的快乐，因为正是在你的不懈努力下，负面情绪和感觉终于消失不见。有些人分不清解脱和快乐，正如分不清愉悦、兴奋和快乐的区别一样。有些人唯一经历过的快乐类型便是解脱型，因为他们基本上没机会体会愉悦和兴奋，这是生活方式使然。从感觉、概念、举动、表情来看，解脱型与之前提到的其他两种类型以及将要提到的第四种类型的快乐都有所不同。

第四种类型的快乐则涉及自我概念。自我概念即一个人对自身存在的体验，包括一个人通过经验、反省和他人的反馈，逐步加深对自身的了解。如果发生的事情令人自我感觉良好，能加深对自己的认可，就有可能感到快乐。比如你发现有人喜欢你，你多半会感到快乐，倒不是说你希望这个人能给你带来身体上的愉悦或者性兴奋，而是因为被人喜欢令你自我感觉良好。同样，如果有人夸奖你干得不错，你也会很快乐。赞扬、友谊和他人的尊重是最好的褒奖，令人快乐，而这种快乐不是那种令你做梦都笑出声来的类型，更多的只是面露满足的微笑。

这种快乐最初源自父母一边赞扬你，一边对你轻轻抚摸、哺育和缓解疼痛。当你逐渐长大，这种来自他人的认可就会显得弥足珍贵。与其他几种类型的快乐一样，凡是能激发良好自我感觉的事情，无论是提前想想还是事后回味，都能令人快乐不已。

回想一下令人快乐的事情，你很可能会发现，每一件都至少属于刚才提到的四种类型中的一种。举个例子来说，你参加了一项体育活动，获得了极大的享受，这种感觉就可能包含了好几种类型的快乐。比如因运动的竞技性而产生的兴奋型快乐，因舒活筋骨而产生愉悦型快乐，因自己是个中高手而产生的自我概念型快乐，以及因自己的表现对得起团队、没有错失良机、没有身受重伤而产生的解脱型快乐。

我们不想争论是否只有通过这四种方式才能获得快乐，很可能还有别的方式，但我们相信这四种是最常见且最重要的获得快乐的渠道，通过对它们的描述，足以阐明“快乐的感受”。

递增的快乐：从微笑到“哈哈”大笑

快乐有多种程度，我们可以快乐，也可以得意忘形或是兴高采烈。快乐时可能沉默，也可能发出声响。一个小小的微笑或是灿烂的笑容，都足以表达快乐；随着程度的提升，还可能会哧哧地笑出声，或是大笑不止；最极致的时候还可能笑得流出了眼泪。

但是，是否笑出声与快乐的程度并无直接关联，而是取决于快乐的类型。我们可能无比快乐，却没有哈哈大笑，因为只有某些类型的快乐才会引发笑声。比如玩耍到兴头上时，就可能会笑出声来，有些笑话也能让人快乐得哈哈大笑。

快乐时，我们通常会微笑，但没有感到快乐的时候，微笑也常常挂在脸上，目的是掩饰或者修饰一下其他情绪。微笑可以用于为刚才的表情加上注释，比如一个恐惧的表情过后，再对护士报以微笑，好让她知道“我虽然怕抽血，但不会跑掉的，请尽情地抽吧”。微笑还可以表示不管发生的事情有多么令人不爽（不一定是疼痛），自己都可以忍受。微笑可以用于缓和地化解对方的攻势，也可以用来缓和紧张的局势，因为如果你先报以微笑，对方若不以微笑回应会显得没有礼貌。

幼时教育影响人生幸福

之前讨论各种情绪的时候，我们都提到过，幼年的经历会留下不可磨灭的印记，千差万别的个性同样会导致对同种情绪的不同感受。人们的承受能力也不尽相同，不是人人都能够忍受甚至享受惊讶、恐惧、厌恶、愤怒和悲伤的，这个道理同样适用于快乐。人们快乐的理由千差万别，之前提到的愉悦、兴奋、解脱和良好的自我感觉这四条通往快乐的坦途并非人人都能走。由于性格的原因，可能导致特别偏爱其中的某一种，或导致某条路根本走不通，于是无法体会到那种类型的快乐。下面会举出几个例子。

如果某人在幼年时受尽批评、无人认可，那么成年后很可能十分渴望得到赞扬、肯定和友谊，因而特别热衷于走自我概念之路来获得快乐，但又不会快乐得太久，因为在他看来，赞扬要么永远不够，要么显得太假。如果幼年时期没有建立起足够的自我概念，成年后可能会走入另一个极端，心如死灰，完全摒弃自我概念的快乐方式，而总是与人保持距离，体会不到友谊的乐趣，对赞扬和成就感也毫无兴趣。

很多书都讨论过某些成年人无法从性行为中获得乐趣的现象。有些家长教育孩子，不要相信所谓“鱼水之欢”，甚至要鄙视它。这些孩子成年之后，性爱对他们来说没什么愉悦感，反而总是引发焦虑和负罪感。类似的教育还可能造成其他感官体验的障碍，让人们无法从中获得愉悦感，或是获得愉悦之后便深感羞愧。

有人可能从小就害怕兴奋，因为他得知，兴奋是一种很危险的情绪，令人不快，难以自控，快乐对他来说是一种比较安静内敛的感受。当然了，也有人对兴奋上瘾，不断寻求更大的挑战，从而让自己兴奋，并以此为乐。

快乐时的表情变化

在这里，我们关注的只是那些没有哈哈大笑的快乐表情，因为一旦开口大笑，快乐不言自明。即便当事人不出声，我们也能轻松地从表情中读懂他的快乐，这一点已经在研究中得以验证，而且适用于多种文化。要读懂快乐与其他情绪的混合则难度稍大。

感到快乐时，眼皮和下面部特征明显，而眉毛前额区则可能没有任何表示。图 42 中，帕特丽夏展示了三种快乐的表情，每一种表情中的嘴角都是回收的，而且略微上扬。双唇可能是紧贴着的，于是形成了图 42A 中的微笑；也可能是分开的，露出牙齿，于是形成了图 42B 中的咧嘴笑；还可能嘴张得更大，上下唇齿分离，则形成了图 42C 中的咧嘴大笑。咧嘴大笑的时候，有可能只露出上排牙齿，也可能上下牙都露出，甚至是上下牙床。在黑猩猩的世界里，这些不同的咧嘴笑法有着不同的含义，但在人类世界，还没有足够的证据来证明这一点。

帕特丽夏还展示了从鼻翼外侧向斜下方延伸至嘴角侧边区域的褶皱，也就是“鼻唇沟”。它的出现，部分原因是嘴角回收并上扬。鼻唇沟可以作为快乐的标志，笑容越明显，脸颊抬升的幅度就越大，鼻唇沟就会越明显；下眼皮下方的皮肤被上推，于是在眼睛下方形成了皱纹，在外侧眼角还会出现鱼尾纹。但不是人人都有鱼尾纹，年纪越大，鱼尾纹越明显。不过在帕特丽夏的照片中，鱼尾纹被头发挡住了。综上，笑容越明显，鼻唇沟越深，脸颊抬升的幅度越大，鱼尾纹和眼睛下方的皱纹也越明显。如果出现图 42C 中那样大幅度的咧嘴笑，脸颊的大幅抬升很可能会让眼睛变小。

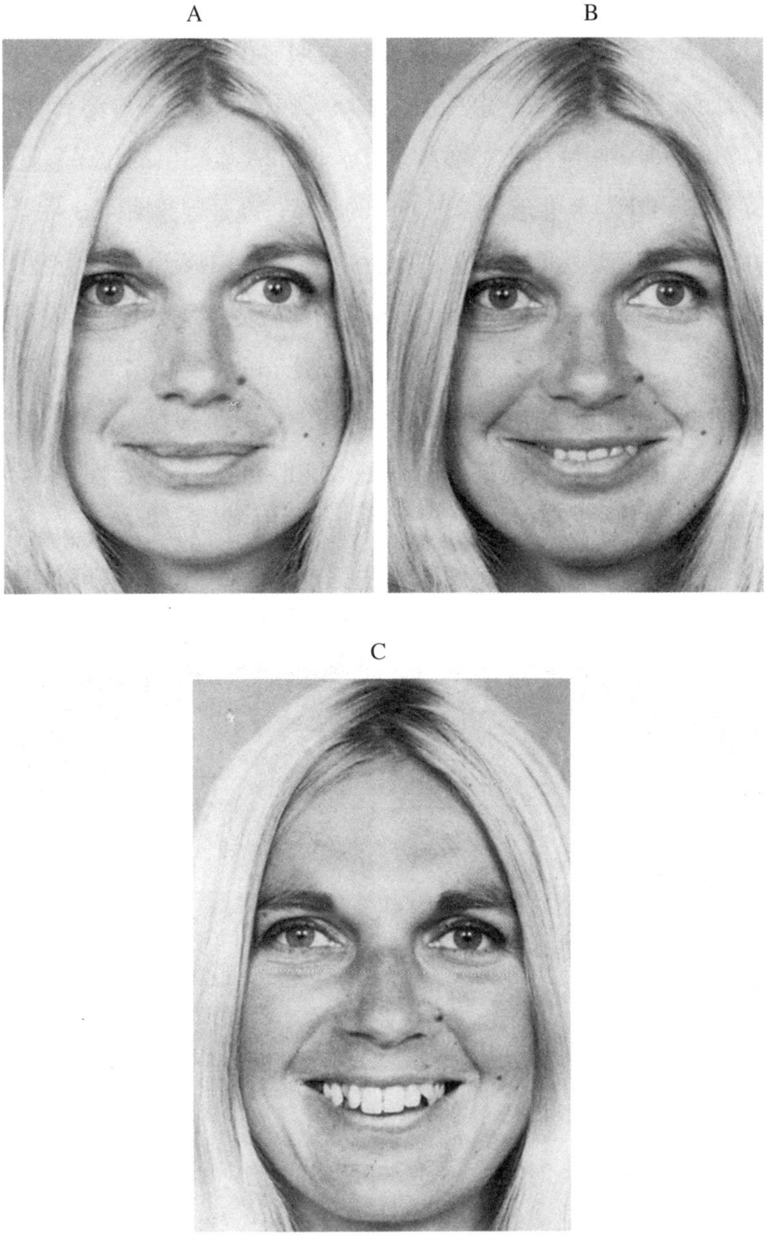

从 A 至 C：三种快乐的表情，以嘴巴张开幅度的变化，表示越来越开心。

图 42

快乐的程度

快乐的程度反映到表情上主要取决于嘴唇的动向，而嘴唇的动向又与鼻唇沟的深度和眼睛下方的皱纹明显程度有关。图 42C 中的帕特丽夏显得比图 42B 中更加快乐，嘴咧得更开，鼻唇沟更明显，眼睛更窄小，眼睛下方的皱纹更多。图 42A 表现出的快乐程度则稍弱于图 42B，并非因为嘴巴开闭的关系，而是因为图 42B 中嘴角的回缩幅度更大，鼻唇沟也更明显一些。如果在嘴角回缩幅度和鼻唇沟深度方面区别不大的话，无论是闭嘴微笑还是咧嘴笑，表现出的快乐程度都差不多。图 43 中，约翰展示的微笑和咧嘴笑，两者表现出的快乐程度就基本相同。

微笑能表现出的快乐程度比图 42 和图 43 弱得多，图 44 展示了两种微笑，快乐程度非常轻微，图中还附上了常态表情作为参照。请注意，这两种微笑都比图 42A 的强度弱一些，但还是可以识别

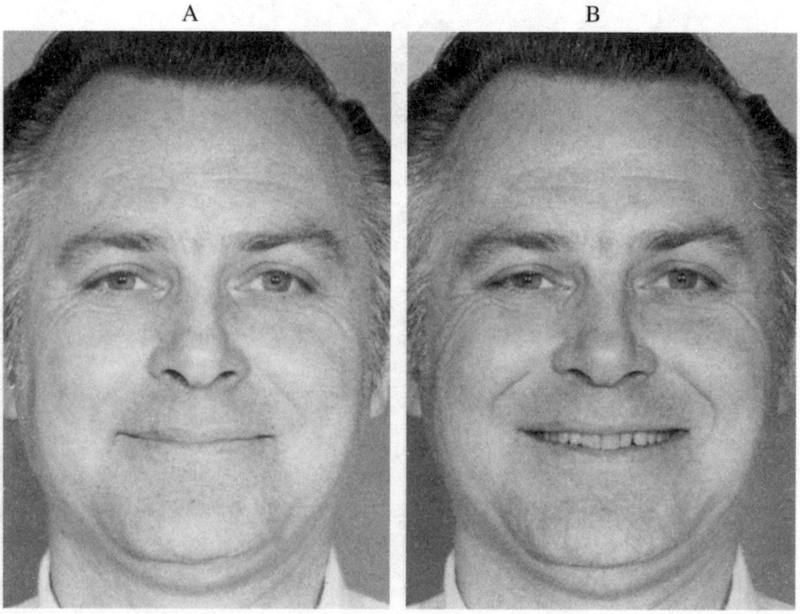

微笑与咧嘴笑，快乐程度基本相同。

图 43

A

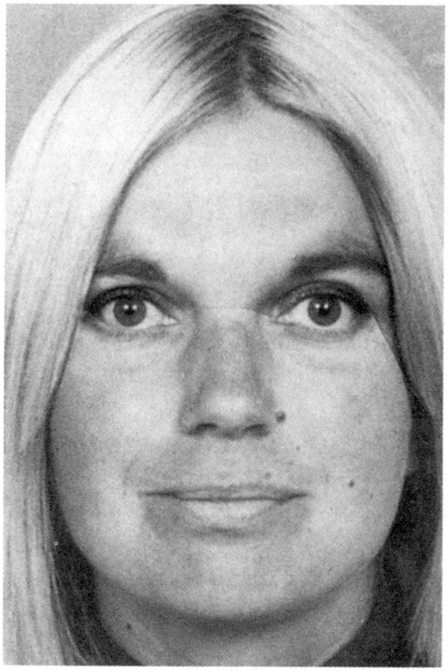

B

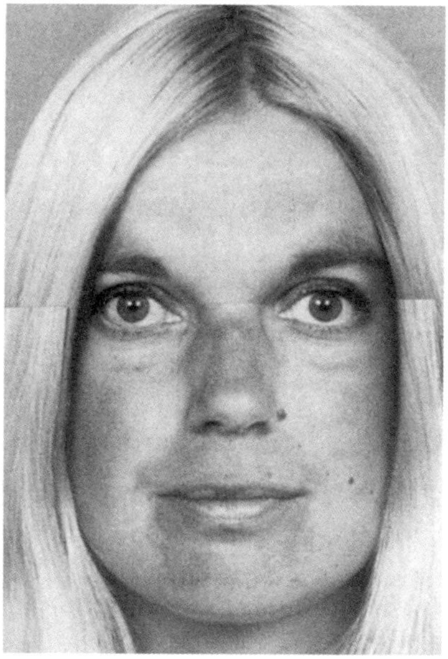

C

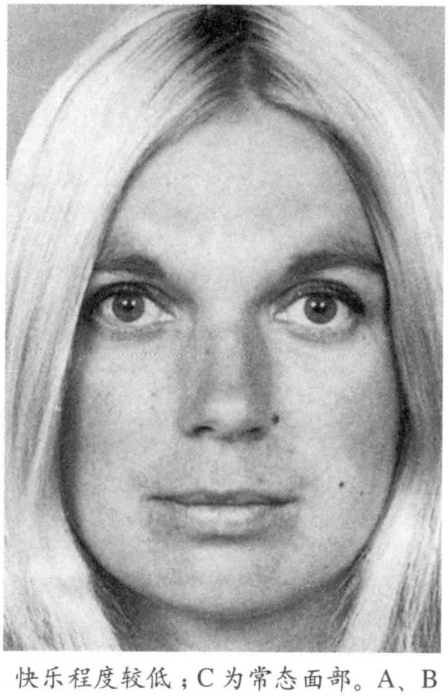

A、B 为两种微笑，快乐程度较低；C 为常态面部。A、B 中的鼻唇沟是常态表情中没有的。

图 44

出来，与图 44C 的常态表情一对比就很明显了。图 44 的两张笑脸，面部都只是稍微用力，嘴角的回缩幅度也很小。要想看清楚，用手挡住图 44 的两张图片以及图 44C 中面部除嘴唇以外的其他部分，就一目了然了。

- ◆ 留意图 44 的两张笑脸上那若隐若现的鼻唇沟，这在常态面部上是看不见的；
- ◆ 笑脸的脸颊相比常态有略微的抬升，使得面部看起来似乎更饱满一些；
- ◆ 下眼皮没有明显变化，因为这两个微笑实在是太轻微了；
- ◆ 相比常态的眼睛，两张微笑表情中的眼睛看起来更加快乐一些。这其实只是个视觉上的小把戏，下面部的差异让你产生了错觉。其实三张表情中的眼睛、眉毛和前额都是一模一样的，这两张微笑表情都是拼合图片，眼睛、前额来自常态表情，再配上微笑表情中的下眼皮和嘴。

快乐的混合表情

快乐–惊讶混合

快乐常与惊讶混合。如果有意外情况发生，而当事人判断该情况对自己有利，就会出现所谓的惊喜。比如在饭店就餐，一个多年未见的老友突然进来，两人不期而遇。

图 45A 就是惊喜的表情，将其与图 45B 中单纯的惊讶表情作对比。在惊喜表情中，帕特丽夏不但和惊讶表情中一样张嘴且下巴下垂，还会像微笑表情中一样嘴角开始回收。惊讶和快乐的元素在下面部融合，就形成了惊喜这个混合表情，它不会持续太久，因为惊讶很快就会消失。等她分析清楚眼前这令人吃惊的事件，就会开

A

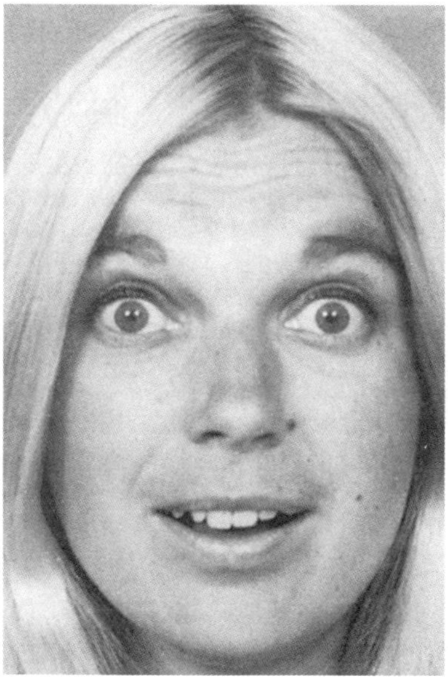

惊喜

B

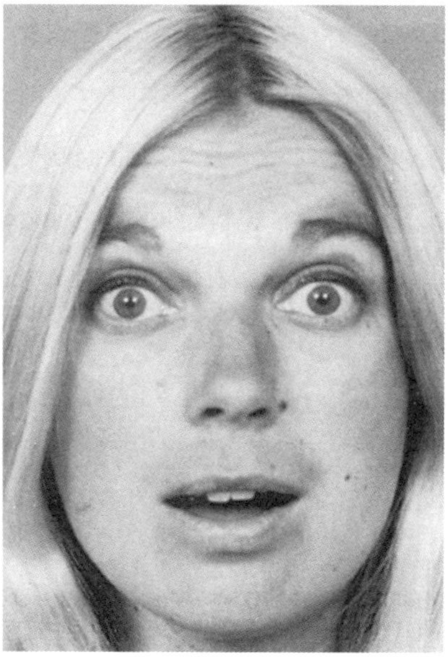

惊讶

C

拼接图片：惊讶眉+惊讶眼+快乐下面部+快乐下眼皮。

图 45

始感到快乐并表现出来，惊讶感则快速消退。

图 45C 是惊讶和快乐元素组合而成的表情，“惊讶眉 + 惊讶眼 + 快乐下面部 + 快乐下眼皮”。但这并非混合表情，因为她的惊讶和快乐没有同时发生。根据咧嘴笑这一点来看，快乐已经升级了，如果最开始有惊讶感的话，到此早已结束。

这种表情，表现的是为快乐的表情加入惊叹的色彩，用于展现热情与强调快乐。

打招呼也可能出现这种表情，惊讶的元素会一直保留，直到确定对方意识到这是一场意外之喜为止。这种情况下，扬起的眉毛和睁大的双眼可能会伴随着笑容定格几秒钟。

快乐－轻蔑混合

这是一种自以为是、目空一切的表情。

图 46A 为轻蔑，图 46B 为快乐，图 46C 为两者的混合表情。需要注意的是，混合表情中，嘴部仍保持轻蔑的状态，但脸颊有所抬升，下眼皮皱起，这两点都是快乐的表情特征。此外，这个混合表情还可以加入单边上扬的轻蔑唇与微笑唇组合。

快乐－愤怒混合

人们常用笑容来掩饰愤怒，比如微笑或者稍稍咧嘴笑，如此一来脸上的表情就是快乐，而非愤怒了。微笑或稍稍咧嘴笑有时出现在愤怒表情之后，起点评作用，像是在说“不要紧”或者“我不会对你怎样”，抑或是“我会原谅你的”。如果是这种情况，笑容就会显得不自然，这并非混合表情，而是追加表情。不过，快乐与愤怒在同一时间出现也是有可能的，比如享受向对方发泄怒火带来的征服感。

图 47 展示了两张喜怒交加的照片。在两张照片中，快乐都表

A

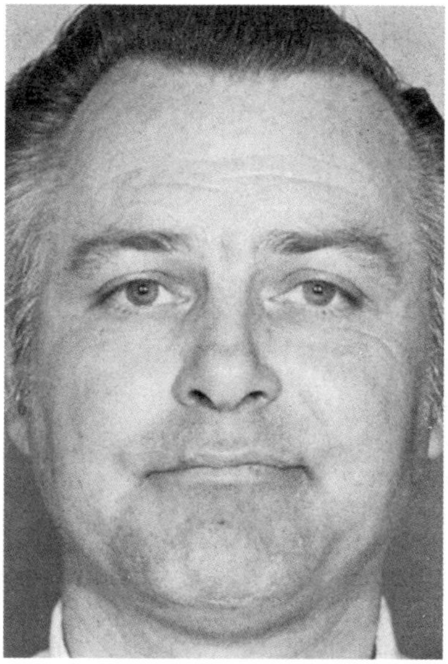

轻蔑

B

快乐

C

快乐－轻蔑混合。

图 46

现在下面部，而愤怒则表现在眉毛前额区以及眼皮，我们将这种表情称为“搞定你了”。

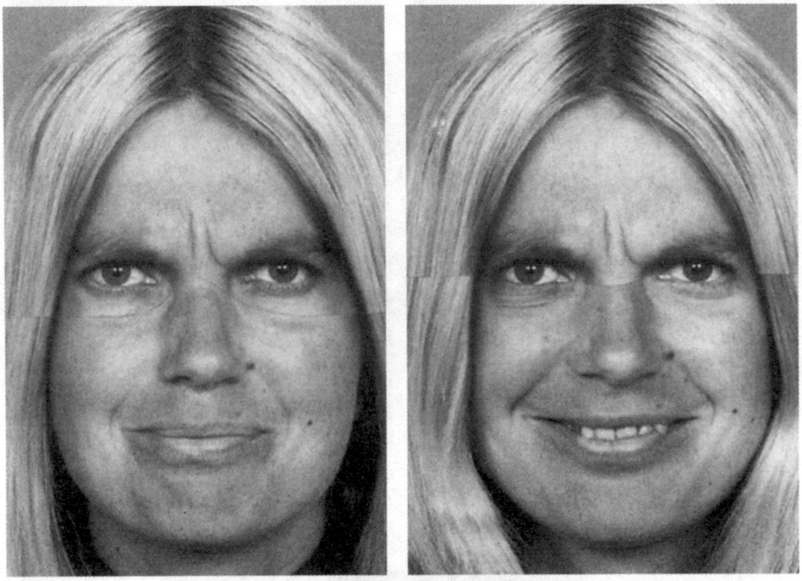

快乐－愤怒混合：快乐下面部＋愤怒眉＋愤怒眼。表示“搞定你了”。

图 47

快乐－恐惧混合

快乐也可以与恐惧混合，但它们的组合在多数时候其实算不上混合表情，而是表示点评或掩饰。图 48A 为恐惧，图 48B 为快乐，图 48C 是微笑、恐惧眼、恐惧眉的组合，兼具快乐和恐惧的情绪。

我们来假想一种引发图 48C 这种微笑恐惧表情的场景，比如约翰对牙医的钻孔机心存恐惧，但他坐上手术椅的时候挤出片刻微笑来点评自己的恐惧表情，以表明“我虽然怕，但还是会张开嘴任你摆布”。如果试图掩饰恐惧未遂，也可能是这副表情。要想表现真正的混合表情，约翰必须得发自内心地感到既恐惧又快乐，比如坐过山车时的感觉。快乐与悲伤的混合表情将会在下一章展示。

A

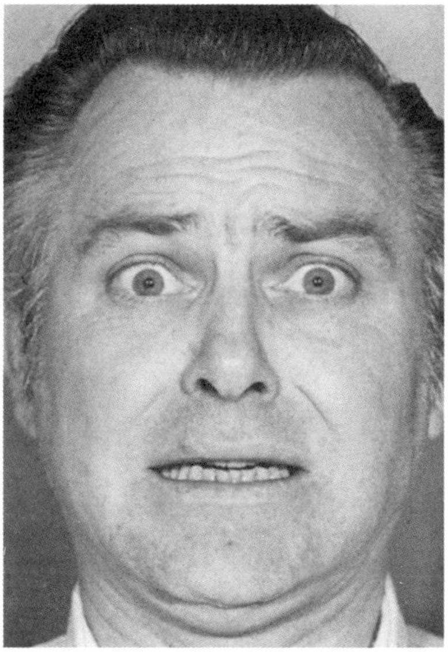

恐惧

B

快乐

C

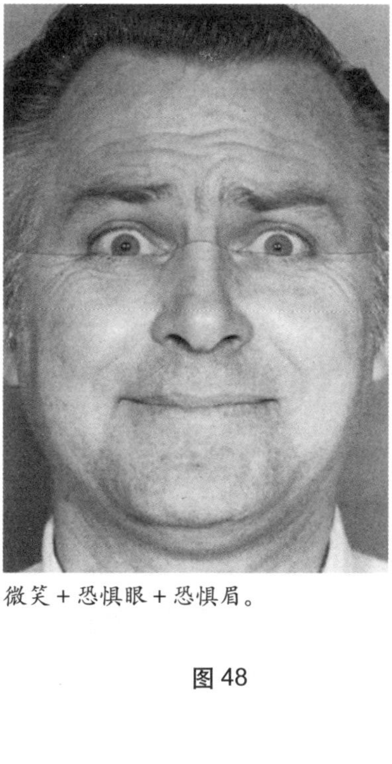

微笑＋恐惧眼＋恐惧眉。

图 48

复 习

快乐表现在下面部和下眼皮（图 49）。

- 唇角回缩并上扬；
- 嘴巴或张或闭，牙齿或隐或现；
- 出现鼻唇沟；
- 脸颊上抬；
- 下眼皮可能上抬，但不紧张，其下方出现皱纹；
- 外侧眼角处出现鱼尾纹，向外侧延伸（图 49 中鱼尾纹被头发遮挡）。

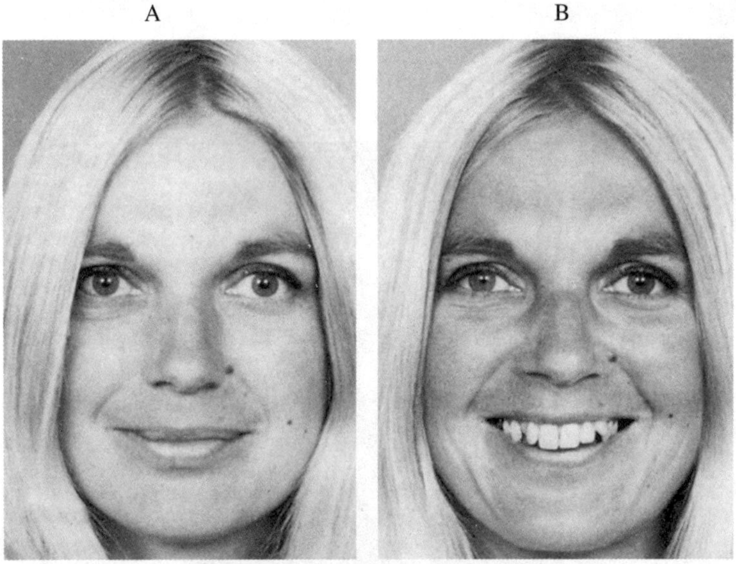

图 49

表情制作

由于嘴和脸颊附近的动作会导致下眼皮产生变化，而且快乐时也没有特定的眉毛前额区动作，因此本章中出现的多种表情都无法自行制作。不过，有少数表情仍然可以，并且足以说明问题。

1. 将 271 页上的 A 部分放入图 49 中每张面部图片的对应位置，原表情没有任何变化，因为图 49 所有面部图片的眉毛都没有动作，以 A 的常态眉代替没有任何影响。
2. 将 B 部分放入图 49A 中的对应位置，看起来并没什么变化，但根据解剖学原理，这个表情是不存在的，因为根据图 49A 的嘴部动作和鼻唇沟形态，下眼皮必然会有褶皱而且上抬。将 B 部分放入图 49B 中的对应位置，合成的表情很明显不符合解剖学原理了。
3. 将 D 部分放入图 49 中每张面部图片的对应位置，你得到的表情里有“微笑的眼睛”。这可能是眼皮轻微紧张，以及脸颊略微抬升的结果，但想要在一张静止的照片中确认这一点是相当困难的；还有一种可能，脸上的这些褶皱都是永久性的皱纹。不过，无论是哪种情况，快乐的情绪留下的痕迹都不明显，不易辨认。

延伸阅读

UNMASKINGTHE FACE

饱满的快乐会引发真心的笑容，真心的笑容会快速引发眼睑闭合＋嘴角上翘＋嘴唇咧开的动作组合。如果社交情境没有限制，这些特征可以毫无拘束地表现出来。但在庄重的社交情境中，往往不能随意表达内心的快乐，因为这样会让人觉得“很肤浅”。所以，一旦情绪表达受到限制，这些饱满的快乐表情形态就无法最大程度表现出来，行为人会采取减幅减态的原则来克制自己的情绪流露，尽管这个过程行为人自己不会意识到。

但是，快乐的微笑特征还是会集中在眼睑和嘴型两个方面。眼睑的闭合与嘴角向耳侧拉伸两个动作同时发生，且变化幅度都不大。眼睛变得比平时小一点，嘴唇紧抿着的，但嘴角微微上翘，这个同步且等幅的联动能够说明快乐情绪的产生。

反之，如果动作出现不同步，或者眼睛眯得很小嘴唇却没有咧开，又或者眼睛基本没变化但嘴却特意大幅咧开，都是假笑的特征。

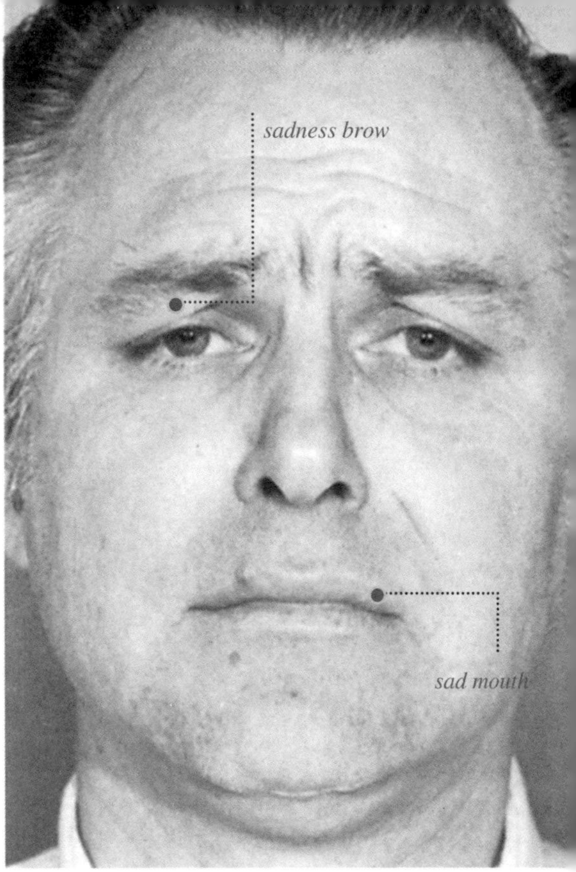

第 8 章

无声的痛苦

识别悲伤的面部表情

为什么自古以来，悲剧总比喜剧更容易成为经典之作？为什么女性要在公开场合压抑愤怒但可以表露悲伤，而男性则正相反？悲伤与快乐这两种完全相反的情绪能否共存？悲伤是一种精神创伤，令人苦不堪言，无法遗忘。

女：我们之间的问题，和别人没有关系。我也非常想和你在一起，开开心心地一直下去。

男：可是我觉得，我没有什么地方做错啊。我和你在一起的时候，全部的心思都在你身上，每一句话，每一件事都是希望能够让你开心。我究竟做错了什么？

女：这可能就是我们之间无法解决的问题。我需要的是一个能理解我感受，能和我手牵手，领着我一路奔向阳光的人。就算遇到了困难，我也能和他一起面对；即使是争吵，也是在完全不用怀疑对方哪里出了问题的情况下，把分歧抚平。我知道你是真心对我好，但对我好的事情太多人能做了，我的爸爸、朋友甚至同学，也会让我开心。对不起。

男默然。

在尝试了所有的道理解析和解决方法后，男孩知道自己心爱的女孩已经决定离去，这时候的感受就是悲伤。人在悲伤的时候，可能会觉得五脏六腑都被掏空了，脑袋晕晕的，感觉不到太多的外界信息。即使能勉强应付工作和学习，头脑也始终飘在事情之外，魂不守舍。究其原理，是因为悲伤来自“无力挽回的损失”的感受，在核心利益受损之后，其他的事情都会暂时显得不重要而无法引起关注。

男孩可能会哭，可能会消沉，可能会自暴自弃一段时间，甚至可能会通过某种发泄行为来平衡心里的悲伤，但对于这个损失的结果，仍然无能为力。

悲伤是本书6种基本情绪的最后一章，我们现在再按照惊讶、厌恶、愤怒、恐惧、悲伤的负面情绪顺序，将每一章前面的小故事重新排列组合，大家就可以看到男孩在故事中的自然情绪曲线，以及每个阶段的情绪变化与刺激源之间的清晰关联。

惊讶，表示了意外和关注。

女：我们分手吧。

男：什么？！你说什么？！

女：我们分手吧。

男：我们昨天不是还一起看电影吗？不是还在计划暑假去哪里旅游吗？你是在逗我玩吧！

女：不是，我是认真的，我想了一夜，还是想对你说这句话。

厌恶，表示自上而下的否定。

男：你又来了！之前吵架的时候，不是已经说过好多次了吗？你为什么这么任性啊！

女：你到现在还是认为，这是我任性的问题？！

男：我们已经讨论过很多次了好吗？我就是想好好和你在一起，不闹别扭，你怎么变脸变得这么快啊！

女：你可不可以在说话之前，平静地想一下，这是我一个人的问题吗？我在你眼里，就是一个不懂事的任性女孩？

愤怒，表示对威胁的进攻欲。

女：你可不可以在说话之前，平静地想一下，这是我一个人的问题吗？我在你眼里，就是一个不懂事的任性女孩？

男：那为什么如此反复无常？明明昨天还好好的。

女沉默片刻：唉！还是家伟懂我。这一个多月，我一直和家伟在电话里聊我们的事。

男：家伟?！又是他，他已经抛弃你了，现在又回来挑拨，他有什么资格对我们品头论足？

女：你想错了，他没有挑拨我们之间的关系。是我主动打给他的，我跟他聊我们在一起开心的事，聊你的优点，聊我的困惑，他一直在劝我和开导我。根本就不是你想的那样，只是我觉得他更懂我，更懂我的感受。

男：我就知道，你这样反复无常的态度和心情，一定是有原因的。原来是因为那个混蛋又出现了。

恐惧，表示对即将发生的负面结果感到无力抵抗。

男：求求你了，我们在一起都三年了，不要离开我。

女沉默。

男：我会改掉我的坏毛病，我再也不上网玩游戏了，我会锻炼身体，我会记得我们的每一个纪念日，我会每天只给你打一个电话，不惹你烦。我们重新来，只要你别离开我就好。

女流着眼泪沉默。

悲伤，表示对已经发生的利益损失感到无力挽回。

女：我们之间的问题，和别人没有关系。我也非常想和你在一起，开开心心地一直下去。

男：可是我觉得，我没有什么地方做错啊。我和你在一起的时候，全部的心思都在你身上，每一句话，每一件事都是希望能够让你开心。我究竟做错了什么？

女：这可能就是我们之间无法解决的问题。我需要的是一个能理解我感受，能和我手牵手，领着我一路奔向阳光的人。就算遇到了困难，我也能和他一起面对；即使是争吵，也是在完全不用怀疑对方哪里出了问题的情况下，把分歧抚平。我知道你是真心对我好，但对我好的事情太多人能做了，我的爸爸、朋友甚至同学，也会让我开心。对不起。

男默然。

悲伤之源：失去方知珍惜

悲伤是一种无声的痛苦，你不会大喊大叫，只是默默承受。什么都能导致悲伤，不过最常见的诱因还是个人损失。损失的形式多种多样：

- 失去生命，失去爱人；
- 由于个人失误、时势不利或者小人作梗，而痛失良机或与名利擦身而过；
- 由于疾病、意外而健康受损，或落下残疾。

悲伤一般都不短暂，至少会持续数分钟，一般情况会是几个小时，更有甚者会消沉好几天。悲伤的感觉令人沉寂、不想活动，达尔文曾在《人类和动物情感的表达》一书中这样描述悲伤的人：

> 他们完全不想动弹，或者只是偶尔晃动一下；他们只想安静地待着，继续消沉下去。血液循环减缓、面色苍白、肌肉松弛、眼皮耷拉、垂头丧气，嘴唇、脸颊和下颌均自然下垂。

悲伤时承受的痛苦并非肉体上的，而是源于失去、失望或者绝望而造成的精神创伤。悲伤会令人苦不堪言，但比不上恐惧造成的痛苦那样折磨人。悲伤可以被长期忍受，最终被硬挺过去。

悲痛是最常见的负面情绪，悲伤则是悲痛的一种形式或变种。悲痛最常见的诱因是生理疼痛，而损失也会引发悲痛。悲痛时，痛苦是张扬而非内敛的，会大声哭闹、积极行动，而不是默默无语、死气沉沉。悲痛时，你会想办法处理，至于方法，有可能是有目的地铲除根源，比如把扎进脚后跟的钉子拔掉；也可能是无目的的，因为悲痛的根源已不可更改，比如亲人逝去，只能放声痛哭，却不能令其复生。如果悲痛持续很久，或者根源不可更改，悲痛之后往往就会感到悲伤了。

如果悲痛持续时间过长，可能会停止发出声音，减少行动，表现得更加内敛。不过，一旦记忆来袭，或者被某人的行为刺激，悲痛又会重新演绎一次，再次从大声哭闹到归于沉寂最后暗自悲伤。如果自行克制住悲痛，不再有哭闹或其他过分的举动，表现让他人更容易接受了，我们也可以称之为悲伤。

如果一个人的孩子刚在车祸中丧生，他的第一反应不会是悲伤，而是悲痛、震惊或是愤怒与悲痛的混合。几小时甚至数天之后，他虽然仍处于丧子之痛中无法自拔，却已不再流泪，也不再哭出声来，悲伤此时才如约而至。悲痛时，我们通常会表现出对现实的抗议，而悲伤时，则是认命了。

关于哀恸和哀悼，我们只能了解这样的情绪源于亲人离世，却无法判断这是悲痛还是悲伤。通常这一切是有固定套路的：先是悲痛，继而怀疑或悲伤，如果想起逝者，又会重新开始悲痛，如此反复。随着光阴逝去，遗留下来的就只有经年累月的悲伤了。

如果是情感损失，模式也是相似的。求爱被拒绝后，首先是痛哭抗议，可能还会有震惊和愤怒，或者以上都有；之后悲伤才姗姗来迟，紧接着是难以置信，随后又诱发悲痛，一切再重新循环。如果悲痛之情没有显现，也没有哭闹和烦乱，这人要么是自控能力太强，要么是对拒绝他的那位不够上心，再不然就是在展现自己的大度。男性在公共场合纵情悲痛是不合适的，即便是葬礼上也不行，根据社会成规，他们只能默默悲伤，哭喊是绝对不可以发生的行为，焦躁和抗争的举动也必须收敛，也可以转化为愤怒的情绪。

内心悲痛或悲伤时，往往也会愤怒，不过人们更习惯用愤怒来掩饰悲痛。

社会成规禁止男性显露悲痛，允许其以怒示悲，但对女人的要求则正好相反。美国传统女性守则要求，不得公然示怒，允许暗自迁怒于自己，或是纵情悲痛、怒中带泪，也可闷闷不乐。

如果是因压抑悲痛而形成的悲伤，从表情上看跟悲痛结束后形成的悲伤没什么区别，但实际感受多半是不一样的。当我们控制表情时，面部虽然会显示出悲伤，但内心感受到的一切，比如感觉、图像、回忆、牵挂，都会被自控的理性冲散；当我们纵情悲痛时，感受会完全不一样；同样的，如果之前已经痛哭过一场，悲痛已经过去，此时悲伤的感受也会不同。

悲伤的程度各异，小到轻微沮丧，大到哀悼般的痛心疾首。悲伤的感觉可能比悲痛的感觉更加强烈，两者各自分为不同的程度，在表现方式上有所区别。与悲痛相比，悲伤更为安静内敛，更少混乱不安，不逞口舌之快，鲜有抗争之举，因而更容易让他人接受。但悲伤的人可能会更难过，因为他已经认命了，会更仔细地思考，自己的损失到底意味着什么。

悲喜两重天：悲伤的伴生情绪

悲伤可以与任何情绪混合，不过最常见的还是与愤怒、恐惧的

搭配。失去亲人所引发的情绪除了悲痛和悲伤之外，还有愤怒，因其死亡元凶而怒，因亲人撒手人寰而怒，因自己如此脆弱而怒。前文说过，愤怒可以夸大或假扮，以掩盖悲痛或悲伤的表情。如果知道自己要被截肢，在悲痛或悲伤之余，可能还会感到一些对危险和疼痛的恐惧。悲伤可以与厌恶混合，成为失望型的厌恶，或者鄙夷。悲伤也可与快乐混合，形成一种苦与甜交加的感觉，像是回味一段多愁善感的忧郁时光。

有些人享受悲伤的感觉。一些人特地寻求悲伤的间接体验，就像有人喜欢坐过山车体验伪恐惧一样；另一些人则刻意让自己悲伤起来，或是看催人泪下的电影和小说，创造机会让自己尽情痛哭。

还有的人则从来不露悲痛之色，甚至觉得哪怕只是想象中的悲伤都会是一剂毒药。我们通常认为他们铁石心肠，没有同情心，对他人的生命漠不关心。

悲伤时的面部表情变化

我们之所以选择悲伤作为研究重点，而非悲痛，是因为悲痛的表现更明显，不言自明，更何况一般还伴有哭闹声。而悲伤的表情就隐蔽得多了，即便悲伤至极，也可能几乎不露声色，只看得出面部肌肉略微松弛，而这样的悲伤表情是无法以照片展现的。如果是程度稍弱一些的悲伤，或是正在由悲痛转入悲伤的过渡阶段，脸上就会出现特别的迹象；我们即将展示的悲伤表情还可能出现在悲痛初期或是轻微悲痛时。

悲伤时，三个面部区域各有特定的表现。眉毛内角上抬，并可能挤作一团；上眼皮的内角上抬，下眼皮也可能上抬；唇角下压，或者嘴唇发抖。

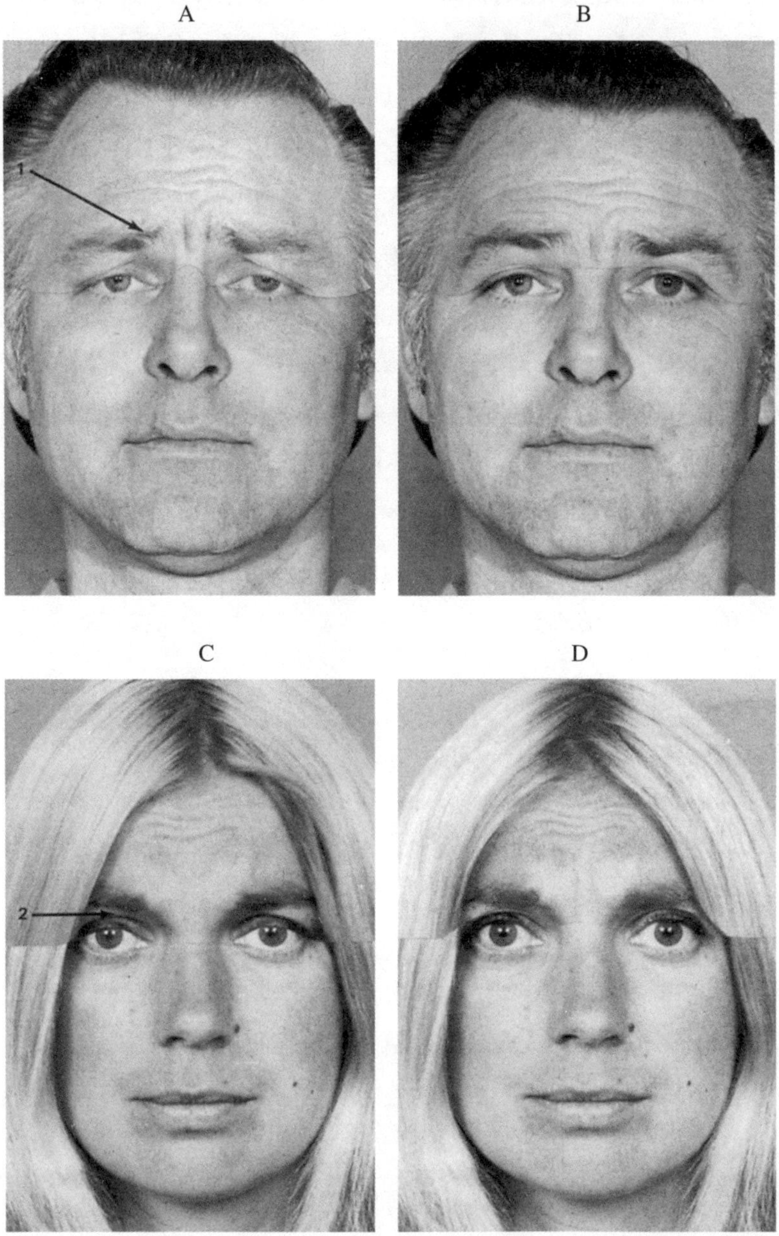

A、C 中只有眉毛与前额区域处于悲伤状态，面部其他区域为常态；B、D 中只有眉毛与前额区域处于恐惧状态，面部其他区域为常态。

图 50

悲伤眉：眉毛内角上抬，可能挤作一团

眉毛内角上抬，并可能挤作一团。

图 50 中，A、C 两张照片眉毛和前额区域处于悲伤状态，面部其他部分都是常态；B、D 两张照片可以作为对比，图中只有眉毛和前额区域处于恐惧状态，面部其他部分是常态。在约翰的照片里，箭头 1 位置所示的就是悲伤眉内角上抬，这一点与恐惧眉整体上抬并挤作一团有所不同。帕特丽夏的两张照片里也有类似的区别，但不明显。

有两种办法可以辨别出帕特丽夏和约翰的眉毛及前额区的动作是一样的。

> 第一种，看清图 50C 中帕特丽夏眉毛下方的皮肤，并将其与图 50D 对比，你会发现悲伤眉下方皮肤呈三角形，而恐惧眉下方皮肤则有所不同。这是因为悲伤眉内角被肌肉牵引上扬，约翰的照片也有一样的现象。
>
> 第二种则是比较帕特丽夏左右两张脸的整体感觉，50C 为轻度悲伤，50D 为轻度担心。但其实两张照片均为拼合图片，唯一的区别只在眉毛和前额区。用这种方法比较图 50 中约翰的表情，区别更加明显。

图 50 中展示悲伤眉及前额的同时，也展示了悲伤上眼皮。事实上，悲伤眉及前额单独出现，而没有悲伤上眼皮是不可能的，因为悲伤眉所依赖的肌肉动作会同时使上眼皮内角上抬。图 50A、C 展示悲伤的照片中，约翰和帕特丽夏上眼皮都有动作，要么是内角上抬，要么是顶部上抬。

通常来说，悲伤眉及前额，与悲伤上眼皮一起出现时，悲伤下眼皮和下面部也会随之出现，但这不是绝对的。如果只有悲伤眉毛

及前额、悲伤上眼皮两者出现，而其他部位仍为常态，该表情就表示轻微悲伤；或者虽然很悲伤，但正在自控。若该表情在谈话中不断闪现，则可能是在强调某个字或词，通常还会配合声音的变化。这个功能就是之前提过的“口语标点”。

悲伤眼：下眼皮上抬

图 51 展示的也是悲伤表情，与图 50 的区别仅在下眼皮，图 51 展示的是悲伤下眼皮，而图 50 则是常态下眼皮。这个下眼皮上抬的动作加重了悲伤的感觉，因此帕特丽夏在图 51 中显得比在图 50C 中更悲伤一些，其实区别仅在下眼皮而已。

图 51 中，约翰除了悲伤下眼皮之外，眼神也略微耷拉。悲伤时，尤其心存愧疚时，目光通常都会向下，而非正前方。从这两张照片

A

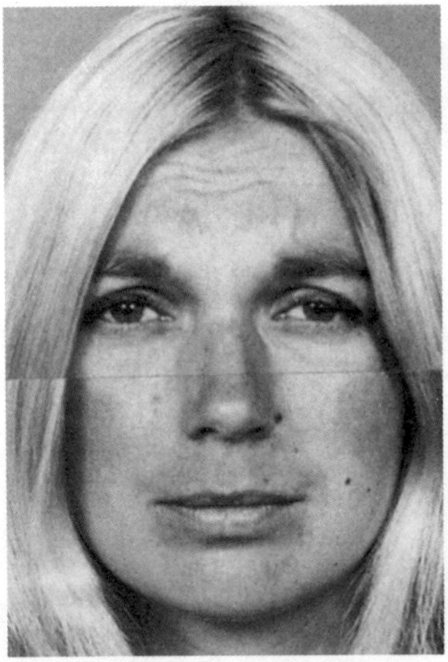

悲伤下眼皮＋悲伤眉，下眼皮上抬的动作加重了悲伤的感觉。

B

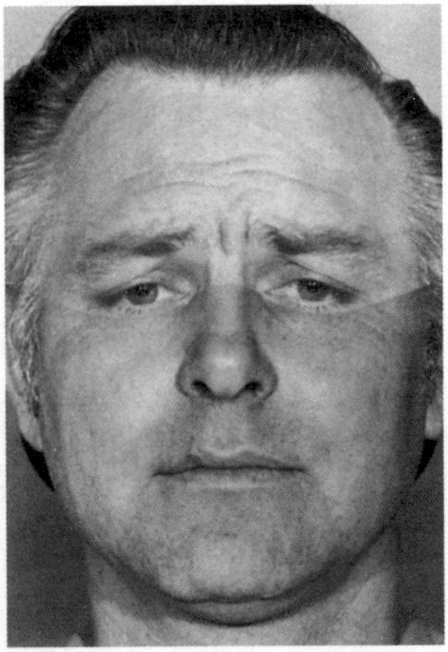

悲伤下眼皮＋悲伤眉，下面部为常态；眼神耷拉，心怀愧疚时，眼神通常会向下。

图 51

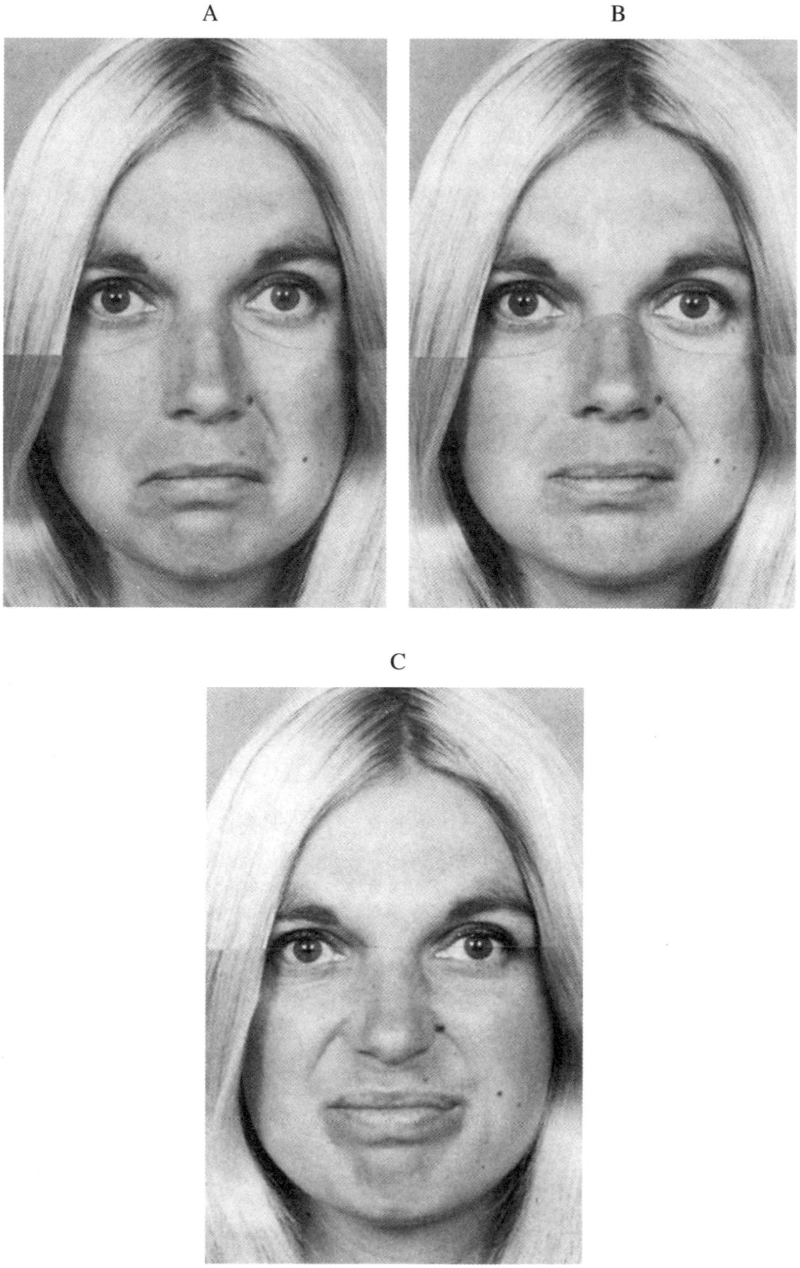

A、B 展示了两种悲伤嘴型，C 为厌恶嘴，三者的眼睛、眉毛及前额都是常态。

图 52

中还可以看出一些自控的迹象，因为嘴部仍然是常态，不过表露的悲伤还是比图 50 显著。

悲伤嘴

帕特丽夏在图 52A 和图 52B 中分别展示了两种悲伤嘴型，而图 52C 展示的厌恶、轻蔑嘴则是最容易与悲伤嘴混淆的嘴型。这三张照片中，眼睛、眉毛及前额都是常态的。

- 图 52A 中，帕特丽夏的唇角下压；
- 在图 52B 中，她的嘴显得很松弛。这有几种可能：一是嘴唇颤抖，二是即将大哭，三是竭力让自己不要哭出来；
- 图 52C 的厌恶、轻蔑嘴可用来作对比。

如果悲伤嘴单独出现，而眼皮和前额无动作，那么传达的情绪就很含糊；而其他情绪则不然，快乐、惊讶、恐惧以及厌恶哪怕仅仅表现在嘴部，其表意也是清晰的。图 52A 的表情可能只是撅嘴表示不悦，或许也不一定。图 52B 的表意则完全不清楚，可能是轻度悲伤，可能是蔑视，也可能是其他含义。

全区悲伤及程度

图 53 中，帕特丽夏展示了三个区域共同动作下的悲伤，其中两种悲伤嘴都出现了。该图中的悲伤程度属于中等，想让程度更低一些，只需每个区域的相关动作减少一些。最轻微的悲伤如图 50C 所示，略高一级的如图 51A 所示。

比图 53 更悲伤的表情是存在的，不过得加上流泪和嘴唇颤抖等动作，因此无法单纯以静止图片来展示。更悲伤的时候，还可以面无表情，因为面部肌肉已经麻痹了。

A B

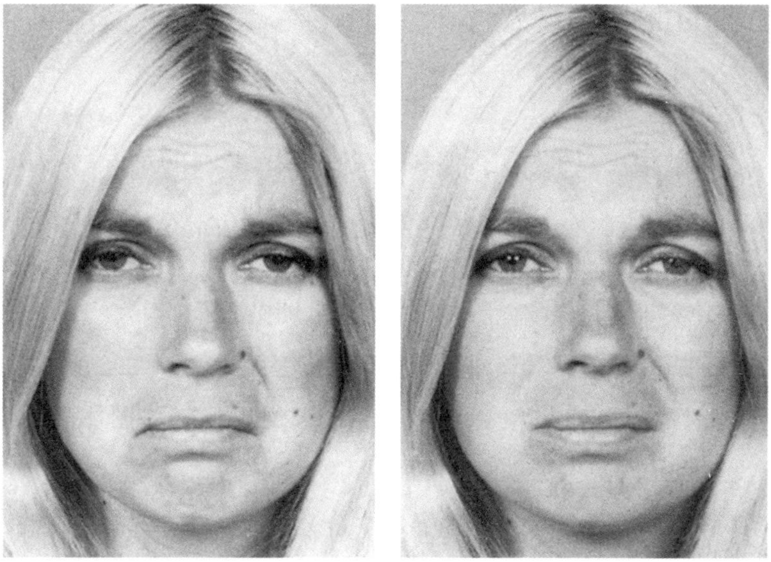

两种全区域悲伤，悲伤程度属于中等。

图 53

A B

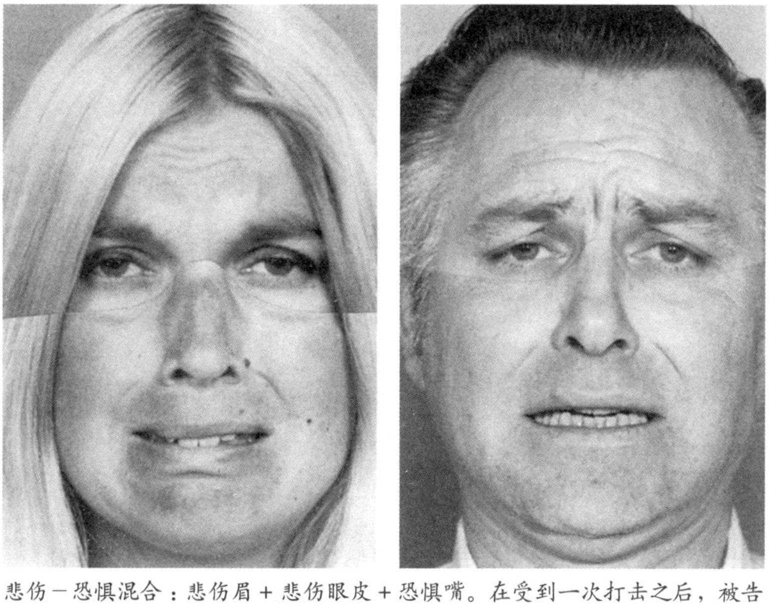

悲伤－恐惧混合：悲伤眉＋悲伤眼皮＋恐惧嘴。在受到一次打击之后，被告知将受到新一轮打击时的表情。

图 54

悲伤的混合表情

悲伤－恐惧混合

图 54 中，约翰和帕特丽夏展示的是悲伤与恐惧的混合，组合是“悲伤眉 + 悲伤眼皮 + 恐惧嘴”。我们来设想一种情形，比如一场自然灾害之后，帕特丽夏失去了家园，深感悲伤，此时消息传来，“新一轮灾难即将降临，所有人员必须立即撤离本地区”，于是就有了这幅悲惧交加的表情。这个表情还可能出现在悲痛的时候，源于已经发生或是即将发生的生理痛苦对心理的刺激。此时的帕特丽夏还没开始哭，不过应该用不了多久了。

图 55C 展示了悲伤与愤怒的混合，由悲伤嘴、愤怒眉、愤怒眼或眼皮组合而成。作为对比，图 55A 是全区愤怒，图 55B 则是全区悲伤。可以构想一下图 55C 的表情出现的场景。

> 帕特丽夏的狗刚被车撞死，她走向肇事司机的时候，可能就是这幅悲愤交加的表情。悲是因为宠物之死，愤是因为司机的粗心大意。
>
> 另一种可能的场景是，帕特丽夏刚被母亲一顿训斥，她可能既为母亲刚才不爱她而感到悲伤，也为母亲语气如此之重而感到愤怒，情绪混合的结果可能就是撅嘴生闷气。

图 56C 中，约翰展示了另一种类型的悲愤表情，悲伤眉和眼与愤怒嘴的组合，作为对比，图 56A 是全区愤怒，图 56B 则是全区悲伤。图 5BC 这样的悲愤表情多半是为了掩饰或者控制悲伤表情，因而刻意加入了愤怒嘴；当然，也有可能表达了悲伤而坚决的情绪。如果只是为了掩饰悲伤的话，约翰还需要表现得更加愤怒，因为他的上唇显得太僵硬，不够自然。

A

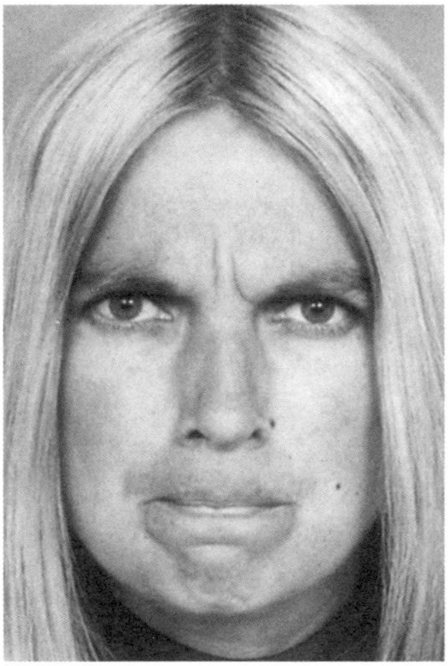

全区域愤怒

B

全区域悲伤

C

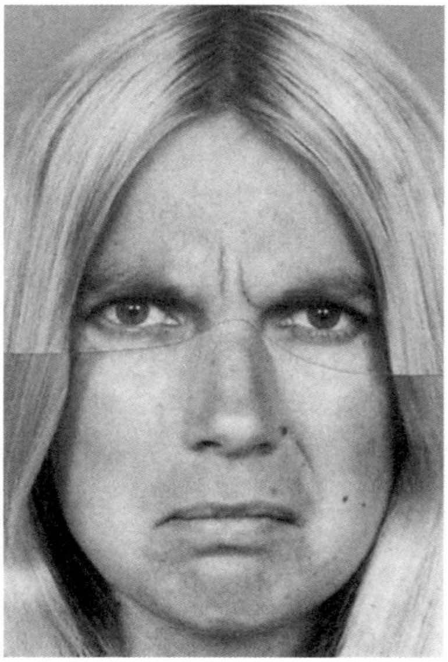

悲伤嘴＋愤怒眉＋愤怒眼。

图 55

A

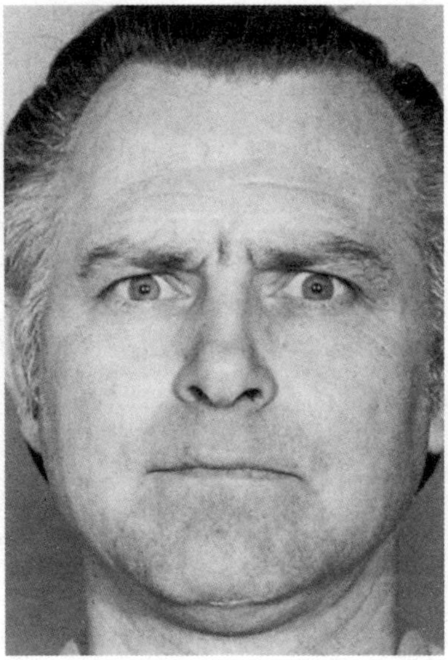

全区域愤怒

B

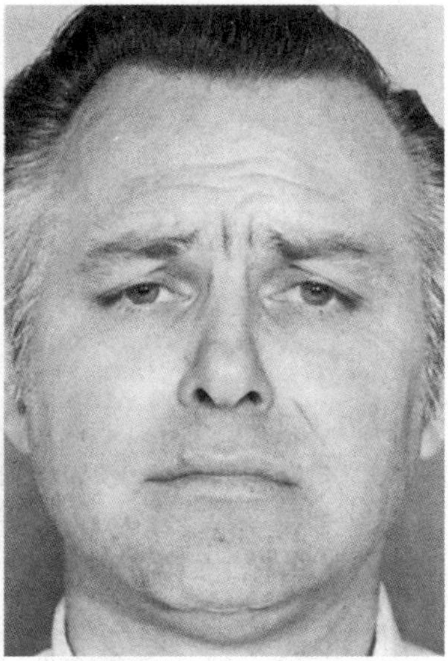

全区域悲伤

C

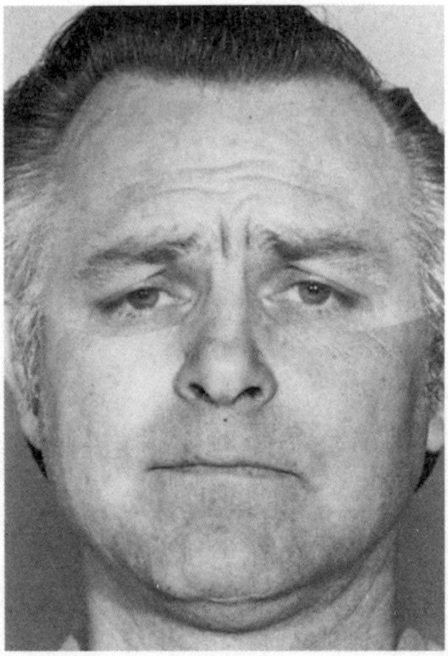

悲伤－愤怒混合：愤怒嘴＋悲伤眉＋悲伤眼和眼皮。掩饰或控制悲伤情绪时会出现这种表情。

图 56

悲伤－厌恶混合

图 57 展示了两种悲伤与厌恶的混合组合，即“悲伤眉或前额 + 悲伤眼或眼皮 + 厌恶嘴 + 厌恶下眼皮”。约翰这个表情的意思可能是，目睹过战争之后，对生灵涂炭深感悲伤，同时也对人类嗜血的劣根性感到厌恶。

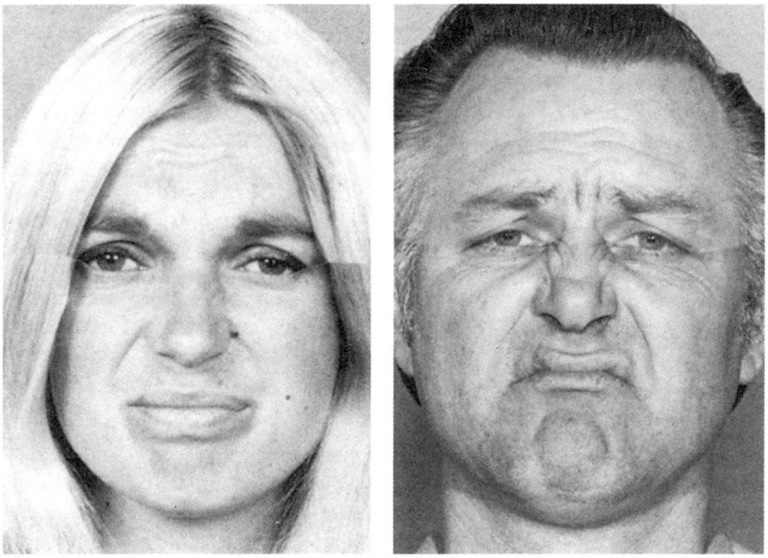

悲伤－厌恶混合：悲伤眉和前额 + 悲伤眼 + 厌恶嘴 + 厌恶下眼皮。

图 57

悲伤－快乐混合

图 58 则展示了悲伤与快乐的混合，由悲伤眉或前额、快乐嘴组合而成。在帕特丽夏的表情中，上下眼皮都是悲伤的；而约翰的照片中，他的上眼皮显露着悲伤，下眼皮却在传达快乐。这个混合表情的表意有两种：

1. 可能是在怀念亦苦亦甜的往昔岁月。

2. 也可能快乐的元素只是个幌子，传达着“心泪成河，强颜欢笑，只因爱之深切”这样的情绪；或者有人正在劝导悲伤的人：“高兴点，事情没那么糟糕，来，笑一个。”

A

悲伤－快乐混合：悲伤眉与前额＋快乐嘴。上下眼皮都传达着悲伤。

B

悲伤－快乐混合：悲伤眉与前额＋快乐嘴。上眼皮传达着悲伤，下眼皮传达着快乐。

图 58

复 习

图59展示了两种全区悲伤表情，请注意每一个能够提示悲伤情绪的细节。

- 眉毛内角上扬并挤作一团；
- 眉毛下方皮肤呈三角形，内角上扬；
- 上眼皮的内角上抬；
- 唇角下压，或者嘴唇颤抖。

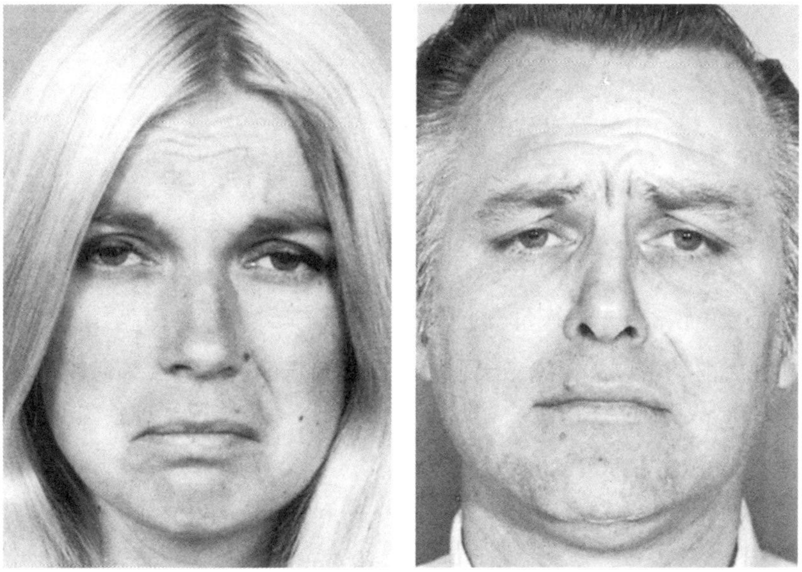

图59

表情制作

1. 将271页上的C部分放入图59中对应的位置，请问你看见了什么表情？该表情应该是轻微悲伤，因为只有眉毛体现了悲伤（图50）。不过这个表情与图50有一个区别，图59中的悲伤上眼皮与C部分常态眼拼合时，无法像图 50 的上眼皮那样遮盖眼睛的顶部。即便如此，这仍旧是悲伤表情。

2. 将 B 部分放入图 59 中对应的位置，帕特丽夏有点像在撅嘴生气(图 52)，但并不一定。约翰的表情也模棱两可，可能是悲伤初期最轻微的迹象。
3. 将 D 部分放入图 59 中对应的位置，两张照片看起来都是很悲伤的样子，但是程度不及之前有悲伤嘴的时候。现在把 D 取下来，然后迅速复原，你就能发现表情的变化了。
4. 要想看到悲伤程度的渐变，请快速进行以下操作：将 B 部分放入图 59 中对应的位置，极轻微悲伤；撤掉 B，将 D 部分放入图 59 中对应的位置，表达的是悲伤；再撤掉 D，露出图 59 的原图，显得更为悲伤。

面部快闪练习

现在我们加入快乐的表情和悲伤的表情，以及两者与其他情绪的混合表情。首先来练习一下快乐、悲伤及其混合表情，完全掌握后，加入之前练习过的愤怒、厌恶、恐惧和惊讶的表情继续练习，直到完全掌握。

面部快闪练习　表情清单 3

图片编号	答　案
42A	轻微快乐
42B	中度快乐
42C	中度到高度快乐
43A	中度快乐
43B	中度快乐
44A	轻微快乐
45A	快乐－惊讶

46C	快乐－轻蔑
47A	快乐－愤怒
47B	快乐－愤怒
51A	轻度到中度悲伤
53A	全区域悲伤
53B	全区域悲伤
54A	悲伤－恐惧
54B	悲伤－恐惧
57A	悲伤－厌恶
57B	悲伤－厌恶
58A	快乐－悲伤
58B	快乐－悲伤

延伸阅读

UNMASKINGTHE FACE

饱满的悲伤会引发眉头上扬+眼睑闭合+痉挛式呼吸的动作组合。如果社交情境没有限制，这些特征可以毫无拘束地表现出来。但在严肃的社交情境中，往往不能随意表达内心的悲伤，因为这样会让人觉得“很无能”。所以，一旦情绪表达受到限制，这些饱满的悲伤表情形态就无法最大程度表现出来，行为人会采取减幅减态的原则来克制自己的情绪流露，尽管这个过程行为人自己不会意识到。

所以，悲伤的微表情特征会集中在眉头的上扬和眼睑的闭合两个方面。眉头轻微上扬加上眼睑的小幅闭合，无需嘴部的形态特征和呼吸的变化，就可以将悲伤的情绪表露出来。一旦捕捉到这个特征组合，就可以推断悲伤情绪的存在，进而建立一个因果逻辑关联——当事人受刺激源引发的结果为“无力挽回的损失”，其内心的愧疚、无奈、绝望等感受比语言中的坚强和高傲更为可信。

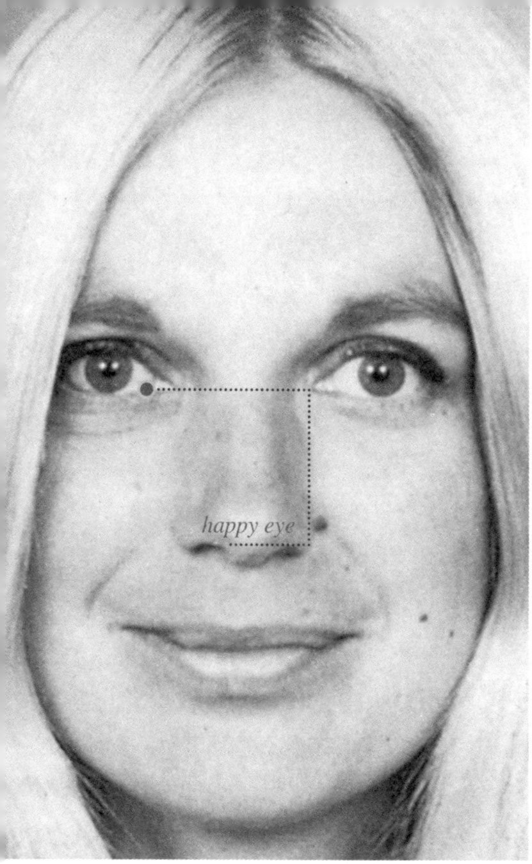

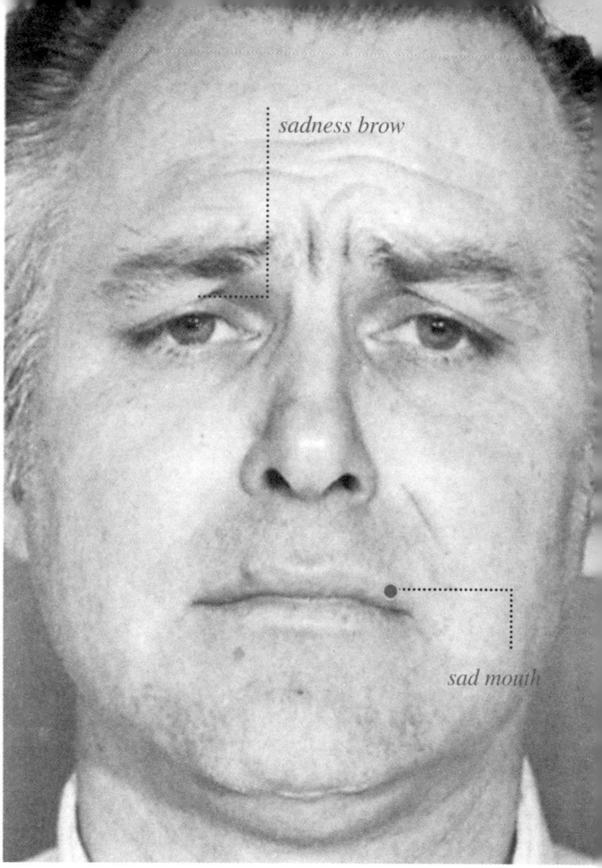

第9章

千谎百计

无处容身的面部谎言

从表情就能看出尼克松在“水门事件”的听证会上撒了谎？演员与政客在日常生活中也会不经意地撒谎吗？微表情在言语出口之后多久出现，才能成功骗倒他人？识别谎言是一门高深的学问。你想成为经验丰富的识谎专家，还是潇洒自如的骗术大师？

UNMASKING THE FACE

甄谎看面部：表情比言语更靠谱

大家都认为情绪表情比口头语言更可靠，因为每个人都有过从对方神态判断他是否说谎的经历，至少自以为判断正确。在美国，无论你支持的是什么党派，在参议院的“水门事件”（指发生于1973年的美国政治丑闻，致使尼克松成为美国历史上第一位，也是迄今唯一一位因丑闻而在任期中下台的总统。——译者注）听证会上也能通过表情看出至少一位证人当庭说谎。不过谁都难免会被情绪表情欺骗，有时候是被假装的表情误导，后来才发现对方当时绝不可能是那种情绪；有时候则是被面无表情误导，本应出现的情绪表情被对方硬生生遏制住了。

擅长用表情来说谎的可不光是演员和政客，实际上每个人都会不时尝试那么做。

我们都在不断地学习如何控制和伪装情绪表情。大人不但教育孩子们哪些话不能说，还告诉他们哪些表情会惹人讨厌，比如“别那样气呼呼地看着我”或者“收起你那副嘴脸”。除了要知道忌讳，还要学会伪装表情，通常会被要求挤出笑容来，比如：“来，给叔叔笑一个，他人很好，想帮你。”尚未成年时，多数人就已经学会

了如何让表情符合社会规范，以及如何控制语言和表情，以达到预期的效果。

控制情绪表情并不容易，很多人都在尽力掌控，但依然漏洞百出。人们对于口头说谎可能驾轻就熟，但用表情说谎就疏于练习了，不过最不济的还是用肢体动作说谎。究其原因，可能话说错了会授人以柄，而表错情了却不太要紧。你的语言会被人们鸡蛋里挑骨头，而你的表情却不会招来过多非议，至于肢体语言则更加不被他人重视。正因为要对语言负责，我们才会在不懈努力之后成为了口头上的说谎高手。就这一点而言，语言和表情的区别其实不大。

想在说话时自查口头语言，并非难事，但若想检查自己的表情，就困难得多了，主要有两个原因：

第一，表情的出现时间非常短，可能只会在不到一秒的时间里一闪而过。想自查语言，只要站在对方的立场上，就能知道自己说的话听起来是什么感觉了，但表情就没那么容易自查。我们能听见自己说话，可以把每个字想好了再说出口，甚至话说了一半感觉不对还能马上修改；但我们无法随时了解自己的表情，如果硬要想办法清楚自己当下的表情，反而不利于交谈。因此，只能退而求其次，借助面部肌肉的反馈来自查，不过这个信息源并不那么准确。

想在语言上动手脚也比变换表情容易。我们学过词汇和语法，该怎么说话已经了解得清清楚楚。需要帮助的时候，还有字典词典。我们可以把要说的话提前写下来，大声念几遍，并让朋友听一听，提出意见，具体到某个字或者某句话的用法。如果我们也排练一下表情，你的朋友也许都不知道该用什么词汇来表达自己看出的问题，只能靠直觉和灵光一现来提出意见，但这种笼统的意见对你改进表情毫无帮助。我们没有关于表情的字典，没学过说话时使用的标准表情，不知道每种表情会牵动哪些肌肉，唯一知道的只是“要掌控好自己的表情”。

第二，也是更重要的原因，被情绪触发的表情是不由自主的，语言却不是。假设你在街上走着，突然一条疑似有狂犬病的恶犬狂吠着向你冲过来，在恐惧的作用下，你会心跳加速、呼吸急促，可能还伴有其他的生理变化；同时面部肌肉开始有所动作，于是就出现了第4章展示过的某张表情蓝图。这些面部和身体的变化都是自动发生的，不会掺杂多少思考的成分。

在那种时候，言语却不会这样不由自主地脱口而出，当然，你难免会倒吸一口凉气然后惊声尖叫。导致心跳加速、呼吸急促和面部肌肉运动的内在机理是一样的，而语言则不受该机理掌控。“不由自主”并不意味着无法控制，比如你可以随时让自己呼吸急促起来，也可以随时假扮出任何表情；“能被变换”也并不意味着随时都可以自由掌控，有时候呼吸急促并不是你自愿的，而是某种情绪来袭的自然反应。恐惧时，你也可以重新控制好呼吸节奏，但这意味着你需要努力克服自然的生理反应，这并非易事。情绪表情就是这样一种不易克服的生理反应。

人们重言语而轻表情，导致疏于练习对表情的掌控，加上表情不易自查、不好变换、难以遏制，因此，根据表情来判断情绪是相当可行的。不过每个人都知道面部需要自控，而且有能力阻断自然的面部反应，也有能力做到心面不一，因此，表情也是会说谎的。谈话中，言语欺骗是有迹可循的，比如口误；表情虽然比言语更可靠，却也有更强的误导性。

不同表情表达的分别是什么意思？怎样判断一个表情是真是假？如果对方在竭力隐瞒真实感受，如何才能嗅到那一丝自然流露出的情感味道？大多数人的判断方法很简单：

- 眼睛是心灵的窗户。
- 如果自称有某种感受却面无表情，判为谎言。比如自称

愤怒或快乐，面部却是常态。

◆ 如果面带微笑却自称有消极感受，可能所言非虚，也可能笑容为真，必须具体情况具体分析。比如，面带微笑地说害怕牙医，那么这笑容并非否定话语，而是做点评之用，因此说的是实话。但如果一位女士拒绝了一位男士，不过方式很体面，此时男方面带微笑地自称很生气，那显然说的是假话。

◆ 如果对情绪守口如瓶，只是脸上有所表露，那么表情为真；如果矢口否认自己的表情，那真实性就更值得怀疑了。比如他说“我毫不惊讶”，但表情是惊讶的，那他此时的内心肯定惊讶无比。

这些判断方法在多数时候是有效的，不过还可以精益求精。为了了解哪些表情可信，哪些不可信，我们先得讨论一下人们为什么要掌控表情，以及用了哪些方法来掌控。

必须撒谎的世界

文化示众规则

我们自创了“示众规则”这个词，用以描述在特定情况下应当如何掌控表情，这些规则很可能在一个人的童年就学会了。比如在美国，城市里的中产阶级白人成年男性有一项示众规则：不能公然表示恐惧。同身份的女性在将至中年或将为人母时也需要遵循一项示众规则：不能公然表示愤怒。最初学习示众规则可能是听从他人的训导，有人告诉你什么能做，什么不能做，也可能是通过观察和模仿而自学成才。一旦潜移默化，就成为了习惯，和开车是一个道理，做起来根本不需要动脑子，只有犯错的时候才会停下来想想。到了陌生的环境，也得停下来考虑一下，应该遵循哪条示众规则，因为规则是因文化而异的。如果搞不清当前状况，不清楚自己的角色，不知道别人的期望，也需要时间思索一下该遵循什么规则。

刚才的例子指出了男性的恐惧和女性的愤怒不能公然示众。有时示众规则会更加具体，只要求身处某种社会角色或情境中的人不得流露某种表情。比如，在美国中产阶级的婚礼上，女方全家都可以公然哭泣或者面露悲伤，男方家庭则不行。尽管示众规则通常不主张男人哭泣，但允许表露一定程度的悲伤，不过如果是婚礼场合，新郎连悲伤的权利都要被剥夺。示众规则并非都是禁令，还会规定某些场合必须出现特定的表情。比如选美比赛，当主持人宣布结果时，泪流不止的并非失败者，而是优胜者。听上去很矛盾吗？这就是示众规则在起效。在这样的比赛中，失败者除了必须掩饰悲痛之情，还得稍稍表露出快乐的样子；而优胜者只需要不表现出自鸣得意之情就可以了。在主持人宣布结果之前，所有参赛者都是害怕失败的，因而主要精力都放在控制眼泪上了，同时还得面带微笑。当最终评选结果水落石出时，终有一人不需再压抑自己，于是眼泪夺眶而出。

在特定的场合，除了严令禁止某些表情出现之外，示众规则也可能要求对情绪的强烈程度做适当的调整。比如在葬礼上，来吊唁的人需要根据其他吊唁者的反应，调整自己的悲伤情绪，因为表达悲伤也是有一个等级秩序的。假设一个中年男人刚刚过世，在葬礼上，如果他的秘书显得比他妻子还伤心，那么这位秘书与死者的关系就很耐人寻味了。因此，秘书得调整表情，悲伤程度必须低于死者的亲人。

个人示众规则

刚才讨论的都是文化示众规则，也就是关于表情的社会习俗。

在特定的社会阶层、文化或次生文化中，所有正常的成员都会遵守这些规则，其所处的社会角色使然，这是第一个原因，也是最常见的原因。自控表情的第二个原因，是个人示众规则在起效。所谓个人示众规则，是一种由家庭生活的特性而产生的个人习惯。比如，某人从小就被家里人教育，如果对方有权有势，或者是异性，那么千万不可怒目而视。个人示众规则也可能是很笼统的，比如有些人较为戏剧化，其所有表情都很夸张；而有的人总是一本正经，永远面无表情，我们常戏谑其为“扑克脸”。

可见，表情自控既是出于社会习俗的约束，即文化示众规则，也是成长差异的结果，即个人示众规则。

职业要求

表情自控的第三个原因是职业要求。演员对表情的自控显然需要达到炉火纯青的境界，某些其他行业的优秀从业人员也必须以这样的标准来要求自己，比如外交官、律师、销售员、政治家、医生、护士甚至教师。至于人们是因为在表情自控上有天赋才从事这些行业，还是因为从事了这些行业才学会了表情自控，抑或两者皆有，我们不得而知。

情势所迫

表情自控的第四个原因是情势所迫。罪犯在证明自己清白时，会在言语和表情上做足文章。他遵循的并非个人和文化示众规则，也不是出于职业要求（除非他是职业罪犯），而只是为了自保。东窗事发时，监守自盗者必须面露惊讶之色以免他人怀疑；偶遇情人时，丈夫必须遏制喜形于色的冲动，因为妻子在侧。他们都是情势所迫，出于自保的本能而自控表情。

一般来说，无论是通过言语还是表情说谎，都可以归为当时的情势所迫。但如果是为了一己私利而撒谎，社会会对你口诛笔伐；而如果是因为个人性格、职业要求或者社会习俗的缘故，大家很可能会网开一面。不过"说谎"这个词本身就有一定误导性，潜台词是，隐藏在虚假信息背后的真情实感才是唯一重要的信息。然而，虚假信息本身也很重要，前提是你得知道它是假的。我们要考虑停用"说谎"一词，而称之为"信息掌控"，因为谎言本身也会传达有用的信息。

有时候人们完全不进行信息掌控，表里如一，没有尔虞我诈，我们称之为"坦诚相待"。有时候人们会进行信息掌控，试图隐瞒或替换信息，这样一来就会造成信息自相矛盾，一条信息反应了真实感受，一条又反映了根据需求加工过的情绪，其实这两条都是重要的有效信息。

比如一个人长期极度抑郁，现在即便收起悲伤的表情，表现得较为快乐，但其实内心还是一样的抑郁。要是仅仅根据表情认为他很快乐，那就大错特错了。但如果你压根不看他的表情，也是一个极大的失误。因为他试图显得快乐这一举动可能在向你传递一些有效的信息，比如情绪开始好转了，或者他想取悦你，或是不必太过担心他。问题是，该如何判断对方是否在进行信息掌控呢？如果确认对方是在掌控，又该如何判断哪条信息是真，哪条是假呢？想回答这两个问题，我们首先得来认识一下各种表情的自控手法，并了解它们的区别，因为表情自控可不是拿一个假表情替换一个真表情那么简单。

学会控制表情让你瞒天过海

掌控表情的手法各异，对自己的真实情绪，既可以修饰，也可以调节，还可以变换。

修　饰

所谓修饰，就是在刚才的表情后添加一个新的表情，用来点评之前的表情。比如，牙医走过来时，你先是面露惧色，然后又添加了一点厌恶的表情，这就是在告诉牙医，看个牙居然也会感到害怕，你自己都受不了自己了。修饰不会对真实情绪表情的强烈程度产生影响，这与调节不同；真实表情也不会因为修饰而被隐藏起来，更不会被虚假表情代替，这与变换不同。如果一个表情出现后，马上又出现一个新的表情，那后面的表情可能就是修饰表情。修饰表情的出现，要么是示众规则起效，要么代表了另一个真实感受。沿用之前那个牙医的例子，你可能是在遵循某条示众规则，以表明自己并不是个乳臭未干的胆小鬼，也可能是真的受不了自己这么胆小。

最常见的修饰表情是微笑，它可用于任何负面情绪表情之后，作为点评。修饰性的微笑往往是一个信号，提示对方这个负面情绪将有何后果，或者到什么程度才算完事。根据这个信号，对方就可以判断事态的严重性，也能看出你还没有失控。

- 如果用微笑来修饰愤怒的表情，就相当于面部在代你说“我不会太过激的”，你可能根本没有攻击举动，即便有，也会适可而止。而如果是微笑与愤怒的混合表情，则表明你在享受愤怒。
- 如果用微笑修饰悲伤，则表示“我能挺得住”“我不会再哭了”或者“我不会自杀的”等。
- 微笑修饰恐惧则意味着“我会挺过去的”或者“我不会逃跑的”等。

修饰是最轻微的表情掌控，真实表情受到的歪曲很小，而且通常是受到文化示众规则或者个人示众规则的作用而产生的，并非出于当时的一己私欲。由于修饰极容易识别，而且对信息真实度的影响很小，因此我们不会专门讨论如何识别修饰。

调　节

所谓调节，就是对表情的强烈程度进行调整，使之与真实感受的强弱程度不同。调节的目的只是增减强度，而非点评，也不是改变信息的本质，因而与修饰、变换都不同。通过增减三方面的要素可以达到调节的效果，这三方面分别是表情涉及区域、持续时长和肌肉动作幅度。

假设约翰感到恐惧，但根据示众规则，他需要将恐惧表情弱化为担忧。如果要弱化完整的恐惧表情，全部三个区域都会有所动作，也就是全区域恐惧，如图 21A 所示。如果他想弱化恐惧的表情，可以参照以下某种或多种做法：

- 将嘴恢复常态，如图 18A 所示；还可以将眼睛也一并复原，如图 12B 所示；或者只出现恐惧嘴，如图 16 B 所示。
- 缩短表情持续时间。
- 降低嘴部拉伸程度，下眼皮不要太过紧绷，抬、挤眉毛的幅度小一些。

如果约翰只是觉得担忧，最初的表情就会像图 12B 所示，如果他想强化这个表情，表现出害怕，只需将上述步骤反其道而行之即可。如前所述，人们通常会用三种方法来调节：增减表情涉及区域数量、改变表情持续时长和调整肌肉运动幅度。

我们会在后面讨论如何识别调节。

变 换

所谓变换，可能是假扮，也就是有表情而没有任何感受；也可能是压制，也就是有感受而没有任何表情；还可能是掩饰，也就是表情传达的情绪和真实感受不符。

假扮时，人的内心其实波澜不惊，却想让人误以为有那么回事。举例来说，有人告诉你，你的一个好朋友出事了，即便你根本无所谓，心里没有任何感觉，但还是得面露悲伤。这就是假扮。

想假扮成功，首先要记住每种情绪表情出现在面部时，神经的感受是什么样的，这样才可能在需要的时候调整面部，将需要的表情复制出来。一般来说，你不会预先知道什么时候需要假扮出什么表情，也没机会对着镜子进行预演。不过，儿童和青少年是常常对着镜子练习表情的，成年人在按计划出席一些场合之前，也会对着镜子进行这样的练习。不过，你用得最多的不是镜子，而是本体感觉（本体感觉指的是肌腱、关节等运动器官本身在运动或静止时产生的感觉，例如人在闭眼时能感知身体各部分的位置。因位置较深，又称深部感觉。——译者注），也就是在面部深处的感觉。你的本体感觉需要非常灵敏，通过对肌肉动作的调整，使之与你记忆中那种情绪表情的本体感觉吻合，这样才能成功地复制想要的表情，比如愤怒或是恐惧。

压制正好与假扮相反，内心翻江倒海，脸上却不动声色。压制的本质是极致的弱化，将表情的强度调节到零，也就是常态，就叫压制。如果约翰感到害怕，但他想表现得很随意，就需要压制。压制过程中，可以尝试以下方法：

- 保持面部肌肉松弛，不要有任何收缩动作。
- 面无表情，然后将面部肌肉定格，咬紧牙关，收紧嘴唇，但不要用力抿嘴唇，目光凝视，但眼皮不要用力。

◆ 用各种小动作掩饰面部，比如咬嘴唇、吸嘴唇、揉眼睛、摸脸等。

压制很困难，尤其是事态严重、事情一件接一件时，难免会有情绪起伏。一般来说，压制表情时会显得木讷、不自然，虽然别人可能不知道你葫芦里到底卖的什么药，但至少看得出你在装。因此，人们往往更愿意掩饰，因为它比压制更容易办到，也更有效。

掩饰时，内心情绪为真，而脸上表情为假。当你听说那所谓的朋友出了事故，内心毫无情绪，但是面露悲伤，这就是假扮；但如果你内心感到厌恶，而面露悲伤，就叫做掩饰了。刚才也提过，之所以掩饰，是因为比压制更容易。此外还有一个原因：要想隐瞒一种情绪，通常得找另外一种来代替。

比如说，一位抑郁者不希望别人怀疑他有自杀倾向，那么，光表现得若无其事是不够的，还得表现出快乐。我们之前说过，微笑是最常用的修饰表情，其实它还是最常用的情绪掩饰。

达尔文最早给出了理由：从所涉及的肌肉运动来看，微笑与负面情绪表情的差异最大。因此，严格从解剖学原理来看，以微笑来掩饰下面部的愤怒、厌恶、悲伤和恐惧是最有效的。

而且，掩饰有时也是社会情境所致，令你既感到需要隐瞒负面情绪，也觉得需要代之以微笑。还有些时候，人们会用负面情绪来掩饰负面情绪，比如以愤怒掩饰恐惧、以悲伤掩饰愤怒等，甚至还会用负面情绪来掩饰快乐。

是谎言还是刻意为之？

有什么好方法识别表情掌控，尤其是表情变换吗？大多数时候，

识别都不难，因为大部分表情掌控是因文化示众规则而起，漏洞百出，眨眼就被识破了。但你不会揭穿对方，即便他演技拙劣、丑态百出，你也只当没看见，甚至愿意被误导，并否认自己是在装糊涂。让我们回想一下，当我们礼节性地问他人“今天过得怎么样”的时候，其实对答案并不感兴趣，只需要对方露出一个敷衍式的微笑就足够了，这个微笑正是文化示众规则对于问候的基本要求。

更多时候，我们的重心不在识别表情掌控上，而在于如何不经意地忽略其中的漏洞。有项技能相信你早已驾轻就熟，那就是尽力配合对方的表情谎言，这往往也是由于文化示众规则的要求，因为来自社会的压力会同时作用于表情信号的发出方和接收方。而有时候，明知对方是为了一己私欲而有意欺骗，你也心甘情愿地配合对方。比如，丈夫在外拈花惹草，回来想装无辜，表情却伪装得很不到位，妻子心知肚明却没有戳穿，因为她不想与丈夫针锋相对。有意无意间，她自己也成了这场骗局的参与者。

故意为之，让你明白他的心意

有时候，能够识别出表情掌控，是因为对方故意显出漏洞，只不过你们俩都不会承认掌控的存在。表情修饰就是这样。用微笑来修饰恐惧，对方一看就明白：你虽然害怕，但还能忍受，不会逃跑，也不会尖叫。

有时表情调节也会故意做得很明显，让人一看就知道表情是强化过或弱化过的。假如有人惹了你，而你想告诉他自己内心暴怒，但正在自控，应该不至于对他拳脚相向，那么可以使用弱化过的愤怒表情，但调节的痕迹要非常明显，如此一来，对方既知道你怒气冲天，也知道你正在控制脾气。

还有些时候，表情掩饰也要做得很明显，好让人知道你这个表情是假的。如果你正在葬礼上沉痛哀悼死者的时候，突然看见一位老友也前来悼念，你可能会暂时换上微笑的表情。这个微笑只是出于礼节的掩饰，并非为了隐瞒悲伤。

只为愚弄你的“表情骗子”

如果他人只是为了愚弄和误导你而调节、掩饰自己的表情，而你又想识破他的把戏，该怎么办呢？

有些人进行表情自控，你是完全无法识别的，因为他们实在是个中高手,而你还需要累积经验。杰出演员的表情演技是天衣无缝的，优秀的销售员和律师也有这样的超强能力。如果你非要挑战这样的高手，千万不要把他的表情当真，因为他们都是专业的“表情骗子”。不幸的是，还有些人并非销售员、演员和律师，却也成了表情骗术高手，轻而易举就能迷惑他人。对此，他们自己心里有数，吃过亏的人也心里有数。我们正在进行一项研究，想探明这些自学成才的高手们都有什么样的特质，但目前还没有太多成果可供分享，好在这样的高手只是少数而已。

知人知面就知心

如果你不希望被骗，而对方也不是高手，那你需要做的就是识别出“泄露”和“欺骗”这两条线索。所谓泄露，就是试图隐瞒情绪而未遂；欺骗则意味着表情掌控，你会感到异常，却无法得知被掌控的是什么情绪。如果对方压制愤怒未遂，你就会发现他有生气的迹象，也就是愤怒情绪被泄露了。也可能他成功压制住愤怒，摆出了毫无表情的“扑克脸”，但在你看来，他的面部别扭、不自然，一看就是装的，这就是欺骗的线索。如果他改用悲伤来掩饰愤怒，愤怒仍然可能泄露。也可能愤怒虽未泄露，但悲伤看上去不自然、不可信，成了欺骗的线索，表明他隐瞒了某种情绪。又假如他调节了愤怒，将其弱化为轻度厌烦，也同样既可能有愤怒的泄露，也可能有欺骗的线索。

我们将讨论表情的四个要素，你可以借助它们来识别表情掌控。

1. 形态，也就是面部的特定外形。前几章关注的其实都是面部形态，包括五官形状的短暂变化，以及能够表达情绪的皱纹。后面会提到，面部哪一部分作假的可能性最大，但是要想准确判断，还必须具体情况具体分析。
2. 时长，包括过了多久才出现，持续多久、过了多久才消失。
3. 在谈话中出现的时机。
4. “微表情”，往往是由于表情被打断而造成的。

以上 4 个要素都必须放在具体的社会背景下进行解读。比如说，你将学习如何从疑似愤怒的表情中捕捉恐惧的痕迹，运用的要素是形态；但要判断该痕迹是恐惧泄露，还是恐惧和愤怒的混合，则需要借助社会背景进行分析，比如：

- 在当时的情况下，多数人都会感到怒惧交加吗？
- 他承认自己又怒又怕了吗？
- 他是不是否认自己害怕？
- 他有什么肢体动作？

社会背景包罗万象，包括了以下各种元素：

- 其他各类举动，比如头部动作、身体姿态、肢体动作、语音、措辞等。
- 表情出现之前和之后的举动。

◆ 其他参与者的反应。

◆ 对当时情境的定义，也就是该情境所对应的社会规范，根据该规范理应出现某些情绪。

在解释泄露和欺骗线索源的时候，有时候判断结果会模棱两可，必须放入具体社会背景中进行判断才能有唯一的答案，相信你有能力做到具体情况具体分析。

形　态

我们曾仔细观察过人们掌控下面部的方式，尤其是嘴唇，以及鼻子和脸颊下半部附近的皱纹。我们有一个还不够完善的发现：当人们掌控表情时，会花大力气掌控嘴部及周边区域，而在眼睛眼皮区以及眉毛、前额区下的功夫则相对少点。究其原因，可能是嘴巴对语言功能来说无比重要，于是人们尤为关注；也可能是人们特别注意在极端情绪下控制自己的嘴，以免因愤怒而咆哮不止、因恐怖而惊声尖叫、因悲痛而呜咽痛哭、因厌恶而呕吐唾弃、因快乐而哈哈大笑。

如果你想调节表情，最有可能从嘴部下手。比如，你感到非常害怕，又想显得不那么害怕，让眼皮和眉毛恢复常态是一条出路，但你最可能会做的还是让嘴部恢复常态。此外，你也可以通过限制任意区域的肌肉收缩程度，来达到同样的效果。而你很可能会将主要精力用于限制嘴部肌肉的收缩，对于眼睛眼皮区和眉毛前额区则关注得少一点。

变换表情时，在嘴部下的功夫也会多于眼睛眼皮区和眉毛前额区。如果是压制表情，那么需要压制的表情最可能从嘴部消失；如果是假扮，那么“制造”出来的情绪最可能表现在嘴部；如果是掩饰，那么掩饰性的情绪也最可能体现在嘴部。

嘴巴内部和周边的许多肌肉运动都会导致脸颊、下巴和下眼皮的布局发生变化。我们来做个试验，把你的手放在自己脸上，指尖能碰到下眼皮，掌根压在嘴和下巴上，手轻轻按压面部，然后依次做出图 6、图 14、图 22、图 33、图 42 和图 52 中的下面部表情，请特别留意指尖处的下眼皮的变化。开放型愤怒嘴、两种厌恶嘴以及几乎所有的快乐嘴都会导致脸颊上部和下眼皮发生明显的变化，唯一的例外是极其轻微的快乐嘴。在调节和变换这些情绪时，下脸部、脸颊和下眼皮都会有反应。

调节和变换的时候，多数时候是操控下面部，对眉毛或前额的操控则少见一些。控制眉毛和前额运动的肌肉群会同时影响到上眼皮的外观，尤其是愤怒和悲伤的时候。要想预判泄露和欺骗的线索会以何种方式出现在何处，我们不但要考虑三个区域的不同功能，还要考虑对方擅长操控哪种肌肉运动。

之前我们说过，眉毛和前额的某些动作可以作为口语标点，用来强调某个字或词，和文字中的斜体或着重号功能类似。这些动作可能源自较常见的惊讶眉或愤怒眉，也可能源自较少见的悲伤眉。如果某人有这样的习惯，他就可能用这个动作来撒谎，因为他时常练习这个动作。

有些面部动作既可以是表情，也可以是象征。

之前多次说过，象征这种肌肉动作并非真实的情绪表情，而是用于指示某种情绪，而且表情发出方和接收方都心领神会，其效果类似于用言语来指示一种情绪。比如扬起的眉毛可以是恐惧眉，也可以象征质疑；下垂的下巴则可以象征惊呆。如果某种肌肉运动既是情绪表情，也可以作为象征，那么可能所有人都很擅长运用这个面部动作来说谎，所以在该区域的动作就不太可能出现泄露。综合考虑以上所有因素，我们会针对 6 种情绪，揭示应该在什么位置寻找泄露和欺骗的线索。

假装快乐

从快乐表情中识别泄露和欺骗的线索基于这样一个事实：快乐是唯一一个在眉毛前额区没有特定动作的情绪。

因此，如果有人假扮快乐，我们不能认为眉毛前额区域没有动作就是欺骗的线索。同样的道理，如果他用快乐来掩饰情绪，也没有所谓快乐眉或者前额可供使用，所以上眼皮、眉毛或前额就很可能有情绪泄露。如果快乐被弱化，甚至一点笑容都没有，仍可能留下蛛丝马迹，比如脸颊轻微上抬，唇角浅浅凹陷，下眼皮出现轻微皱纹等。

假装惊讶

要假扮惊讶是很容易的，因为惊讶嘴和惊讶眉都可用作与惊讶相关的象征。图 4 是用惊讶眉象征质疑，图 7 是用惊讶嘴象征惊呆。唯一可能的欺骗线索就是不能够既睁着眼又保持眼皮放松，不过即便出现这个破绽，也可能是一种无所谓或者迷茫的惊讶，如图 9C 所示。

此时就必须结合社会背景来判断，如果在该背景下不应当出现无所谓或者迷茫的惊讶，那这就是欺骗线索。除了从形态发现破绽，我们之后还会学习从时长上寻找欺骗线索，此来源的线索用来判断假扮的惊讶最合适不过了。

人们经常用惊讶来掩饰恐惧，但往往不够到位。第一眼看上去，用惊讶掩饰恐惧是很合适的，因为它们的诱因和感受都颇为相似；但由于肌肉动作也很相似，所以恐惧的情绪仍然会渗透出来。惊讶可用来掩饰任何情绪。比如，听说某人倒大霉了，按理说你应该感到悲伤，但实际上你一阵窃喜，这时候就可以用惊讶来掩饰。有些人有一种习惯，无论出了什么事，第一反应都是惊讶。这种情况下，欺骗的线索来自表情时长。要想成功，掩饰的时间必须足够长，但我们之前解释过，惊讶是很短暂的，如果持续时间过长，就有作假的嫌疑。

假装恐惧

假扮恐惧时，很可能会做出恐惧嘴和直勾勾的眼神，因此线索可能是毫无动作的眉毛前额区。不过这也不一定是欺骗的线索，而是一种更强烈的恐惧或说是震惊性的恐惧，如图 18B、D 照片所示。至于该怎么判断，还是要放入社会背景下综合考虑。还有些人在恐惧时，眉毛前额区不会有任何表示，这为一条虽明显却重要的普遍性原理提供了实例，这个原理是如果你对对方的全套真实表情了如指掌，就更有可能找出泄露和欺骗的线索。虽然很多人恐惧的时候眉毛或前额都会有特定动作，但想在需要的时候复制出来却并不容易，因为这是个无意识动作，很难刻意去做。而且与惊讶眉、愤怒眉不同，这个动作既不是象征，也不是口语标点，因此一旦看见恐惧眉，必然表示当下正怀着恐惧的心情。一旦恐惧眉单独出现，恐惧可能轻微，也可能强烈但被克制住了，但它们都是真实的。如果出现恐惧眉的同时，其他区域表达了另一种情绪，那要么是混合情绪，要么其他情绪只是个掩饰。至于怎么判断，也必须结合社会背景进行分析。比如，像图 48 中，搭配是恐惧眉 + 快乐嘴 + 快乐下眼皮，那么快乐很可能只是个掩饰，除非当时的情境令他既快乐又害怕。如果只是用恐惧来掩饰情绪，是不会有恐惧眉或前额的，那么该区域就可能出现线索。

假装愤怒

假扮愤怒时，从各区域的动作可能看不出明显的欺骗线索。我们之前说过，表情掌控时，眉毛或前额一般没有动作。不过，眉毛下压并挤作一团的动作既可能像图 30 那样表示愤怒，也可能是个象征，表示心意已决、聚精会神或者迷惑不解。这个动作极易复制，也可用作口语标点。

因此可以想象，眉毛或前额区很容易加入假扮愤怒的过程中。在下面部假扮愤怒很容易，尤其是装出图 34B 那种用力抿嘴唇的闭合型愤怒嘴更是轻松。唯一可能出现的破绽就是下眼皮不紧张，不过这条线索实在不明显。

想弱化愤怒，也主要靠眉毛前额区和下面部的调节。

如果愤怒是用于掩饰，那么愤怒的表情就会占据下面部和眉毛前额区，只有从眼皮才可能窥见真实的情绪。如果用其他情绪来掩饰愤怒，那么泄露的线索则可能在凝滞的眼神、紧张的下眼皮和挤作一团的眉毛中。

假装厌恶

厌恶是很容易假扮的，因为厌恶的象征就有三种：皱鼻子、抬上唇，以及上唇一侧翘起。如图 24 所示。对厌恶表情而言，眉毛前额区只是个附加的区域，即便完全没有动作，对表意也丝毫没有影响；同理，如果下面部的厌恶弱化了，即便眉毛前额区的厌恶程度依旧，也不能视为泄露的线索。

作为掩饰，厌恶很可能掩饰愤怒。如果眉毛不光像厌恶眉那样下压，还像图 37C 那样挤在一起，那么这就是泄露的线索；泄露的线索还可能是紧张的眼皮和直勾勾的愤怒眼神，如图 38A 所示。但如果当时的情形会令人怒厌交加的话，那么以上这些也可能是混合表情。如果当时的情形明明很气人，而当事人却否认愤怒，或者只承认厌恶，厌恶则很可能是用来掩饰愤怒的。类似的，如果厌恶是用来掩饰恐惧的，恐惧的泄露点就可能在眉毛前额区以及眼睛中虹膜上方出露的巩膜，如图 28 所示。

至于到底是混合情绪还是泄露的线索，还要结合社会背景来进

行考虑，尤其要注意当事人的言行。在厌恶表情中，只有下面部具有较大影响力，而人们恰恰最爱用下面部来假扮。因此，用别的情绪掩饰厌恶，成功率很高，即便泄露也只是轻抬上唇或微微皱鼻等，蛛丝马迹而已。

假装悲伤

假扮悲伤时，很可能会复制出悲伤下面部和低垂的眼神来，而悲伤眉、前额以及上眼皮则可能缺失，这就是一条好线索。与恐惧眉类似，悲伤眉的出现必然代表了真情实感，因为这个区域的动作是很难刻意复制出来的，而且它既非面部象征，也没有口语标点的作用。不过有些人即便真的感到悲伤，也不会出现悲伤眉。正如之前所说，对这类人，你必须了解他的全套表情，才能正确推断出某个动作是不是泄露和欺骗的线索。如果他悲伤时从没出现过悲伤眉，那么眉毛就不能作为线索。这时候你就需要注意观察上眼皮的形状了，因为悲伤时就算没有悲伤眉，上眼皮内角也应该是上翘的，不过这个线索通常不明显。如果他天生一脸悲怆，常态时就有悲伤眉，则会影响你的判断。极少数的人会用悲伤眉作为口语标点，但的确有人能复制出悲伤眉和悲伤上眼皮，对此你多半是无能为力了。

如果对方弱化悲伤，眉毛和上眼皮是可能的泄露线索；如果用其他情绪掩饰悲伤，悲伤眉和悲伤上眼皮最可能泄露；如果用悲伤来掩饰其他情绪，出卖真相的也是眉毛或前额。当然，如果对方属于那类习惯用悲伤眉作为口语标点的人，那他基本上是无懈可击的。

时　长

如果你对时间比较敏感，也有办法找出面部自控的线索，尤其是欺骗的线索。

- ◆ 表情要多久才会出现，也就是起效时间是多长？
- ◆ 在表情开始消退或是转入下一个表情之前，表情会停留多久，也就是表情的持续时间多长？
- ◆ 表情要多久才会消失，也就是偏移时间是多长？它是挥之不去、渐渐消散，还是突然消失、转变？

上述三点并没有标准答案。比如对于愤怒表情，我们不能说它“起效时间不能超过1.3秒，持续时间不能超过7秒，必须突然消失”，因为这显然很荒谬。时长取决于社会背景，而每种具体情境对于时长都有具体要求。假设有个人笑话讲得很烂，正在给你讲他最近编的笑话，而你必须装作听得津津有味。那么可以简单的总结一下三个时长：

- ◆ 微笑的起效时间取决于笑点之前的铺垫以及笑点的性质。
- ◆ 笑容的持续时间取决于笑话本身有多好笑，以及是不是讲完一个还有另一个。
- ◆ 笑容的偏移时间取决于笑话之后的谈话内容，以及对话双方的关系等。

人人都知道怎么装出一副乐在其中的样子，只需将唇角上拉并回缩，微微张嘴，眼角皱起，就神似了。但人们对于时长的把握往往漏洞百出，只要仔细观察，就能发现破绽，这就是很重要的欺骗线索。

时　机

时机与时长紧密相关，指的是表情与言语、肢体动作之间的时

序关系。假设你告诉对方，你受够了他的所作所为，其实你心平气和，但话已出口，脸上就要显出愤怒的表情，否则言语就没有说服力。应该什么时候摆出愤怒的表情呢？如果是在说完“我受不了你了”之后，比如过了 1.5 秒，看起来就很假。而如果早一些，比如在说话之前就开始面露愠色，就没什么破绽了，因为这可能表明在思考，或是不知道该不该表达愤怒，又该如何表达等。

表情与肢体动作的时序关系要求更为严格。比如你边说“我受不了你了”边挥拳狠砸桌面，愤怒表情只在砸之前出现，而砸的时候和之后却没有，这就显得很做作。一旦表情与伴生的肢体动作不同步，就很容易被识破。

微表情

如果要弱化、压制或掩饰表情，有时人们会在表情出现后突然中断，而不是在出现前进行阻止。于是我们有了第四种线索源——微表情。

大多数表情会持续 1 秒以上，而微表情则远低于 1 秒，可能只有 1/25 秒到 1/5 秒的长度，其形成原因是真实表情受到了人为干扰和打断。害怕时，脸上浮现出恐惧，肌肉的感觉告诉你，恐惧表情出现了；你决定弱化它、压制它、掩饰它，于是真实的恐惧表情只会存在几分之一秒。

微表情通常都藏在肌肉运动中，尤其是谈话所需的肌肉运动，其后通常都跟着一个掩饰表情。我们的研究显示，大多数人不重视微表情，甚至没有见过；但实际上，只要你视力没问题，肯定能看见，只是需要经过一些练习，才知道该如何观察。

从有些微表情不足以看出真实情绪，因为出现得太早，而且太零碎，不过它们仍可作为表情自控的线索；有些微表情则很完整，足以泄露真实情绪。微表情不光出现在自控表情时，还会出现在不清楚自身感受以及自欺欺人的时候，这一点还不能确定，但我们认为是有可能的。

尽管微表情这个信息源很是令人着迷，我们还是得先提醒几句。即便没有微表情，也不代表没有表情掌控。之前提到过，有些人是表情谎言的专业工作者，而有些人的职业虽与表情骗术无关，却也练成了个中高手；还有些人虽会在表情的形态、时长和时机三方面露出破绽，却从不显露微表情。微表情可能在某种情况下出现，而情况一变，可能就不见了。总而言之，有微表情，可以断定有欺骗和泄露；但如果没有微表情，则不能妄下断言。

此外，有必要指出，面部并非泄露和欺骗线索的唯一来源，言语、肢体动作和语音方面的异常也是很重要的线索。相对于肢体语言和语音，人们更倾向于掌控表情，至少在东西方多数文化中是这种情况。

我们目前正试图列举出能够作为泄露和欺骗线索的肢体动作，这样一来，观察体态也能够觉察到情绪的掌控。不过，这方面的论述就得另写一本书了，我们还需要几年时间才能够完成。

在第 2 章中，我们讨论过本书的科研依据，并指出关于表情掌控识别的相当一部分内容尚未被证实，因此只能作为建议。大部分内容很可能是正确的，却也不能保证万试万灵。也请记住，识别表情掌控，要考虑的事情实在太多太多。

- 你真的愿意看对方的面部吗？
- 你是希望了解对方的真实感受，还是只希望了解对方展示的那一面而已？
- 对方是个表情骗术高手吗？
- 你知道对方真实的情绪表情是什么样的吗？如果不知道，做判断时要三思。

- 每种情绪、每个区域的形态你都了如指掌吗？请记住，每种情绪的面部形态都是不一样的。
- 你留意到了表情的时长吗？多久起效，持续多久，多久消退？
- 你考虑了表情在谈话中出现的时机吗？
- 你对微表情敏感吗？
- 你将对方的表情与其肢体动作、姿态和声调进行对照了吗？
- 判断结果模棱两可时，你会结合具体社会背景进行进一步判断吗？

识别表情掌控的办法越多，成功识别的概率就越大，而你对于情绪表情判断的信心也会越来越足。

你也能成为识谎大师

现在你已经基本了解了 6 种情绪的表情蓝图，可以开始学以致用了。目前为止，我们的讲解都是基于帕特丽夏和约翰两个人的表情图片；从现在起，我们会加入一些新面孔，而你会发现，即便样貌千差万别，表情蓝图仍是大同小异。如果你希望让自己学到的知识成为一项技能，在判断情绪的时候可以信手拈来，那么请认真使用这些新面孔进行反复练习。

请将书末附录 II 中的照片剪下备用，并用胶水或胶带将其粘在索引卡上，以免磨损。不过要记得把照片背后的编号抄下，写在索引卡的背面，因为你需要根据编号来查找答案。照片剪下后，像洗牌一样将他们洗好后叠成一摞，正面朝上摆在自己面前。

将附录 III 的“练习照片评判表”剪下，因为你需要这一页来记录自己的答案。具体的操作步骤如下：

步骤 1：将照片放在身体侧面，以免不小心提前看见。将最上面的照片拿在手中，拿照片的时候不得转头，只准向侧方伸手过去，一次拿一张。

步骤 2：闭上双眼，手持照片，照片与面部保持一定距离，以感觉舒适为宜。

步骤 3：睁一下眼然后迅速闭眼，只能看一眼。

步骤 4：对情绪作出判断。

步骤 5：睁眼，在答题纸的第一列写下刚才看过的那张照片的编号，在第二列写下你刚才那一眨眼间的判断。

步骤 6：把刚才的照片再拿起来看几秒钟，如果你觉得之前的判断不对，那么就在第三列写下你最新的判断结果。

步骤 7：先不要查看正确答案，将刚才的照片摆成第二摞，面朝上。继续从第一摞照片中取出一张照片，并重复步骤 1 至步骤 6。

步骤 8：判断完所有照片后，再核对答案，标准答案就在本章末尾。

步骤 9：如果第一次的判断是正确的，便继续核对下一张照片的答案了。

步骤10：如果第一次判断错误，但是第二次判断正确，那么再仔细看看这张照片，并以眨眼的方式在眼前快速闪现几次。如果之前漏看了什么，这次要尽力看清全部细节。之后把这张照片放在旁边另起一摞，并在答案核对结束后查看该摞照片，以确认你第一眼判断出错的是哪种情绪，还是什么情绪都有。如果你只对一两种情绪拿捏不准，那么请重温之前的相关章节。如果是任何情绪都会出错，请跳到步骤 12。

步骤11：如果第一眼判断错误，而第二次判断也是错误的话，将该照片放在旁边另起一摞，然后继续核对下一张。在核对结束后，查看这堆照片，以确认你是否主要吃不准某一两种情绪。如果是的话，请重温之前的相关章节。答案中每张照片都给出了其在书中所对应的图片编号，请将出错的照片与对应的图片作比较，如果你判断错

误的照片各种情绪都有，那么请将这些照片与对应的图片进行比较，看看为什么会出错。

步骤 12：核对完全部答案后，重新洗牌，从头再来一次。

第一次练习的时候，就算答错了一大半也是正常的，不要灰心，熟能生巧。想完全掌握，你可能得将这套照片看上 3 到 10 遍并且仔细琢磨。但是，不要一次性练习两三步以上，因为你需要点时间来忘记某些照片，这样才能起到练习的效果。

如果读到这里，你仍然不确定是否有必要花这么多精力来研习，那么请直接看下一章，它会让你对表情骗术有所了解，而且你会发现，如果你不先进行本章的训练，下一章的内容你完全无法应用。你可以在看了下一章之后再决定要不要进行研习，“不需要应用，但有所了解”，这样的水平对于一部分人来说已经是足够的收获了。

答　案

照片 1：惊讶，同图 10。

照片 2：惊讶，同图 10。注意：与照片 1、照片 3 进行对比，该表情的横向皱纹很不明显，嘴只是略微张开，同图 8A。

照片 3：惊讶，同图 8A。

照片 4：惊讶，同图 10。如果你回答为恐惧或者恐惧与惊讶的混合，也算错得情有可原，因为该表情中，嘴部近乎恐惧。与图 15 进行对比，此嘴型介于两者之间。本照片中的眼睛和眼皮是典型的惊讶型，眉毛与前额也显示了惊讶。将本照片与照片 11 进行对比，注意看此人恐惧和惊讶的时候，3 个区域有什么区别。再将本照片与图 19F 的恐惧－惊讶的混合表情进行比较，以确认本照片的表情是惊讶，而非恐惧-惊讶的混合。

照片 5：惊讶，同图 10。本照片中嘴巴只略微张开，与图 8A 类似。虹膜上下方均无巩膜出露，但眉毛与前额区以及下面部展示了惊讶。

照片 6：惊讶，同图 10。虹膜上下方均无巩膜出露，因为眼眶深陷。不过眉毛与前额区以及下面部明显展示了惊讶。

照片 7：惊讶，同图 8。如果你错认为恐惧，很可能是因为此人眉毛的弧度不够，比典型的惊讶眉更平直一些。请注意，这里眉毛与前额区表达了惊讶，因为眉毛没有挤作一团，眉毛之间也没有纵向的皱纹；横向皱纹贯穿前额，而且并非很短的皱纹。

照片 8：质疑性的惊讶，同图 9A。惊讶表现在眉毛与前额区以及眼睛、眼皮区，下面部则没有动作。可将本照片与照片 3 进行对比。

照片 9：恐惧，同图 21A。将本照片与照片 2 进行对比，本照片中眉毛上扬，并略微挤在一起，嘴则与图 17B 类似。

照片 10：恐惧，同图 21。下面部稍显恐惧，很像图 17A 的下面部。将本照片与图 8A 进行对比，注意本照片中的嘴唇有很轻微的拉伸，表明这是轻度恐惧嘴，而非轻度惊讶嘴。

照片 11：恐惧，同图 21B。可将本照片与照片 4 进行对比。

照片 12：恐惧，同图 17C。

照片 13：恐惧，综合了图 17A 的下面部与图 21A 的眉毛与

前额区。眉毛前额挤作一团，却没有抬升，符合恐惧 的特征。

照片 14：轻微恐惧，同图 17A。下面部有要开始拉伸嘴唇的迹象，眉毛轻微上抬，但没有挤作一团；眼睛、眼皮的紧张度是最明显的恐惧信号。

照片 15：厌恶或者轻蔑都是正确答案。鼻子皱起，眼睛微闭，这两点同图 23B，嘴部同图 24C。

照片 16：厌恶，同图 22B。

照片 17：厌恶，同图 23A。如果你判断为厌恶 - 愤怒的混合，也算正确，因为眉毛与前额区的表意有点含糊。两条眉毛间的皱纹以及该区的下压程度可以表示愤怒，下面部和下眼皮则明显地表达了厌恶。

照片 18：厌恶，同图 23A。

照片 19：厌恶或轻蔑都是正确答案，同图 24C。

照片 20：轻蔑，同图 24A。将本照片与照片 31、照片 48 进行对比。

照片 21：厌恶，同图 23B。如果你认为这是愤怒，很可能是因为没有参照。对比一下照片 52 中此人的常态表情，就会发现本照片中眉毛下压了。

照片 22：轻蔑，同图 24A。如果你判断为愤怒或者愤怒 - 轻蔑的混合，那么请参看照片 21 的答案。

照片 23：轻微愤怒，同图 35B。愤怒很隐蔽，最简单的识别方法是将本照片与照片 53 中此人的常态表情进行比照，就会发现本照片中他的眉毛轻微下压，并略为挤在一起，嘴唇稍显紧张，最为明显的信号就是直勾勾的眼神和紧绷的下眼皮。

照片 24：愤怒，同图 41B。该表情可以改用任何一种开放型愤怒嘴的变种。将本照片的嘴部与照片 24、照片 26 和图 33 的进行对比。

照片 25：愤怒，同图 41B，参看照片 23 的解释。

照片 26：愤怒，同图 41A。

照片 27：愤怒，综合了图 35B 的眉毛与前额区，以及图 41B 的眼睛和下面部。眉毛下压，却未挤在一起；嘴部为开放型愤怒嘴的一个变种，加入了咬牙切齿的动作。请参看照片 24 的解释。

照片 28：愤怒，且此表情在之前任何图片中都未出现过。眉毛与前额区、上眼皮以及直勾勾的眼神都类似图 36；下眼皮松弛且上抬，嘴部有点像图 33A 和图 33B，不过稍显放松一些，与图 56A 的嘴部更为相似。

照片 29：愤怒，同图 35B。如果你判断错误，多半是判断为恐惧。将本照片与照片 9 进行对比就会发现，本照片中眉毛下压而未挤在一起，下眼皮紧张，上唇稍微挤压下唇。

照片 30：快乐，同图 49B。

照片 31：快乐，同图 49B。

照片 32：轻度快乐，同图 44A。如果你判断为轻蔑，请与照片 20 和照片 49 进行对比。

照片 33：快乐，同图 49A。

照片 34：快乐，同图 49B。如果你判断为惊讶或快乐 - 惊讶的混合，则很可能是因为本照片中嘴唇的形状。将本照片与图 45 进行对比，你会发现本照片的下面部并无惊讶表现。

照片 35：快乐，同图 42B 和 43B。

照片 36：快乐，同图 49B。

照片 37：悲伤，同图 53A。请注意眼神是向下凝视的，唇角下压，眉毛内角轻微上扬并挤在一起。

照片 38：悲伤，同图 53。典型的眉毛内角上扬并挤在一起。

照片 39：轻度悲伤，同图 50A 和图 51A。这张照片解读起来很有难度，照片中只有很轻微的悲伤眉，于是上眼皮略呈三角形。下唇似乎也略显悲伤，不过这一点无法确定。

照片 40：悲伤，同图 51。请注意眉毛的内角略微上扬并挤在一起，于是造成了上眼皮的三角形状，眼神向下凝视；唇角似乎下压了，如果对比一下照片 54 中此人的常态表情，你会发现其嘴唇本来就是这个样子。

照片 41：悲伤，但在我们展示过的所有图片中，这张图片中的悲伤是最不明显的。用手遮住下面部，情况就比较清楚了，悲伤是表现在眼睛、眼皮、眉毛和前额。脸颊轻微上抬，造成下眼皮也轻微地上抬。眉毛内角轻微上抬并挤在一起，并不明显，不过眉毛下方皮肤的形状倒是很明显地呈三角形，同图 50A，请注意这一点。

照片 42：悲伤，同图 53B，嘴部略显悲伤。

照片 43：悲伤，同图 53。尽管上下唇稍微分离，下压的唇角还是显示了悲伤。

照片 44：悲伤，同图 51。本照片表明，有些人可以做到肌肉牵引眉毛上抬和互挤而不改变眉毛的形状，不过你可以看到相关的肌肉动作，因为前额皮肤内明显有成束的肌肉。请注意，眉毛下方皮肤呈三角形，前额的皱纹不太典型，类似希腊字母 Ω，称为 Ω 皱纹；有些人出现悲伤眉的时候会有这种皱纹。

照片 45：快乐 - 惊讶混合，同图 45A。

照片 46：快乐 - 惊讶混合，同图 45A。

照片 47：恐惧 - 惊讶的混合表情，同图 19E。将本照片与照片 14 的恐惧表情进行对比，本照片的惊讶体现在眉毛与前额区。恐惧嘴同图 14A，而照片 14 的恐惧嘴同图 14B。

照片 48：恐惧 - 惊讶的混合，同图 19F。恐惧体现在下面部，同图 14A，惊讶则体现在眉毛与前额区和眼睛、眼皮区。眼睛圆睁这种情况常见于惊讶，同时也很容易融入恐惧表情中。

照片 49：快乐 - 轻蔑的混合，同图 46C。将本照片与照片 32 中此人的轻度快乐以及照片 20 中此人的轻蔑表情进行对比，无论是轻蔑还是快乐 - 轻蔑的混合，嘴的位置都一样，快乐则主要体现为脸颊上抬，并造成了眼睛微闭。

照片 50：愤怒 - 厌恶的混合，同图 38A。与照片 23 的单纯愤怒表情进行比较，尤其要注意下面部的区别。

照片 51：悲伤 - 恐惧的混合，与之前展示过的所有图片都不同，该混合方式的悲伤表现在眉毛与前额区以及眼睛、眼皮区，同图 59；而恐惧体现在下面部，同图 14A。上唇轻微上抬，略显轻蔑。图 54 则是另一种类型的恐惧 - 悲伤的混合，恐惧表现在下面部，尤其是恐惧嘴由于横向扩展而幅度更大，同图 14B。

照片 52：常态。

照片 53：常态。

照片 54：常态。

你了解自己的表情吗？

前面学习的都是阅读他人的表情，那么自己的呢？尽管表情蓝图是通用的，但具体到每个人的脸上，多少会有所区别，其中有三个原因。

> 首先，静态信号因人而异，包括颧骨高度、眼窝深度、脸的胖瘦、肌肉的具体位置等，这些都会导致表情的细微差异。
>
> 其次，个人经历不同，导致引发某种情绪的诱因各异。我们描述过恐惧、愤怒等情绪的常见诱因，但这些诱因不一定人人适用。
>
> 最后，个人示众规则因人而异，它不同于文化示众规则，属于个体规则，而非多数社会成员的共识。

这些都是造成个体表情差异的原因，不过接下来我们只关注其中一个因素，那就是个人示众规则，及其所造成的夸张个性表情。个人示众规则可能只针对某种特定情境下的某种特定情绪，比如即便对父亲生气，也不能面露愠色；个人示众规则也可能很夸张、笼统，比如永远不能将愤怒挂在脸上，甚至永远不得在脸上表露任何真实情绪。个人示众规则会对表情有特定的影响，让表情充满个性。我们会分别描述 8 种个性表情的极端状况，以便更好地解释。少数人的特色就是极端的个性表情，而多数人的个性表情则没那么鲜明，而且可能只出现在特定场合、特定身份、或是面对巨大压力和某些人生特殊时刻的时候。解释完这 8 种个性表情后，我们会详细说明，该按怎样的步骤来检验自己是否具有某种极端个性表情。

你是个性表情者吗？

你是不动声色者，还是心面如一者？这是其中 2 种类型，这种分类方式是基于面部的表达能力。人们通常认为，表达能力的强弱取决于静态信号，有一对大眼睛、一副美颧骨才是重中之重，其实这些根本无关紧要。长得浓眉大眼，只会让他人更容易看清你的表情，面部表达能力强弱的真正关键在于快速信号。简言之，你有面部动作吗？**你肯定认识一些从来都不动声色的人，倒不是他们存心欺骗或者隐瞒，而是个人风格就是如此，脸上不会表现出任何心事。**

还有些人正好相反，他们心面如一，心里有事从来都藏不住，被清清楚楚写在脸上。他们就像小孩子似的，从来不懂得调节表情，因此有时会导致双方都很尴尬的情景出现；他们常常会无意中打破文化示众规则，因为让他们遵守规则实在是勉为其难。心面如一者通常都有自知之明，他们知道自己有时候闯祸就是因为情绪外露太过明显，但又本性难移。不动声色者通常也清楚自己这一特点，不过也有例外。

你是否有时候不知道自己脸上是什么表情？**有些人的情绪溢于言表，内心却浑然不觉，我们称之为浑然不觉者。**他们可能常有类似的莫名惊诧："他怎么看出来我生气了？"如果你有这样的朋友，他可能会问你是怎么看出来他刚才的情绪的，因为他根本不知道自

己当时是什么表情。不过，通常浑然不觉者也不是任何情绪心里都没数，而只是对一两种不太敏感。

你觉得自己的表情是愤怒、恐惧时，其实自己只是常态表情吗？**有些人坚信自己在脸上表现了某种情绪，但实际上他的表情要么还是常态，要么表意含糊不清，我们称他们为零表情者。**与浑然不觉者类似，零表情者也只是对某种情绪不够敏感，他们以为自己脸上已经有所表示，而实际上几乎没有。如果你是零表情者，可能得从别人的评论中才能发现问题。比如有人告诉你，你的表情与声音不符，或是与言语脱节。就我们的研究来看，大多数零表情者都意识不到自己的问题。

愤怒时，你会面露厌恶之色还觉得这很正常吗？你会以悲示怒或是以怒示悲吗？**有些人在无意中，会以另一种情绪表情来表达内心的真实情绪，我们将他们称为心面不一者。心面不一者自认为一切正常，并且往往不听劝告。**比如，我们给一些心面不一者看了他们的愤怒或模拟愤怒时的表情视频，然后告诉他们，那种表情其实是悲伤，结果普遍是他们认为我们在胡说八道，并坚持认为自己的表情就是愤怒，而非悲伤。唯一的解决办法，是让更多的人来看这些视频，然后众口一词地指出其表情是悲伤，只有这样，心面不一者才会相信。

你心平气和的时候，脸上是不是也会露出某种情绪的痕迹呢？有的人平时面部看起来并非常态，而是略带悲伤，因为两侧唇角轻微下压或是眉毛内角轻微上挑；也可能眉毛轻微上扬，略带厌恶的样子；又或者眉毛轻微上抬并互挤，一副担心的模样。

这一类人，我们称为天生情绪脸。这可能是父母遗传所致——他们的脸天生就长成那样，也可能是个人的长期习惯所致，如果他们喜欢在毫无情绪时也轻微地收缩面部肌肉的话。天生情绪脸的人一般都不知道自己的与众不同。

一旦遇事，你会用特定的表情反应吗？**有些人对任何情境下发生的任何事件的第一反应都是一样的，也就是面示同一种情绪，我们称他们为千篇一律者**。千篇一律者遇事只会迅速面露自己“拿手”的情绪，而真实情绪可能要稍后才流露出来。无论发生什么，无论是面对好消息、坏消息、挑衅还是威胁，千篇一律者第一反应可能都是面露惊讶。第一反应因人而异，也可能只是某种情绪表情的一部分，比如单独的惊讶眉或单独的厌恶鼻等。

最后一类个性表情，我们称之为情绪泛滥。情绪泛滥者几乎每时每刻都挂着一两种情绪表情，这正是他们内心世界的真实写照，因为他们几乎从未平静。如果另一种情绪来袭，多少会受到泛滥情绪的影响。比方说，如果某人内心恐惧泛滥，那么他总显得有些害怕的样子；如果有人激怒了他，他就会显得怒惧交加，甚至有可能恐惧更明显一些。我们见过的情绪泛滥者要么是心理不正常，要么是正处于生活的谷底。实际上，不光周围的人知道他们情绪泛滥，他们自己也心知肚明。

你自己很可能就属于上述 8 种类型之一，只不过程度较轻。可能对恐惧浑然不觉，只有在压力之下才会这样；可能对愤怒零表情，不过只有当对方是权威人物的时候才会这样；可能心面不一，只不过程度极轻，以至于无人发觉。几乎每个人都难逃上述 8 种分类，但有些人只在某些时候发作，有些人则程度轻微。有的人就相当明显了，其个性表情严重影响了正常的表达，这类人有必要搞清楚，别人是怎样解读自己的表情的。如果属于情绪泛滥或者心面如一，这个人应该已经心里有数了，认识他的人也心知肚明，因此可以跳过这一步。如果属于其他 6 种类型，可能连他自己都意识不到，也很难觉察出有什么异样。

最理想的解决办法是，处于真实场景中时，对自己的表情进行摄像，然后让专业人士对视频进行点评。

还有一个自助式的方法，不过适用性稍差一些，比如对千篇一律者就无效，因为没有实景视频作为参考。

但这个方法还是值得一试，努力后会有一定收获。即便你没有个性表情，也可以通过这个方法加强对自身的了解，也会更了解如何识别他人的情绪。自助法分三个阶段：

1. 拍照；
2. 分析照片；
3. 使用镜子。

你可以跳过前两个阶段，只使用镜子，也会有所收获。不过我们还是推荐完成全部阶段，而且请一定要将照镜子放在最后来做，如果提前照镜子，另外两阶段的效果将大打折扣。

表情自检步骤

阶段 1：为自己拍一张漂亮的照片吧

你需要一组 14 张的自己面部的照片，这组照片必须符合以下标准：

- 展示完整的面部，光线良好，对焦良好，尺寸较大且基本一致。
- 常态、惊讶、恐惧、愤怒、厌恶、悲伤和快乐时的照片各 2 张。
- 以上的情绪表情都只是单一情绪，不能有混合表情。
- 拍照时不能感到难为情或尴尬，最好是在你不知情的情况下完成拍摄。

你手里一般不会有这样一组现成照片，但如果有的话，可以跳过本阶段，直接进行阶段 2“让他人评判你的表情”。现在的问题是如何得到符合要求的表情并完成拍摄。你要是在选修一门“阅脸读心”的课程，我们可能会用角色扮演的方式，让你深陷于戏剧化的情节中，与其他学员进行互动。不过既然没这个条件，我们就退而求其次，介绍一些比较可行的方法。

先来讲讲操作的细节和流程。

- 你需要一位搭档来为你拍照，他最好能令你感到身心放松，因为本阶段最大的难点在于，你可能会为自己的表情而感到难堪或是可笑。
- 对相机的要求是能够在 2.5 英尺(约 0.762 米。——译者注)以内进行拍照，此后的拍摄过程都必须保持这个距离，这样面部才能占据整张照片的 1/3 以上。
- 最好是用一次成像的宝丽来相机，没有的话，一般相机也行。
- 让搭档将相机安装在三脚架上，如果没有三脚架，让他手持相机坐在椅子上。
- 调焦，将人像尽可能放大。
- 必须正面拍照，不能从下往上拍或者从上往下拍。
- 拍照地点在室内外均可，但不要让阳光直射眼睛。

把附录 III 的“表情自拍记录表”剪下，这是一张记录表，你在本阶段和下一阶段都会用上。因为你要拍的照片不止一张，会感受的情绪也不止一种，所以必须进行记录，还可以与照片结合起来记录。如果你用的是一次成像的相机，事情就简单了，因为你可以每拍完一张，就将记录表上的编号直接写在照片的背面。开始之前，

先与搭档商量好一个信号，在需要拍照的时候发出信号，让他知道可以开工了。抬抬食指就是个比较简单易行的信号，别的方式也可以，只要不干扰你的表情。拿一块剪贴板和一支铅笔，把记录表夹在剪贴板上，就可以开始了。

第一种照片很容易拍，只需要挑一个心平气和，不带任何情绪的时候拍摄即可。拍出来的照片应该类似于图 4A 和图 12A 中帕特丽夏和约翰的表情。拍照时需要双眼注视镜头，尽力清除杂念，放松全身和面部，当你觉得进入状态了，发一个信号给搭档。拍完后，在记录表上编号 1 的位置写下“常态”，并注明对自己的表现感觉如何。至少拍两张常态照片，每次都要注明你表现的情绪以及你对自己表现的自我感觉。如果有两张常态照片让你感觉满意，就不用再拍了。

这里不可以使用镜子，因为我们必须从实战角度训练准确的自我感觉。现实中与人交流的时候，是没有镜子给你作参照的，只能全凭感觉。同样的道理，如果用的是一次成像的相机，不要拍完一张看一张，等所有的照片都拍摄结束了再看，之前给照片编号的工作让搭档来做。不要让搭档鼓励你，也不要让他点评你的表现。整个拍摄过程中，还有一点非常重要，要靠自我感觉来判断自己的表现，而不是靠搭档的意见。

现在你可以开始依次感受那 6 种情绪了。有几种方法可以试试，不过需要些耐心才能奏效。第一种方法，闭上双眼，回想一下最近发生的能诱发该情绪的事情，回想得越生动越好；或者你也可以回想一下自己生命中该情绪出现得最强烈的时刻。无论是哪种方式，目的都是将自己沉浸于过往的经历中，让情绪由内而外慢慢流露出来，将熟悉的心情、呼吸、心跳、触感和表情，一一再现。当你感觉已经尽可能进入那种情绪状态了，睁开双眼；等自己觉得表情已经到位的时候，给搭档一个信号让他按下快门。每拍完一张照片，就在记录表中的对应编号位置记下情绪名称，以及对自己表现的评价，包括感受的真实性和表情的准确性。

这种重现式的方法不一定对所有的情绪都有效，也可能对每种都无效，关键在于你自己，包括再现能力有多好、自我意识有多强、耐心够不够等。如果重现的方法不管用，试试运用想象，想想发生什么事会让你强烈地产生所需的情绪，让自己跟着想象力四处遨游，让情绪触动你的灵魂，并用身体和面部去表现。

如果你不记得过去的经历，也想象不出有效的情境，可以考虑重新阅读一下之前的相关章节。有些人会发现，阅读完一种情绪的感受之后，突然就来了灵感。如果你也是这样的话，就用这个办法，尽量让情绪来得强烈一些。还可以从每一章的例子中选一个，看看对自己是否有效，不过这时候就不要看这章的插图了。

如果你已经为每种情绪拍到了两张满意的照片，并且都是发自内心的真情实感，自我感觉表情也到位了，那么就可以停止拍照了。如果还差一些照片，或者一张都拍不好，那么还有一种办法值得一试：不要再重现、想象某种情绪了，聚精会神地凭空制造出情绪表情吧。全力关注面部肌肉的感觉，尽量做出需要的表情，在这个过程中，你可能突然就感受到了那种情绪，这时候千万不要停下来，让自己自由地感受和展示这种情绪。如果是用这种制造表情的办法，每种情绪也需要拍两张自我感觉表情到位的照片。

现在，你的记录表各编号位置应该都写好了注释，包括表现的是什么情绪，以及自我感觉如何。希望以上介绍的重现、想象和制造等几种方法，能助你得到每种情绪的两张满意照片。如果你有那么一两种情绪仍然搞不定，请继续努力，或者直接进入下一阶段来检验那些满意的照片。如果一张满意的照片都没有，那你可能是一位不动声色者，或者是自我意识太强，这意味着下一阶段对你同样无效，可以直接跳到第3阶段，使用镜子了。

阶段 2：让他人评判你的表情

现在你面前有一组照片了，每张照片的背面都有编号，与记录表上的编号对应。现在你需要至少三到四个人来评判你的照片，能有十个人当然更好。这些人最好不是你最亲密的人，否则他们可能对你的特性了如指掌，而不能公正地评判。如果你同样给搭档拍了这样一组照片，也可以让评委们看一下。几位评委可以同时进行评判，只要他们不相互交流。

将附录 III 的“评判表”剪下，需要用多少份就复印多少份；有几位人员参加了拍摄，每位评委手里就需要几份表。

整理照片，把自我感觉不好的拿掉，或者将自我感觉最好的那些挑出来；整理的依据是记录表上的记录，而不是你现在看过照片后的感觉。把挑出来的照片叠成一堆，洗牌，然后递交给评委，并附上一张评判表。不要提示或帮助评委，让他尽可能对每张照片都作出评判。由于不能选择“常态”这个答案，他可能不知道你的常态照片应该归为哪一种情绪，但还是让他按照评判表的要求作答，拿不准的时候就猜。之所以不设“常态”这个选项，是因为人们往往稍微拿不准的照片就会选它，这样就无法识别天生情绪脸了。

等至少三位评委进行了评判，你就可以开始清点结果了。取出记录表，在最右侧“评判结果”那一栏写下评委对该情绪的评判结果统计。例如，对一张快乐照片，你可以记下，四位评委中有三位判为快乐；如果仅有一位判为惊讶，你可以不记。但如果结果并非一边倒，就需要记下所有的评判结果，以及支持每种结果的评委人数。

现在可以开始分析结果了。把评委看过的常态照片放在自己面前，看看记录上写的是什么：

1. 大多数评委认为这些照片的情绪是快乐。

2. 大多数评委认为这些照片的情绪是悲伤。
3. 大多数评委认为这些照片的情绪是快乐或者悲伤。
4. 评委意见分歧较大，评判结果几乎包括了所有情绪。
5. 至少有一张常态照片被超过半数的评委判为惊讶、恐惧、愤怒或者厌恶。

如果结果是 4，那你很可能不是天生情绪脸，因为评委们没有一致意见；如果是 1，你也不大可能是天生情绪脸，因为没有“常态”这个选项，评委们被迫评判常态表情时往往会选择快乐。悲伤与快乐类似，也是“常态”的备选项之一，所以如果结果是 2 或 3，也基本可以排除天生情绪脸的可能。最极端的悲伤会导致面部僵化，看起来与常态无异。如果结果是 2 或 3，也可能表示你的常态面部看上去并非常态，而是略带悲伤。为了确认，可以将其与第 8 章中的常态照片放在一起，分别对比每个区域。最好用黑纸做三个面罩并稍作加工，使得它们遮住照片时，会分别露出三个不同区域：

- 眉毛和前额。
- 脸颊、鼻子和嘴。
- 眼睛和眼皮。

用其中一个遮住常态照片，只露出眉毛前额区，对比图 50。如果两者相像，也只是稍微有点像，不要指望在你的照片中看到图 50 中那么明显的特征。再以同样方式对比图 52 中的眼睛眼皮区，以及对比图 51 中的下面部。通过这三组对比，你应该能够看出自己是否天生悲伤脸了。

如果结果是 5，结论就很明确：你脸上总有某种表情。可能是因为常态时，面部无法完全放松，还是保留了一些该情绪的痕迹，

也就是天生情绪脸。也可能是静态信号使然，因为你的脸就长成那样。比如，你天生眼窝深陷，眉毛低垂，那么看上去就像是愤怒。

可以用之前推荐的面罩遮挡法，把照片中的每个区域分别与书中的相关章节里的图片对比一下。

下面列出的几条适用于你拍摄到的每种情绪，将任意情绪的两张照片置于面前，看看记录上写的是什么。

1. 大多数评委认可你的表现，他们对情绪的判断与你的本意或真实感受一致。
2. 大多数评委认可，但剩下的评委几乎全部认为是同一种其他情绪。比如，十位评委中有五位对你的惊讶表情判定为惊讶，而另有三位认为是恐惧。
3. 几乎平分秋色，差不多一半评委认可，另一半认为是同一种其他情绪。
4. 大多数评委并不认可，而都认为是同一种其他情绪。
5. 评委意见分歧较大，没有超过三分之一的评委达成任何共识。

如果对某种情绪的两张照片评判结果都是 1，就说明没有个性表情。如果都是 5，而记录上却写着是真情实感并且对表现自我感觉良好，那你很可能对该情绪零表情，也可能因为拍照的情境太没有真实感而导致你表现欠佳。如果是零表情，最好自检一下。如果你发现自己对厌恶零表情，那么下次碰上什么事情让你由内而外厌恶不已的时候，赶紧让朋友看看你的脸，看他们如何评判。

如果对所有情绪，或者除快乐之外所有情绪的评判结果都是 5，那你很可能是一位不动声色者，也可能是拍照这种方法对你无效。如果你真的是不动声色者，了解你的人应该知道这点，也有据可查。

如果评判结果为2、3、4，意味着你可能心面不一。从心面不一的可能性来说，3高过2，4又高过3。如果只有一张照片的评判结果为这三者之一，但记录里既没写真情实感，也没写感觉良好，仍可能是心面不一；如果两张照片的评判结果均为三者之一，而记录里写着是真情实感且感觉良好，那你心面不一的可能性更高。假设你习惯以厌恶来表示愤怒，那将你的愤怒照片判为厌恶的评委可能是一部分，也就是结果2；也可能有一半，即结果3；还可能是大多数，即结果4。用面罩遮挡愤怒照片，只露出下面部，将其与本书中的愤怒下面部与厌恶下面部的图片进行对比，你能看出评委们为什么将你的"愤怒"称为"厌恶"吗？眼睛眼皮区和眉毛前额区也可以做同样的比较。如此一来，你就能发现自己的表情哪里不对劲了，以至于让人误会。我们并非质疑你情绪的真实性，只是你的表情会误导他人。

当然了，即便评判结果为2、3、4，也不意味着你一定是心面不一。最好的核查方法是，再感受和表现一次有问题的情绪，并拍照。请注意，无论你用何种方式唤起情绪，要避免"心"与"面"感受到两种不同的情绪。把新拍的照片放入照片堆，把之前有问题的拿掉，然后把整套照片（不光是新拍的那几张）都给评委，看看评判结果有没有变化。如果有，暂时还不能确定哪一次的结果是正确的；如果没有，那你心面不一的可能性就很大了。

至此，我们已经描述过如何从评判结果来了解自己是不是不动声色、零表情、心面不一或天生情绪脸。在下一阶段，我们会介绍不同的方法，来协助判断你是否浑然不觉。这些方法也可用于辅助识别不动声色者、零表情者和心面不一者。

阶段3：镜子是你的好帮手

我们在日常生活中能了解和掌控面部，都得益于面部肌肉的反

馈信息，也就是面部的内在感觉。良好的反馈能力可以让自己准确知道，什么时候面露了什么情绪。我们可以据此掌控表情，比如修饰、掩饰或者假扮。

我们不可能总是问别人“我是什么表情”，也不可能在交流中抽身出来对着镜子看看自己的表情。因此，我们必须专注于面部肌肉的反馈，哪怕这种肌肉感觉还不够强烈。情绪发作时，如果你总是忽略面部的感觉，那么迟早会出事的。比如，如果没留意过愤怒时面部肌肉收缩的感觉，那面露愠色时，自己是完全意识不到的，就成了对愤怒浑然不觉者；或者内心愤怒却满脸厌恶，成了心面不一者；也可能面无表情，成了对愤怒零表情者；或者你对愤怒既无法修饰，也不会假扮。现在，你可以按照以下步骤，来判断一下自己对于感知面部反馈到底有多在行。

你需要一面能轻松手持的镜子，要足够大，以便看见自己整张脸。当你做出各种表情并且自己观察时，不能自我意识太强，必须轻松自然。以下步骤都是以愤怒为例进行讲解的，但其实对其他情绪同样适用。

步骤 1：翻到“愤怒”一章的末尾，找到图 41；如果是其他情绪，请翻到对应情绪章末尾寻找对应图片。

步骤 2：尽力模仿对应图片中每个表情。

步骤 3：模仿得像吗？请照镜子。

步骤 4：如果你不对着镜子就无法模仿，那么就边照镜子边模仿。

步骤 5：如果能够模仿，注意一下面部的感觉是否熟悉，这感觉像不像愤怒时面部的感觉。如果这种感觉并不陌生，而且有点像愤怒，那么可以开始按同样步骤进行下一个情绪了。如果对着镜子也无法模仿，或者虽然模仿成功，却感觉很陌生或怪异，那么请进行步骤 6。

步骤 6：在书中找到只用眉毛前额区表达某种情绪的照片，该情绪为愤怒的话请看图 30A。对照镜子，模仿该图表情。如果成功了，请问这面部感觉熟悉吗？表情的感觉像该情绪吗？

步骤 7：在书中找到只用眼睛眼皮表达该情绪的照片，其余与步骤 6 一样。

步骤 8：在书中找到只用下面部表达这种情绪的照片，其余与步骤 6 一样。

步骤 9：尽力按图中的表情定格一个区域的动作，比如眉毛前额区，然后逐个加入第二和第三个区域的动作，区域加入的先后顺序并不重要。你能做出该情绪的完整表情了吗？请问这面部感觉熟悉吗？表情的感觉像该情绪吗？

如果在步骤 5 的时候，你模仿成功，感觉熟悉且感觉像是该情绪，那你不太可能是不动声色、心面不一、零表情或浑然不觉者。如果步骤 5 失败，但是曲线完成了步骤 9，也模仿成功，感觉熟悉且感觉像是该情绪，那么结论也是一样的。如果只是恐惧眉或悲伤眉无法模仿，其他区域没有问题，上面的结论依然有效。之所以这两种眉毛没能模仿成功，很可能是长相特征所致。一般来说，只要你能够在两个面部区域成功完成步骤 5 或步骤 9，就基本可以排除个性表情的嫌疑。

如果在步骤 5 或步骤 9 的时候能够模仿出表情，但感觉很陌生，那你可能对该情绪浑然不觉，因为他人能识别出该情绪，而你却无法察觉。如果在步骤 5 或步骤 9 的时候你能模仿出表情，而且感觉

很熟悉，但却感觉是另一种情绪，比如成功模仿了愤怒表情，自我感觉却像是厌恶，那你可能对该情绪心面不一。

到了步骤 9 还无法模仿，怎么办？

- 图中的表情你一个也无法模仿，而且是每个区域都无法模仿，那你很可能对该情绪零表情。如果你之前是按照前两个阶段的流程做的，那应该早知道这一点了。
- 大部分的情绪表情都无法模仿，那你很可能是不动声色者。

通过完成这 3 个阶段的步骤，即便最后发现自己没有个性表情，你也应该对自己和别人的表情都更加了解了。如前所述，就算你属于那 8 种个性表情类型之一，也很可能是轻度的，或者只在某些场合才会发作，也可能在重压之下才会发作。而这样的话，即使完成了 3 个阶段的全部流程，也无法检验出来。

如果结果显示，你的确属于那 8 种个性类型之一，怎么办？通过完成上述步骤，你也觉得这一点确定无疑了。那么，能改正吗？老实说，我们也不知道，因为我们也才刚开始研究这个问题。不过，我们是持乐观态度的。也许学习表情蓝图和练习识别表情就会让个性表情有所减弱，也许 3 个阶段就有助于减少个性表情，也许还需要进行专门的训练，从而学会如何活动面部肌肉。但有一点是肯定的：对表情的复杂性越敏感，对表情知识了解得越多，你的情绪感受就会越丰富多彩。

令人着迷的人类表情与情绪

之前几章展示了表情蓝图，即快乐、惊讶、恐惧、愤怒、厌恶和悲伤在面部的表现方式；也展示了许多混合表情，也就是同时表达上述情绪中的两种；还展示了可作为口语标点的表情，以及表情所能传达的其他信息。

通过阅读本书和浏览书中的图片，你对于表情的理解应当有所提升了。如果你按本书的建议，额外进行了表情制作和面部快闪练习，有可能已经将知识升华为技能了。

如果想进行进阶练习，可以在交谈时，只观察对方面部，而不听他的言语，比如看电视的时候把声音关掉。经过几小时的进阶练习，你对表情的理解又将有所提升。

描述各种情绪的章节的第一部分都是关于该情绪的感受，这部分内容有助于你更深入地理解情绪，而不是只停留在表皮。你可以结合自身情况来理解书中对每种情绪机理的解释，比如：

- 四种通往快乐的方式对你都适用吗？
- 有没有一种愤怒的诱因对你特别有效？
- 你最害怕哪种情绪？
- 你喜欢感受哪种负面情绪？

第 9 章解释了人们掌控表情的原因和方式，并详细描述了应当如何识别、调节、变换，以及泄露和欺骗的线索。如果你仅仅理解了之前的图片，却还没有通过本书推荐的练习将知识升华为技能，那么这一章的内容你是用不上的。该章末尾阐述了判断表情掌控时需要考虑的诸多因素。

当然了，了解别人或自己的情绪，并不代表知道接下来该怎么办。知道得太多未必总是好事，尤其是当对方并不想让你知道的时候。知道了对方的感受，并不代表要有后续举动。比如，你看出有人正在压抑怒火，如果你告诉他你看出来了，他可能就再也忍不住了；不过也要视情况而定，说不定这结果正是你的目的。对任何情绪来说，尽情释放既可能有益身心，也可能后患无穷，具体效果取决于你自己、对方、对话情境、双方关系，以及你们是否都有意坦诚交流等。指出对方的愤怒也许不是坏事，他不一定会发作，倒可能终于找到机会一吐中不快，避免了怨气累积。

撰写本书的目的，与科学以及所有智力活动一致，那就是增加知识是有用的。我们对此深信不疑。我们还坚信，只要增强你对表情和情绪的了解，将来必有用武之地，至于用在何处，就要依靠自己的判断了。不过，抛开功利主义的考虑，本书的主题令人着迷，让我们乐而忘返，以至于不得不提笔书写。

附录Ⅰ 表情蓝图照片

UNMASKING
THE FACE

撰写本书所面临的最大难题，就是该如何展示表情。我们深知，单凭文字来描述表情是难有实用价值的，本书的精髓应该在于展示表情。

在研究过程中，我们已经收集了数千张表情照片，以及长达数公里的影像胶片。其中拍摄了各式各样的表情，既有正常人的，也有精神病人和脑损伤患者的；既有小孩的，也有青年和老年人的；既有美国人的，也有他国公民的；既有接受正式问询的，也有在街上、自家后院甚至是荒郊野外聊上的朋友；既有真情流露的，也有故意摆出的；既有偷拍的，也有自拍的；既有真实的，也有玩笑的、虚假的。不过，这些照片并不适合本书。

我们不仅仅要展示表情，还要教会读者阅脸读心的技能，因此需要一些特别的照片。对照片最重要、最苛刻的要求是，必须是同一个人来展示所有表情。只有这样，才能排除静态和慢速信号的影响，从而通过同一个人的表情对比，清晰展示快速信号的细微区别；也只有这样，我们才能使用拼合手法，将同一个人的不同照片拼接起来，以展示面部的不同区域在表情中的作用。

此外，也要求照明恒定，以保证对比度和细节不变。还要求面部完整，以免五官和皱纹由于角度关系看不清。最后一个要求是，被拍摄者要同意在本书中展示其照片。

因此，我们为本书量身订制了一套照片，拍摄在实验室的可控条件下完成。两位模特并非特意感受某种情绪，而是遵从面部图册的详细要求和现场指挥，比如“眉毛下压一点，看起来要像这样”“唇角上翘一点”或“下眼皮紧张一点”，从而复制出我们认为该情绪应有的表情。从某种意义上来说，我们是在用镜头作画，但并非像艺术家那样借助想象力，也不依靠模特的表演才能，而只是描摹出图册上那些肌肉的动作。

本书不讨论那些不符合解剖学原理的表情，也就是在现实中不会出现的肌肉动作；也剔除了那些与情绪无关的面部动作，比如小孩子们扮的鬼脸，或者眨眼睛、吐舌头等非情绪动作；还排除了一些非典型、非普适的动作，比如有些人害怕、愤怒或悲伤的时候会咬下唇，该动作在三种情绪时都可能出现，对于区分情绪并无帮助。即便上述三类动作全部省略，只展示那些因情绪而异的表情，照片也实在太多，读者将不堪重负。

因此，我们决定忽略某些表情的原始形态，也就是最为剧烈和失控的状态，有的学者称之为先天本能。通常只有婴儿、小孩或者受到强烈胁迫的成年人才会有这样的表情，其表意非常明显，一看便知，通常还会伴有声音。

图 60 是原始厌恶表情的示例，我们在书中并未讨论，还一并忽略了原始悲伤和原始快乐。但为了展示一些重要的区别，我们还是讨论了原始惊讶、恐惧和愤怒的表情。除了上述少量的原始表情，我们所展示的情绪表情基本上都是社会生活中常见的。只不过你在现实中看到的表情，很多比较轻微，有些受到了掌控，还有些是混合情绪。另外一些极端的情绪表情比较少见，一般在亲密关系中才会出现。

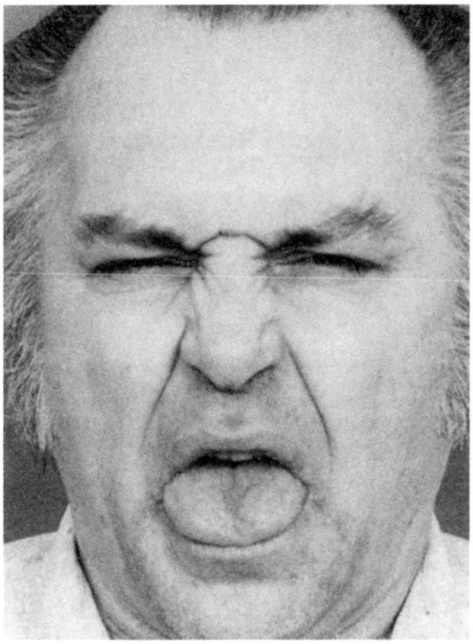

图 60

即便排除了一些情绪的原始表情，照片也还是太多了，因为每种情绪的表情不是一种，而是一系列或一类，同一类表情的每一种在表意上略有关联却又有细微区别。比如第 4 章展示过恐惧类的各种表情图片，比如担心、克制住的恐惧、轻度恐惧、恐怖、震惊性的恐惧、担忧性的恐惧、恐惧－惊讶混合、恐惧－悲伤混合、恐惧－厌恶混合以及恐惧－愤怒混合。

每类情绪表情之所以有这么多变种，主要是嘴唇的构造和下巴的附着方式使然；有些情绪表情也会因眼皮或前额的区别而产生变种。有的变种是某种表情重要的基本类型，在形态和表意上都有较大区别，比如讨论过的愤怒的两个主要变种：呈方形的开放型愤怒嘴和用力抿嘴唇的闭合型愤怒嘴。而有些相对次要的变种则不予讨论，比如图 61 的三种愤怒嘴。图 61A 是闭合型愤怒嘴的基本类型，图 61B 和图 61C 是该类型的两个次要变种，未作深究，因为在形态和表意上的区别不是特别大，而且表意的细微区别尚未得到充分

A

B　　C

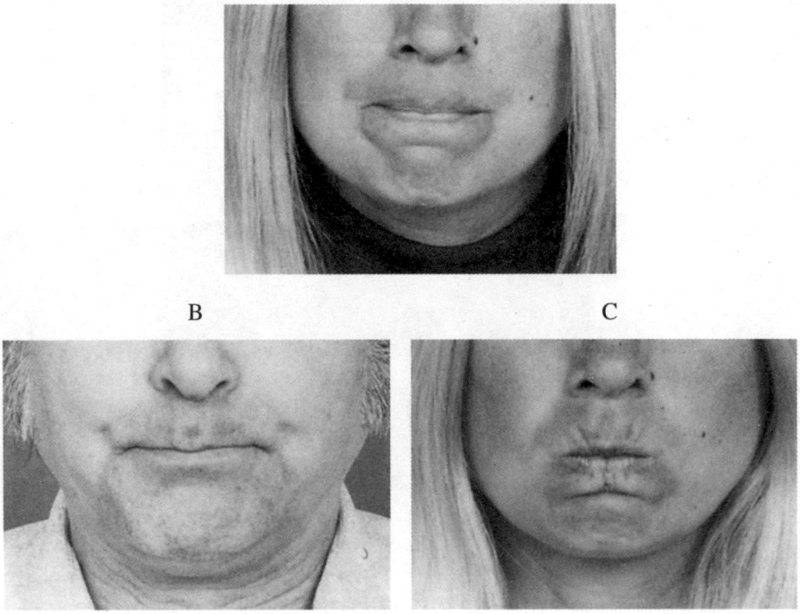

图 61

验证。图 61B 的愤怒嘴很可能是在“克制住的愤怒”表情的基础上，增添了一点失望或者无奈的意味。图 61C 这种向前撅起的抿嘴唇方式很可能是一种“女学究”或者“灭绝师太”类型的愤怒。

帕特丽夏和约翰是 6 种情绪微表情章节中所有图片的模特，我们出于若干考虑才选中了他们。我们希望两位模特的永久性皱纹数量及五官差异较大，约翰比帕特丽夏大了 11 岁，而且他们眼睛的大小和形状区别明显，符合条件。帕特丽夏和约翰能够娴熟地按要求活动面部肌肉，也乐于参与该项研究并将自己的照片展示给读者。约翰不久前师从两位作者完成了博士阶段的学习；在学生时期，他花了数年时间对着镜子练习表情自控。帕特丽夏是一位艺术家，她丈夫就是本书作者之一。不知是巧合、天赋还是命运的牵引，她在表情自控方面可谓无师自通。

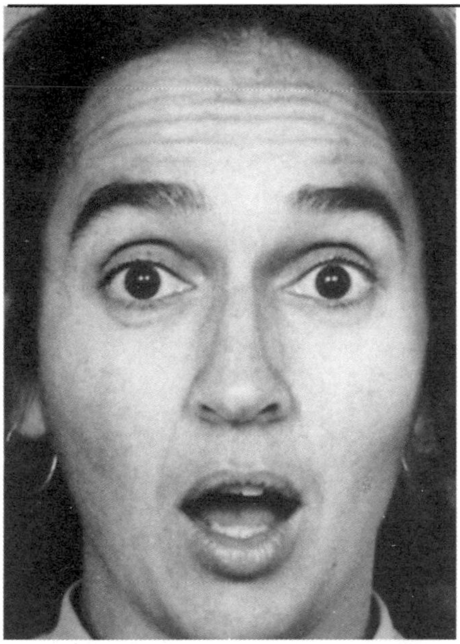

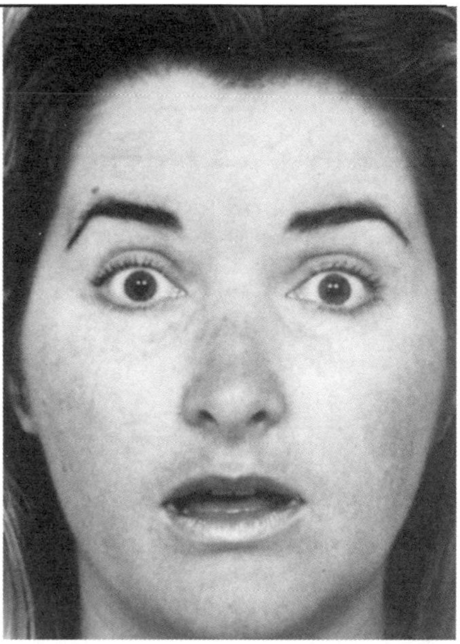

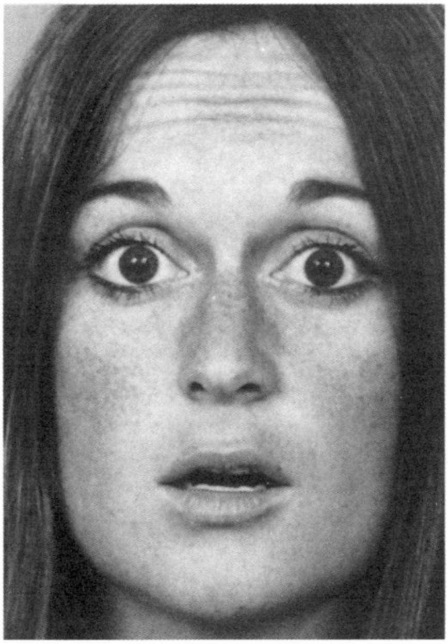

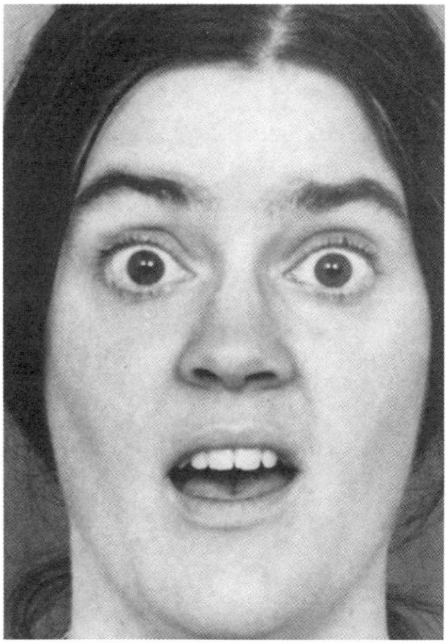

2

1

4

3

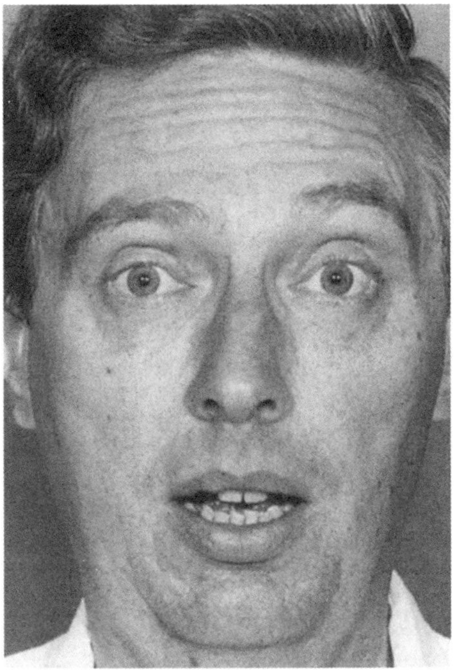
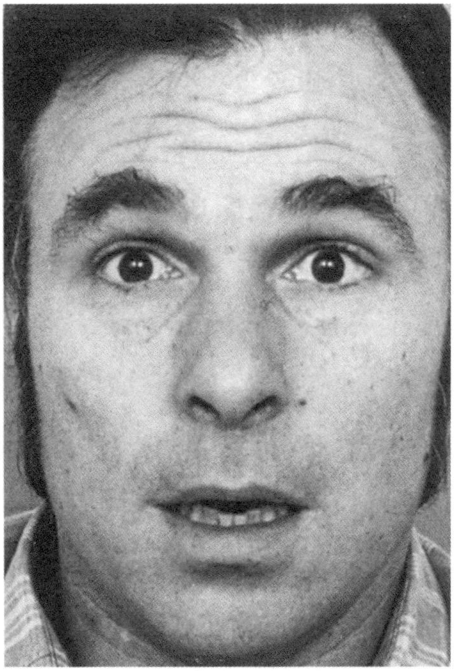
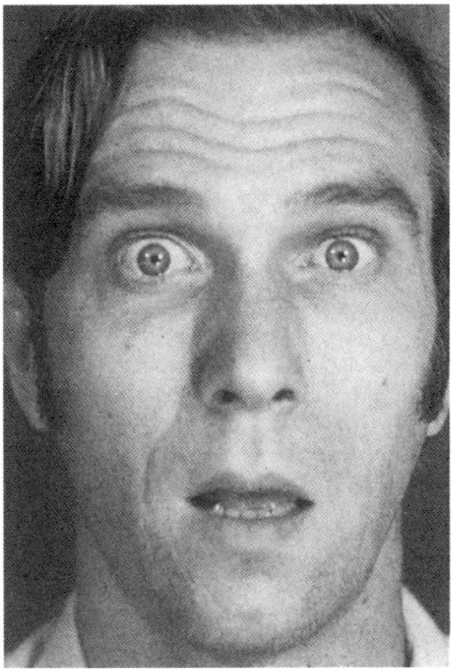
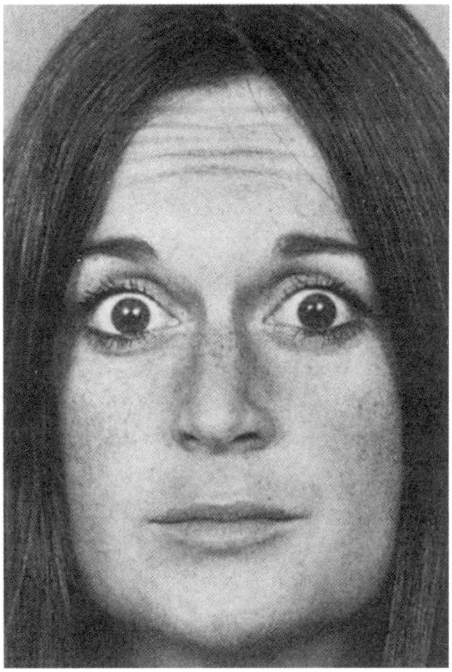

6

5

8

7

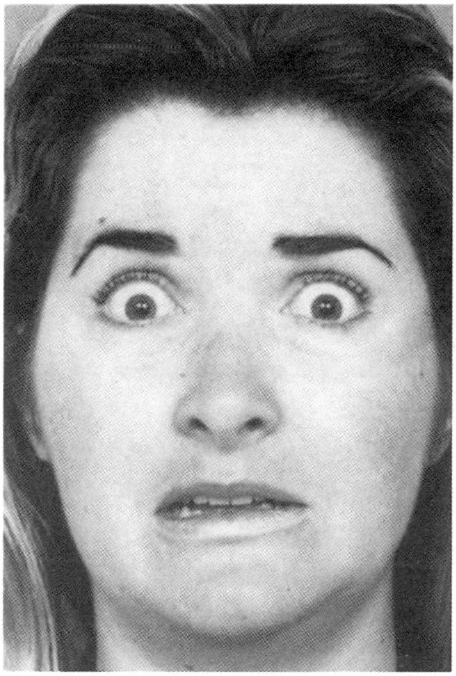

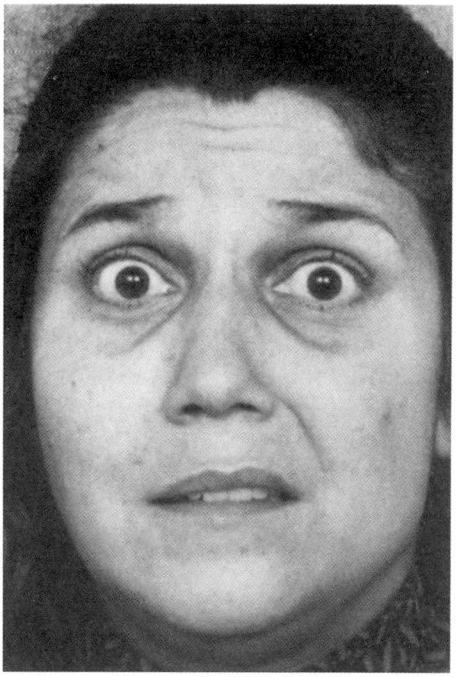

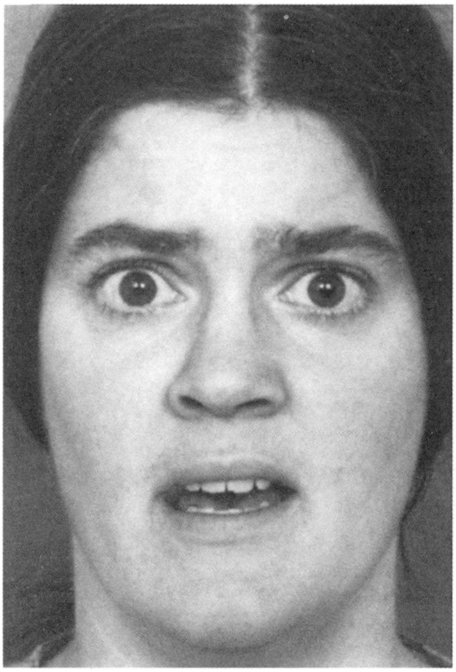

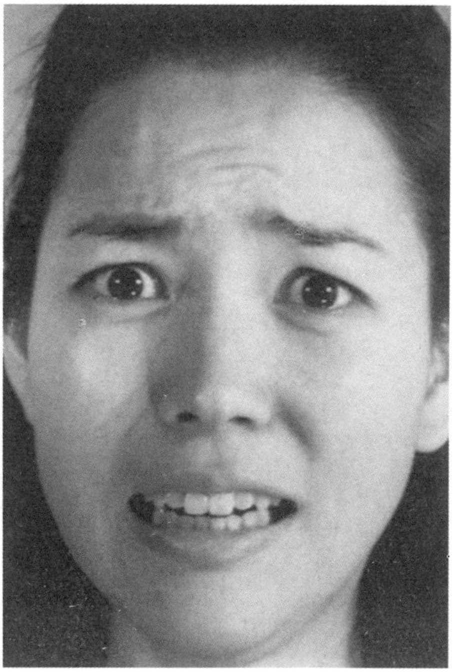

10

9

12

11

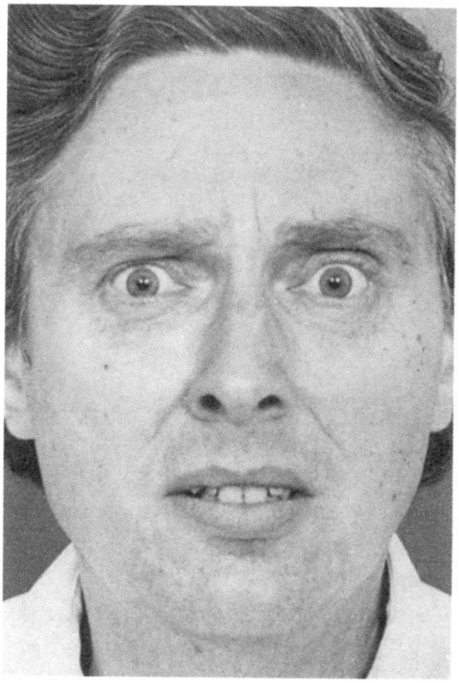
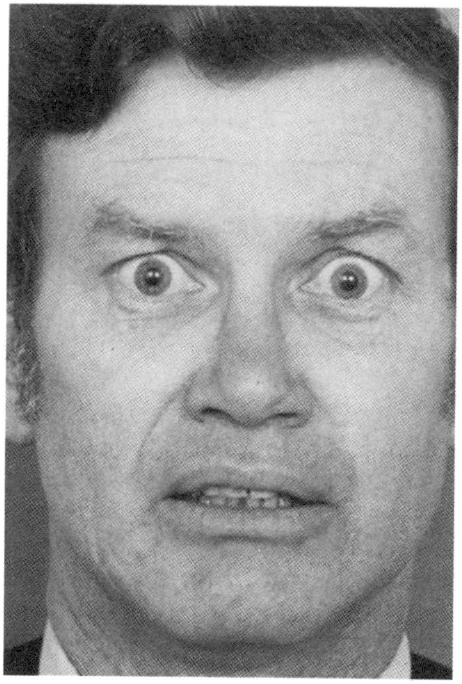
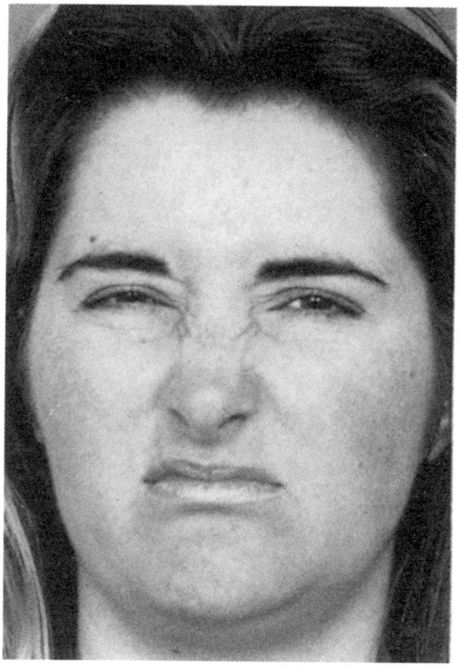
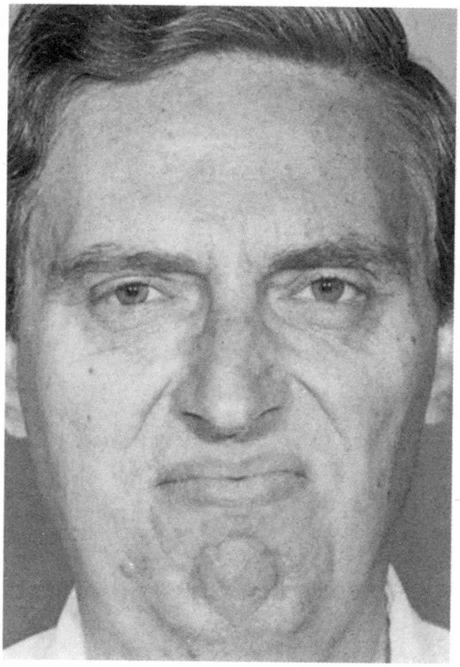

14

13

16

15

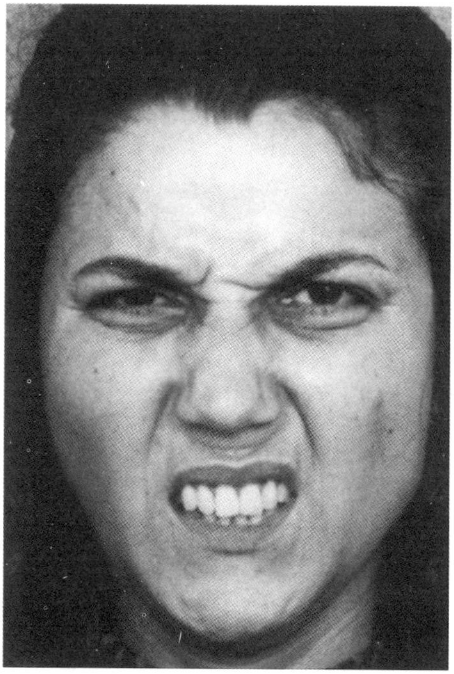

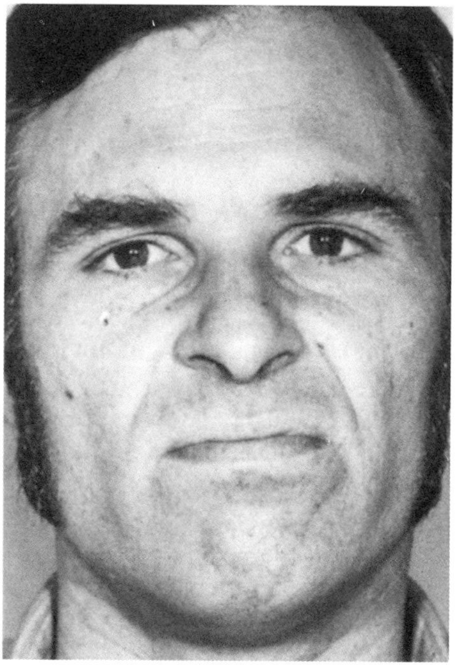

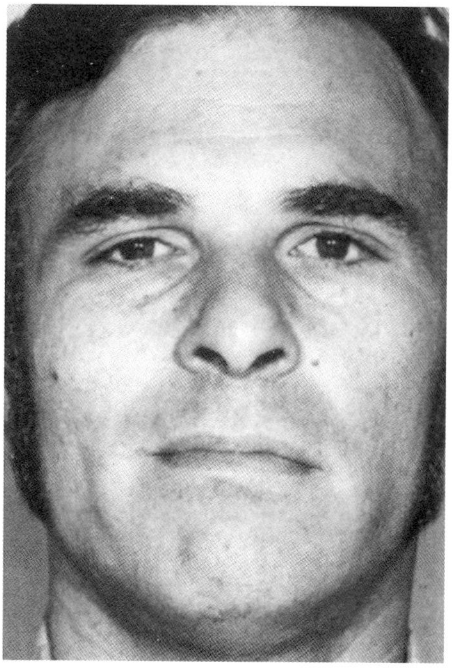

18

17

20

19

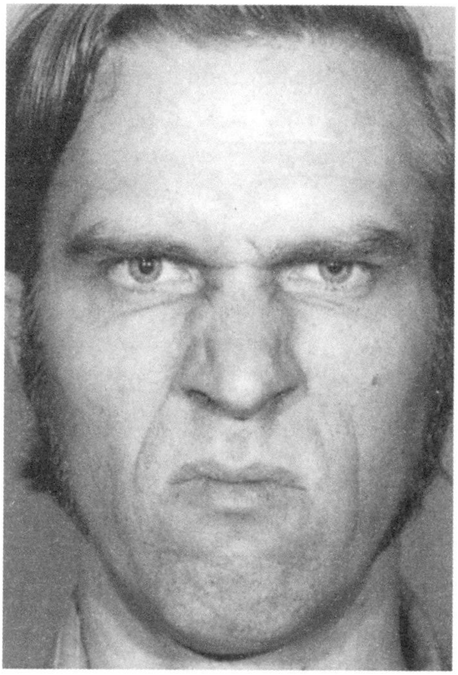

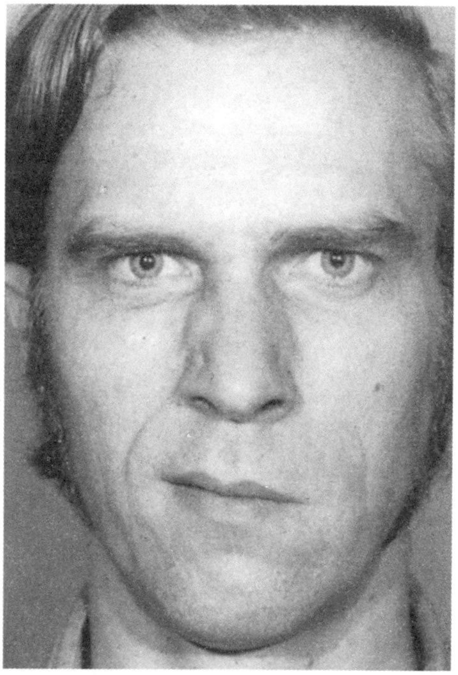

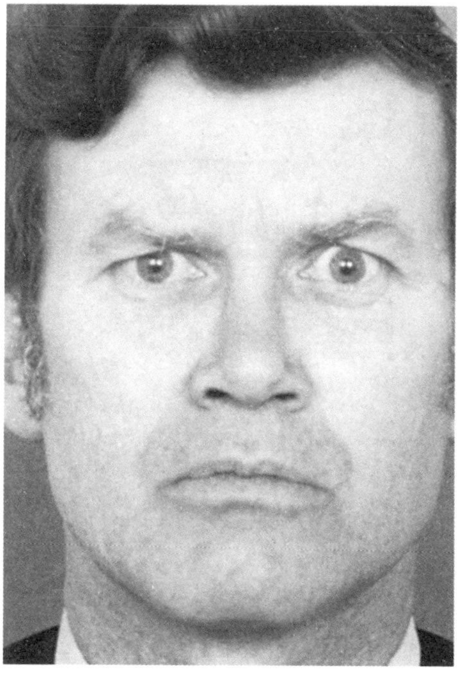

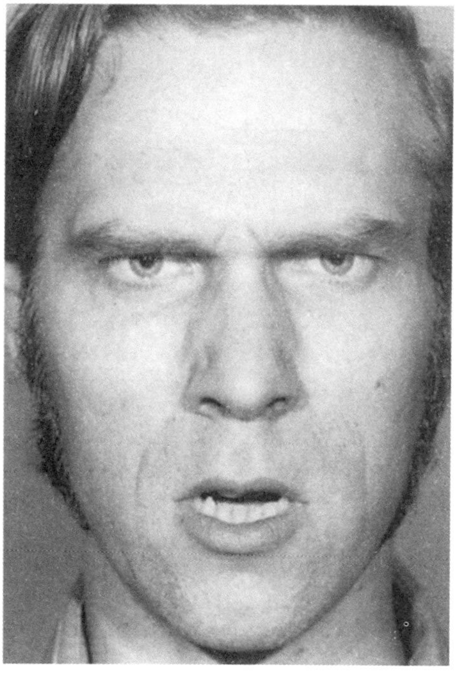

22

21

24

23

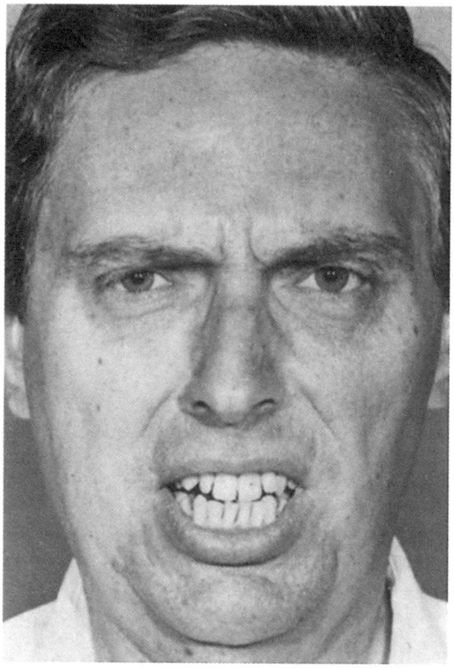

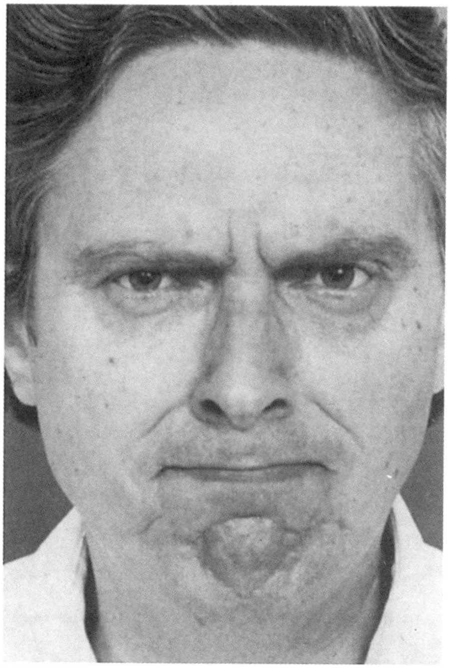

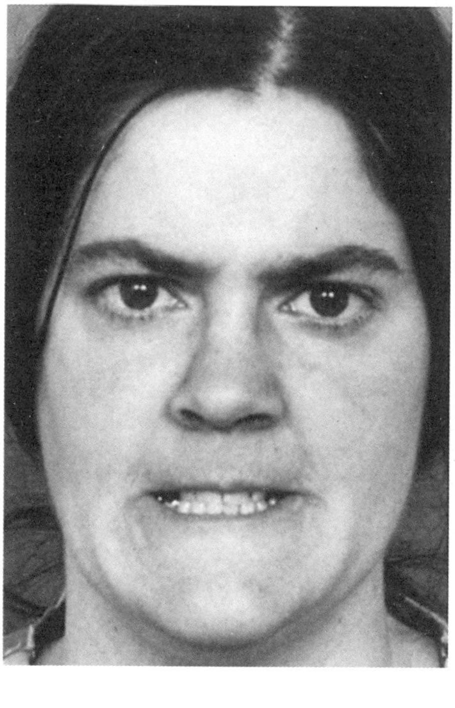

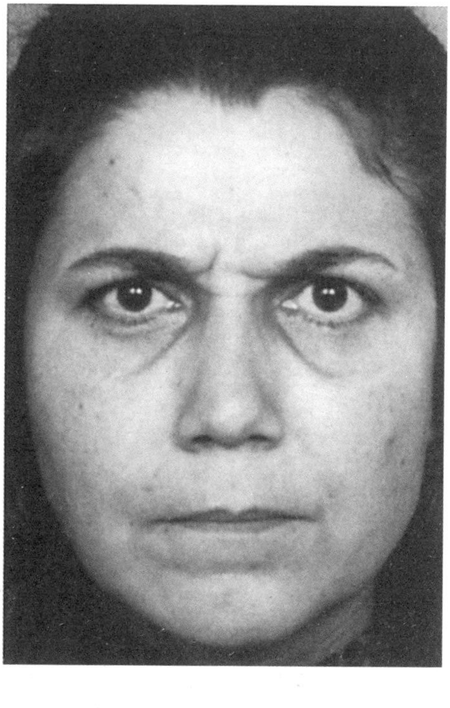

26

25

28

27

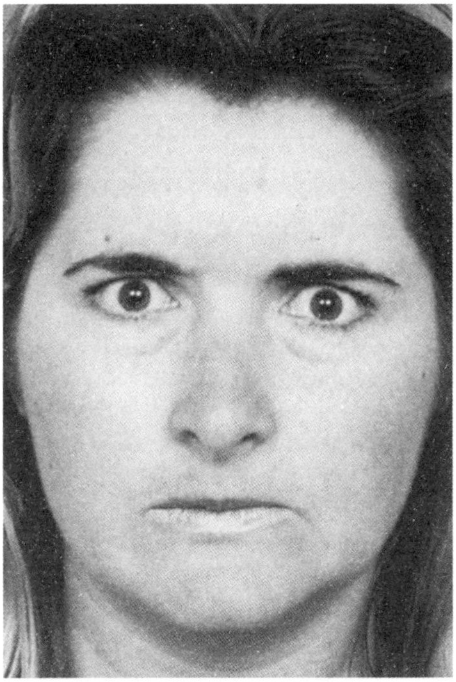

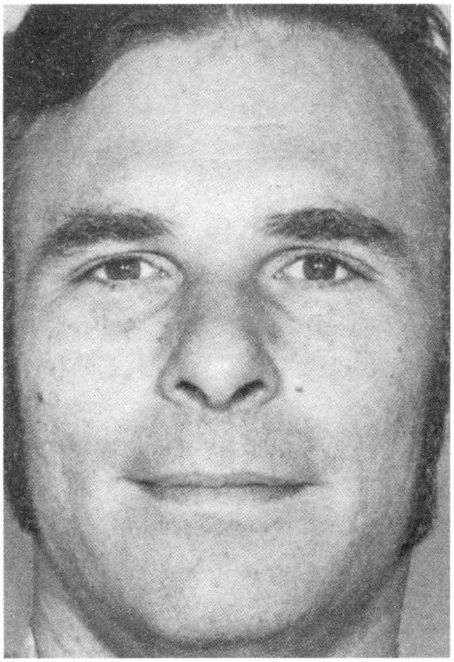

30

29

32

31

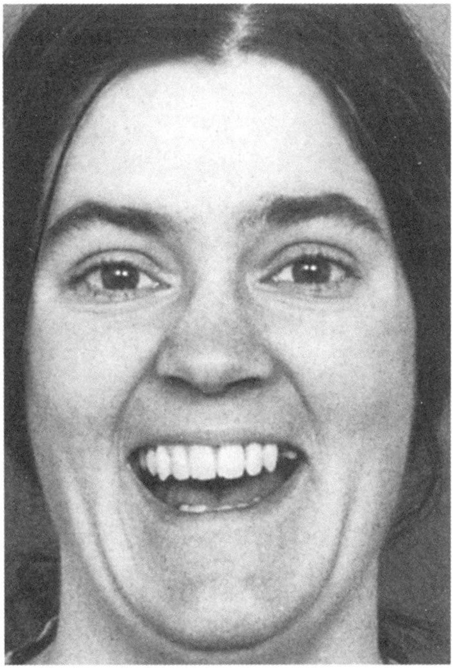

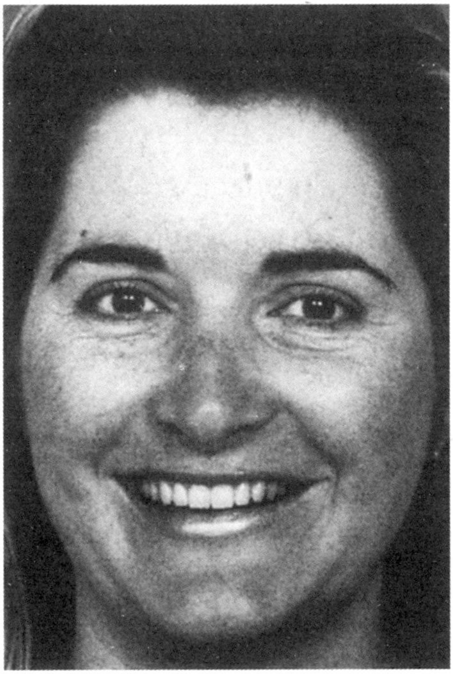

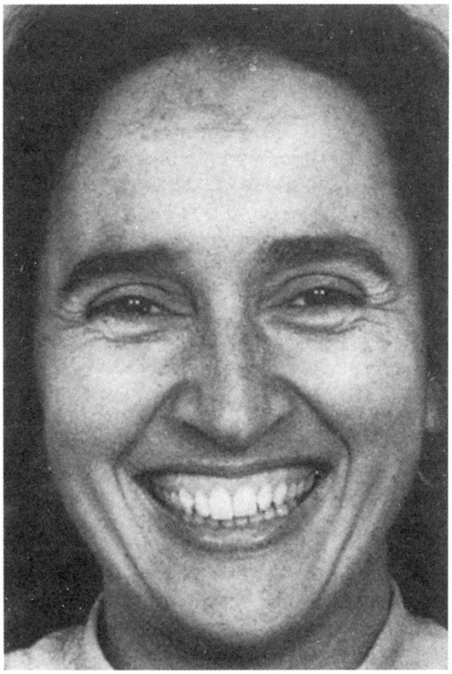

34

33

36

35

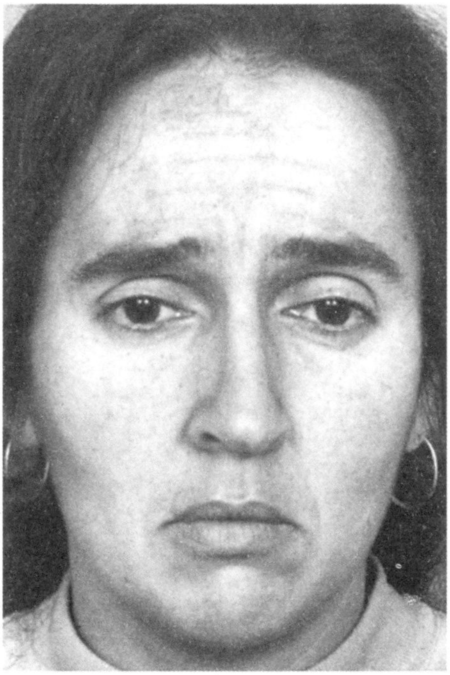
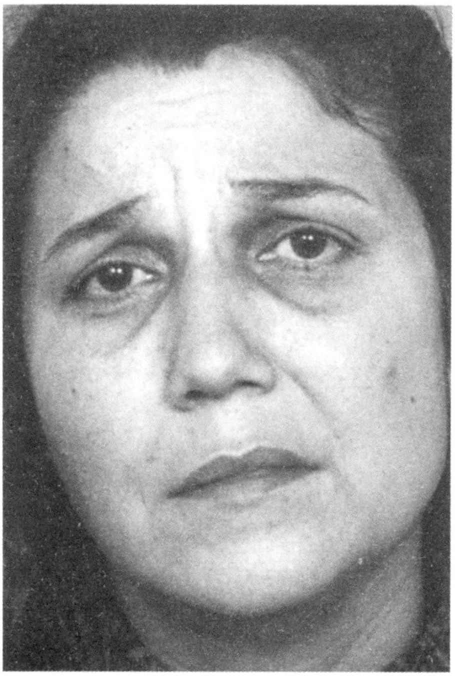
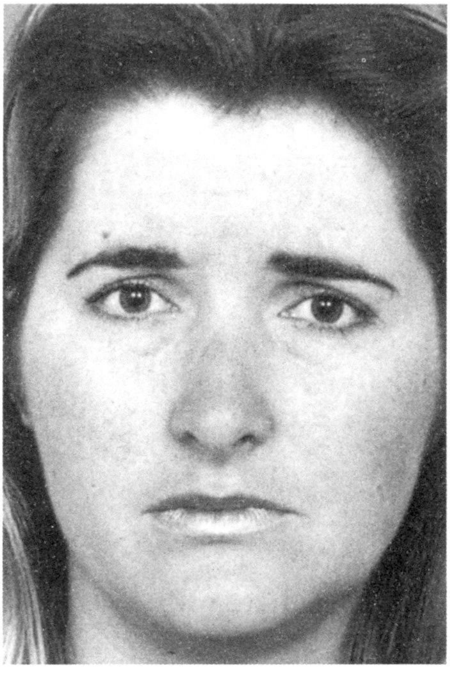
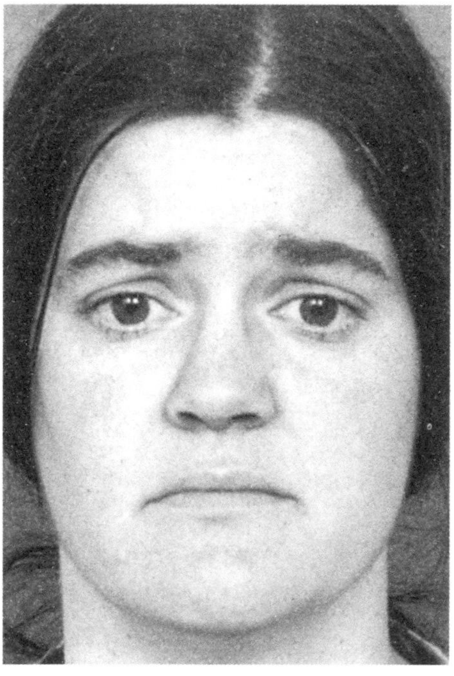

38

37

40

39

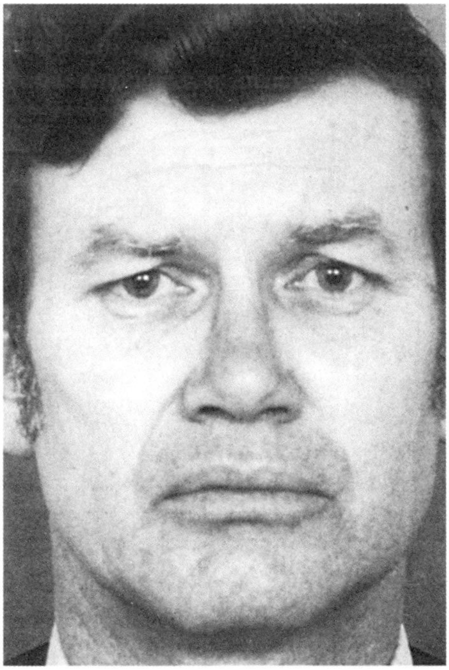

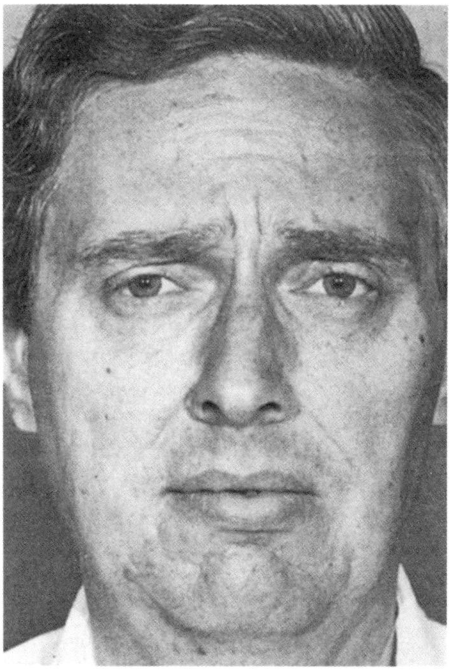

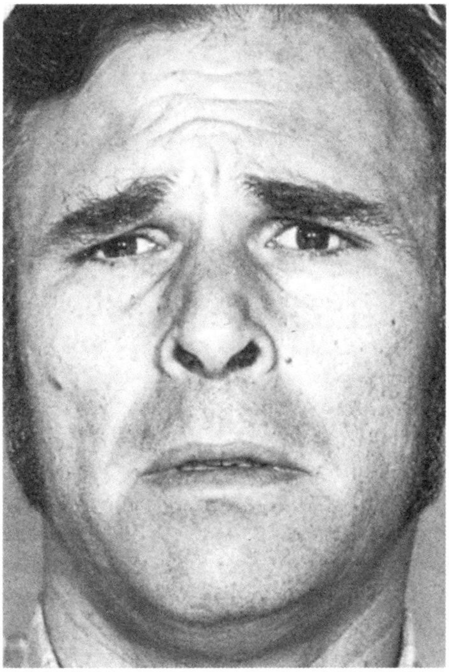

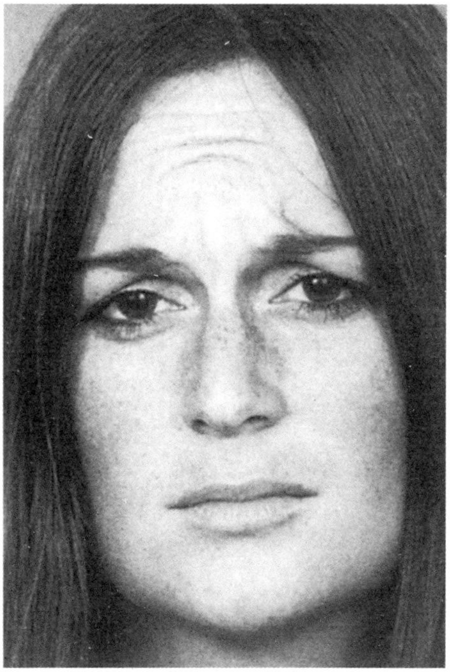

42

41

44

43

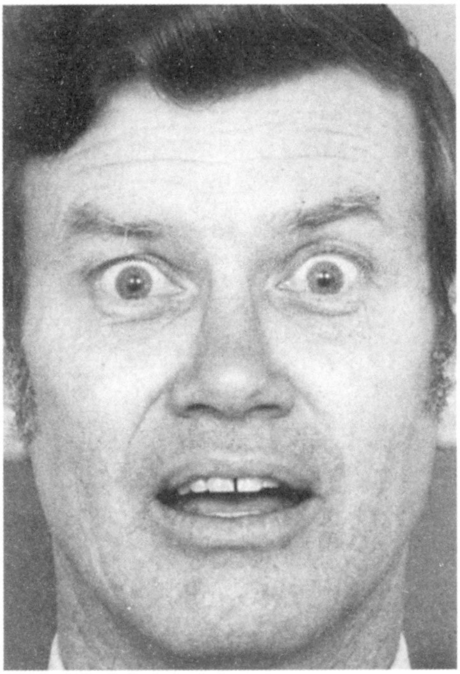

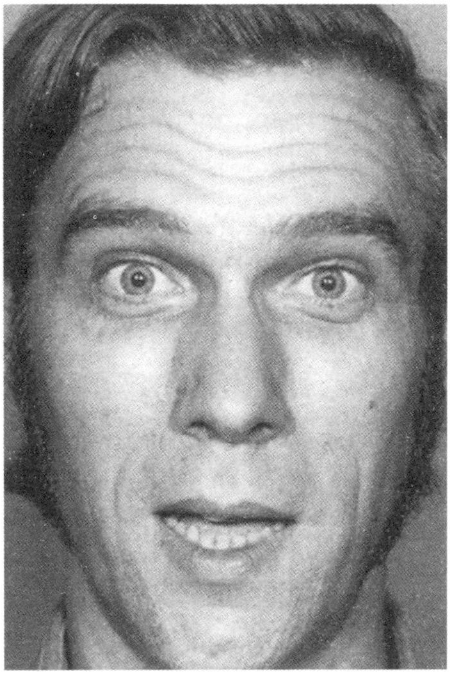

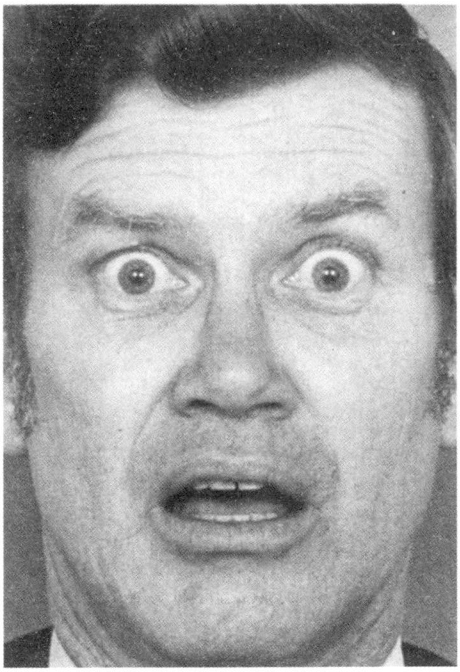

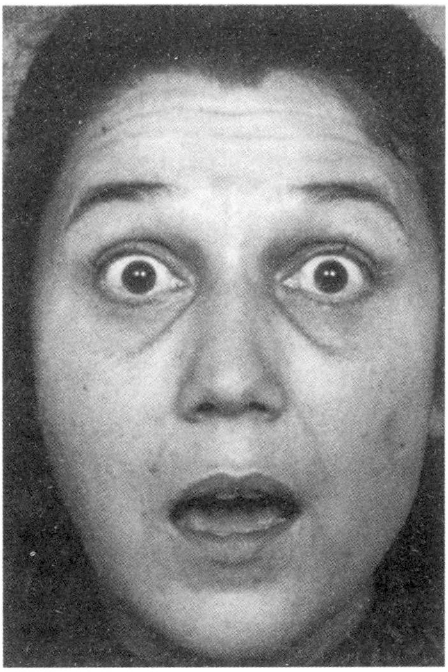

46

45

48

47

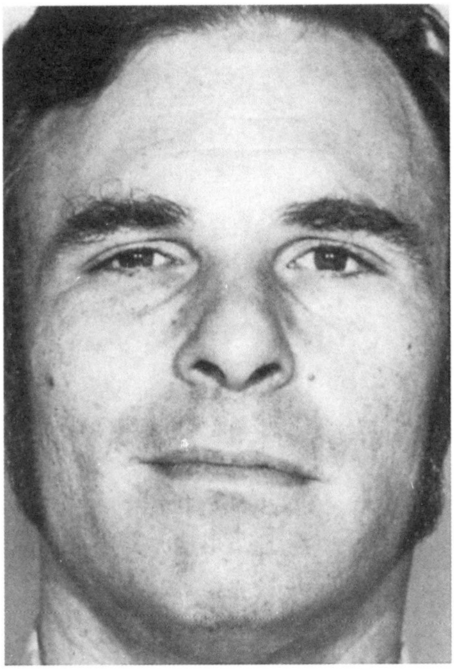

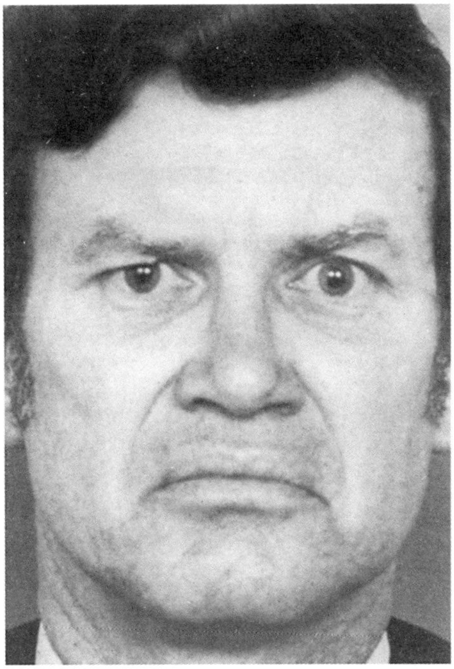

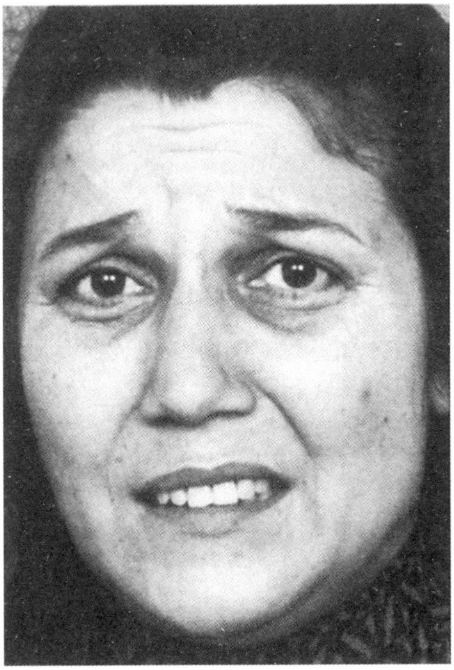

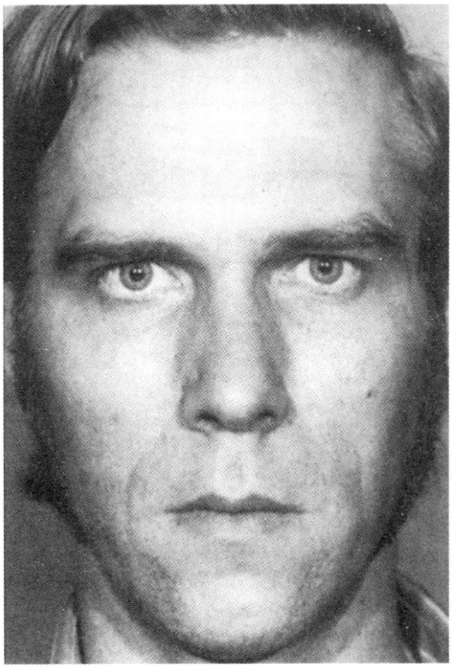

50

49

52

51

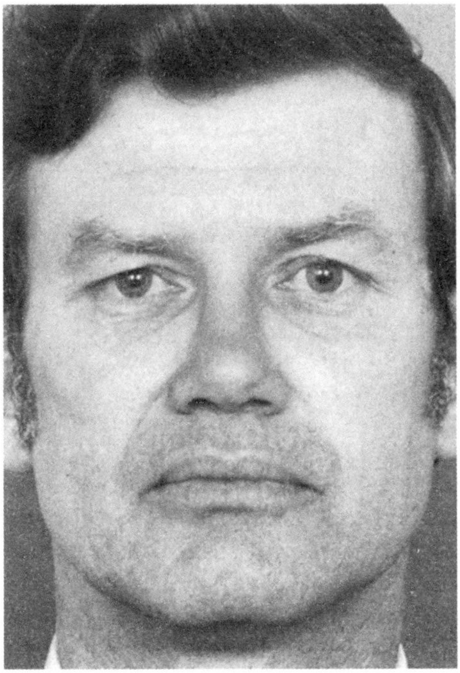

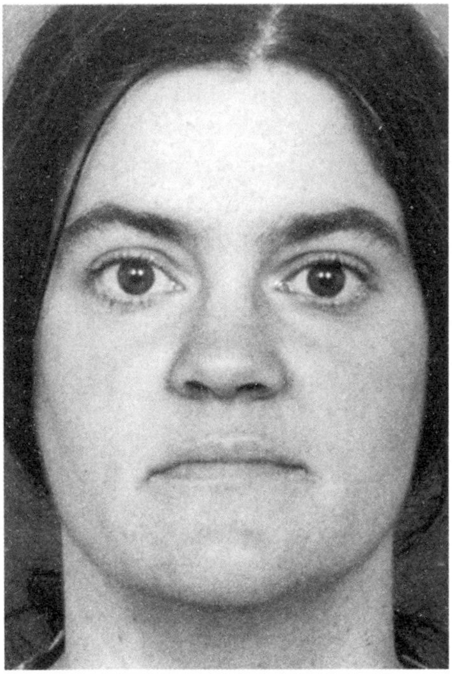

54

53

附录III　记录表和评判表

练习照片评判表

相片编号	一眨眼判断	二次判断

表情自拍记录表

以下每种表情至少各拍两张照片：常态、快乐、悲伤、恐惧、厌恶、愤怒、惊讶。

相片编号	预期情绪	自我感觉	评判结果
1			
2			
3			
4			
5			
6			
7			
8			
9			
10			
11			
12			
13			
14			
15			
16			
17			
18			
19			
20			

评判表

从6个词中圈出一个来形容照片中见到的表情。将每张照片背面的编号填在下表中的编号栏内。如果实在无法确定选哪个词，请猜一个。选词的思考时间不要太长，因为第一感觉往往是最佳的。

照片编号	情绪					
	快乐	悲伤	恐惧	愤怒	惊讶	厌恶
	快乐	悲伤	恐惧	愤怒	惊讶	厌恶
	快乐	悲伤	恐惧	愤怒	惊讶	厌恶
	快乐	悲伤	恐惧	愤怒	惊讶	厌恶
	快乐	悲伤	恐惧	愤怒	惊讶	厌恶
	快乐	悲伤	恐惧	愤怒	惊讶	厌恶
	快乐	悲伤	恐惧	愤怒	惊讶	厌恶
	快乐	悲伤	恐惧	愤怒	惊讶	厌恶
	快乐	悲伤	恐惧	愤怒	惊讶	厌恶
	快乐	悲伤	恐惧	愤怒	惊讶	厌恶
	快乐	悲伤	恐惧	愤怒	惊讶	厌恶
	快乐	悲伤	恐惧	愤怒	惊讶	厌恶
	快乐	悲伤	恐惧	愤怒	惊讶	厌恶
	快乐	悲伤	恐惧	愤怒	惊讶	厌恶

致谢

UNMASKING THE FACE

感谢国家心理卫生研究所（NIMH）在过去 18 年里对我们的大力支持。1955 ~ 1957 年，保罗·艾克曼获得了 NIMH 提供的博士前研究奖学金，才得以开始研究表情与肢体动作。1958 ~ 1960 年服兵役期间，艾克曼和弗里森成为了科研同事，弗里森也于 1965 年正式参与了这项研究。1960 ~ 1963 年，艾克曼获得了 NIMH 提供的博士后奖学金，用以继续从事研究。此后，研究一度因教学上的压力而被迫压缩，NIMH 授予艾克曼的杰出科研奖，保证了整支团队在 1966 ~ 1972 年的研究工作正常进行。在那段岁月里，每到山穷水尽时，已故的科研奖学金部主任伯特·布斯总会为我们提供宝贵的建议与帮助。1963 年至今，NIMH 的临床研究部一直支持我们关于表情和肢体动作的研究，为我们提供研究精神病患者的机会，也使整个团队能自 1965 年合作至今。

感谢国防部高级研究计划局（ARPA）在 1966 ~ 1970 年对我们研究的支持。ARPA 前局长李·霍夫让我们坚信，研究不同文化中的表情和手势是非常重要的；他还帮助我们克服了畏难心理，让我们勇敢面对表情和手势普适性的争端，并尽力解决。我们在新几内亚的一个偏远地区展开研究时，项目款督察罗温娜·斯旺森竭尽全力为我们排除了行政管理方面的障碍。

同样感谢西尔万·S. 汤姆金斯，他对于情绪表情的研究热情深深感染了我们，他鼓励我们学习解读面部，并教授他人。过去10年中，每当我们要将研究成果公之于众之前，都会从帕奇·加兰那里获得宝贵的帮助。她对我们的研究理解非常深刻，确保了理论的书面表达清晰顺畅，并严格验证了我们的观点，避免了含糊和矛盾之处。

在此也感谢各位朋友、同事和员工对我们研究和教学活动的热情。兰达尔·哈里森、约翰·拜耳、艾伦·迪特曼和斯图尔特·米勒为我们提供了许多有用的建议，让我们展示研究成果的方式更加便于理解。哈列特·卢克斯热情洋溢，他不仅是书稿打字员，还是本书的首位读者。妮娜·本保帮我们把研究工作安排得井井有条，并不断鼓励我们。由于篇幅所限，还有很多参研人员的姓名无法一一提及，我们在此向他们表达最诚挚的谢意，正是由于他们高质量的工作及额外的付出，我们才有时间完成本书的写作。

我们的一些朋友、学生和同事允许我们在书中展示他们的表情，在此对他们表达特别的谢意，并希望读者们也能认识他们。

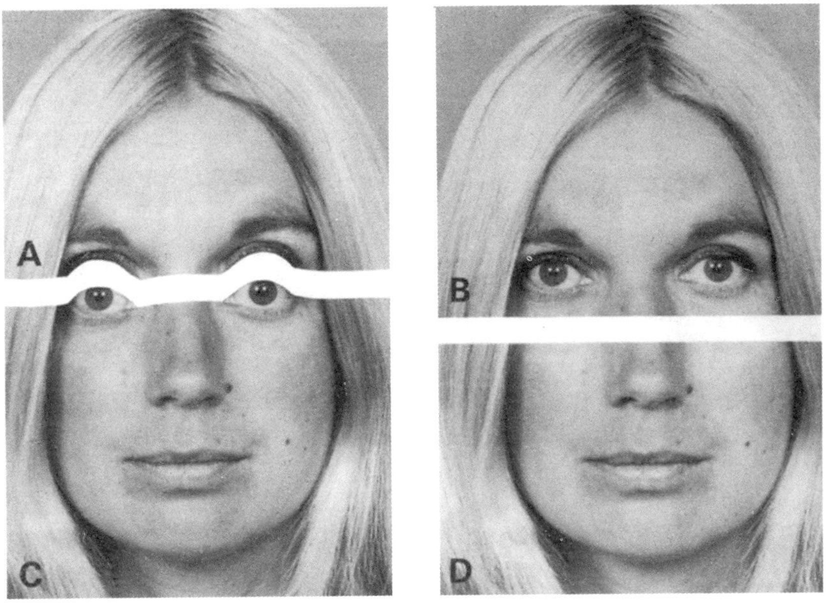
A
B
C
D

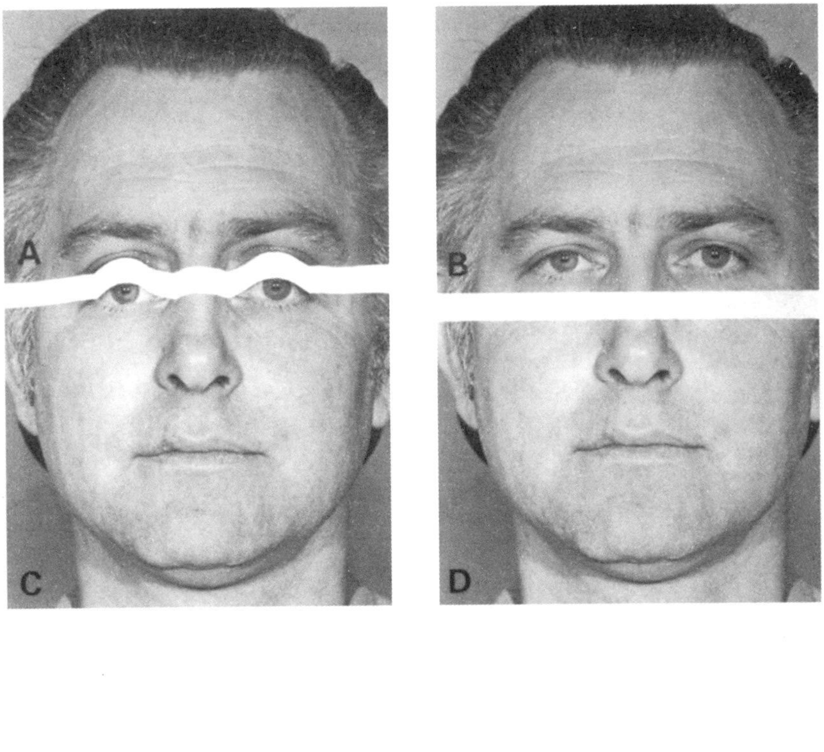
A
B
C
D